HEYNE BÜCHER

RATGEBER ESOTERIK

Von demselben Autor sind bisher im Heyne Verlag erschienen:

08/9092 Die Wirksamkeit positiven Denkens
08/9507 Das Abenteuer des Lebens
08/9511 Trotzdem positiv

NORMAN VINCENT PEALE

Was Begeisterung vermag

So erreichen Sie alle Ihre Ziele spielend

WILHELM HEYNE VERLAG
MÜNCHEN

HEYNE RATGEBER ESOTERIK
08/9518

Titel der amerikanischen Originalausgabe
ENTHUSIASM MAKES THE DIFFERENCE
erschienen bei Prentice Hall, Inc., Englewood Cliffs, NJ

Aus dem Amerikanischen übersetzt von Alfred Mohler

Genehmigte Taschenbuchausgabe
Printed in Germany 1988
Umschlagfoto: ZEFA/P. Freytag, Düsseldorf
Umschlaggestaltung: Atelier Ingrid Schütz, München
Satz: VerlagsSatz Kort GmbH, München
Druck und Bindung: Presse-Druck Augsburg

ISBN 3-453-02747-7

Inhalt

Vorwort

Begeisterung – diese wunderbare Gabe, die Großes zu vollbringen vermag! – ist die Botschaft dieses Buches.

Unser Leben besteht nicht nur aus Licht und Freude, sondern zu einem großen Teil auch aus Schwierigkeiten, Sorgen und Enttäuschungen. Und dieses Buch sieht das Leben so, wie es in Tat und Wahrheit ist.

Aber es bietet auch eine Lösung – eine brauchbare und wirksame Lösung. Es ist ein ›Trotzdem!‹-Buch, das zeigt, wie wir das Negative überwinden können, um Positives zu verwirklichen.

Aufgeschlossenheit, Begeisterung, erfülltes Leben – das sind die Themen dieses Buches.

Das Buch beweist, daß niemand ein langweiliges, eintöniges, oberflächliches und zielloses Dasein führen muß, daß sich niemand mit einem solchen Leben begnügen muß, und es zeigt, wie jedermann – allen widerwärtigen und entmutigenden Umständen zum Trotz – sein Leben freudvoll meistern kann.

Es zeigt, wie ein neuer Geist und schöpferisches Denken unsere Arbeit und unseren Alltag bereichern und wie jeder von uns den Weg zu einem erfüllten Leben finden kann. Und wer möchte das nicht?

Ich glaube hundertprozentig an die Botschaft dieses Buches, denn ich habe unzählige Male erlebt, was echte Begeisterung vermag.

Norman Vincent Peale

1
Was Begeisterung vermag

Der Mann hinter dem Schreibtisch war offensichtlich in Sorge, und mit einem gequälten Ausdruck im Gesicht sagte er: »Manchmal möchte ich alles an den Nagel hängen. Sie können sich nicht vorstellen, was es heißt, als Direktor der Personalabteilung die Verantwortung für so viele Angestellte zu tragen. Wie oft bin ich doch gezwungen, Maßnahmen anzuordnen, die mir im Innersten zuwider sind! Nein, es ist kein Vergnügen, das künftige Schicksal seiner Mitarbeiter in seinen Händen zu wissen, glauben Sie mir!«

»Aber das Schicksal Ihrer Mitarbeiter liegt ja nicht in Ihren Händen«, entgegnete ich. »Letzten Endes liegt das Schicksal jedes Menschen doch in seinen eigenen Händen. Aber ich verstehe, was Sie meinen; Sie haben in der Tat Entscheidungen zu treffen, die die Zukunft mancher Menschen ganz wesentlich beeinflussen können.«

»Das eben«, fuhr er fort, »ist der Grund, weshalb ich Sie heute hierher gebeten habe. Es handelt sich um unseren gemeinsamen Freund Fred Hill, und es geht um eine der schwerwiegendsten Entscheidungen, die ich je wegen eines Mitarbeiters treffen mußte. Ich brauche Ihre Hilfe.«

Ich versicherte ihn meiner Hilfsbereitschaft, sagte ihm aber gleichzeitig, daß mir nicht recht klar sei, wie ich ihm von Nutzen sein könne, da ich von seinen geschäftlichen Problemen ja nichts verstünde.

»Sehen Sie, es ist nicht nur ein geschäftliches Problem – in erster Linie ist es ein menschliches Problem. Unsere Unterredung kann für unseren Freund, für seine Frau und seine drei Söhne von weitreichender Bedeutung sein.

In sechs Monaten muß eine wichtige Stelle in unserem Betrieb neu besetzt werden, und Fred wäre aufgrund seiner bisherigen Laufbahn der richtige Mann. Aber trotzdem bin ich nach langen inneren Kämpfen zum Entschluß gekommen, daß ich es dem Verwaltungsrat gegenüber nicht verantworten kann, Fred für diese Beförderung vorzuschlagen. Sie sind meine letzte Hoffnung – vielleicht sehen Sie einen Weg, Fred zu helfen und ihm den Aufstieg doch noch zu ermöglichen. Leicht wird es nicht sein.«

»Woran fehlt es?« fragte ich. »Fred scheint ein erstklassiger Mann zu sein. Ich kann mir nicht vorstellen, daß irgend etwas mit ihm nicht in Ordnung ist, außer daß er hin und wieder einen etwas apathischen Eindruck macht.«

»Das ist es ja gerade! Fred hat eine sehr gute Ausbildung, er besitzt Erfahrung und ein gewinnendes Wesen. Er ist ein guter Ehemann und ein vorbildlicher Vater. Aber es fehlt ihm an Schwung und Einsatzfreude; er verfügt nicht über das kleinste bißchen Begeisterung. Wenn wir ihm dazu verhelfen könnten, dann wäre er genau der richtige Mann für diese Stelle.«

»Sechs Monate?« fragte ich.

»Sechs Monate«, antwortete er.

Ich dachte lange nach, denn das Problem war nicht einfach. Nach einer Weile sagte ich: »Vielleicht ist Fred nie gefordert worden.«

Mein Freund nahm diesen Gedanken sofort auf: »Sie mögen recht haben. Und wenn es so ist, dann ist er nicht der einzige. Als Direktor der Personalabteilung sehe ich das alle Tage: fähige Leute, die nie gefordert worden sind und darum die in ihnen schlummernden Möglichkeiten nicht verwirklichen können. Und gerade Fred würde ich wirklich wünschen, daß ihm das einmal gelänge.«

Als ich mit der Untergrundbahn nach Hause fuhr, betrachtete ich die Gesichter der Fahrgäste – sorgenvolle Gesichter, apathische Gesichter, unglückliche Gesichter. Nur einige wenige sah ich, deren Miene und Haltung Kraft und eine gesunde Lebenseinstellung verrieten. Es wurde mir deutlich, daß sich zu viele Menschen mit der Eintönigkeit ihres Daseins abfinden und sich entmutigenden Gedanken hingeben, statt nach einem erfüllten Leben zu streben.

Und da wurde mir auch bewußt, daß wir in unserer Zeit eines Mittels bedürfen, um gegen die Passivität anzukämpfen, eines Werkzeugs, das uns hilft, die in uns verborgenen schöpferischen Kräfte freizulegen und lebensbejahender, begeisterter zu werden. Denn Begeisterungsfähigkeit ist es, was so vielen von uns heute mangelt. Es reifte in mir der Entschluß, dieses Buch zu schreiben, weil ich überzeugt bin, daß letzten Endes unsere Begeisterungskraft über Erfolg oder Mißerfolg im Leben entscheidet.

Und Fred Hill? – Im fünften Kapitel werden wir sehen, was aus ihm wurde.

Aber vorher möchte ich von Begeisterung sprechen und von der Bedeutung, die sie für uns haben kann. Ich habe viele Menschen jahrelang beobachtet und dabei immer wieder gesehen, daß diejenigen, die ihr Ziel erreichen, das vor allem ihrer Begeisterungsfähigkeit verdanken. Nur die Menschen kommen vorwärts, die allen Gegebenheiten des Lebens – auch den schwierigsten Problemen und scheinbar unüberwindlichen Hindernissen – mit einer vertrauensvollen Haltung und einer begeisterten Einstellung gegenübertreten. Und darum muß ich immer wieder von der alles überwindenden Kraft der Begeisterung sprechen, und ich will auch Wege zeigen, wie diese mächtige und wunderbare Kraft entwickelt und bewahrt werden kann.

Der Grad unserer Begeisterungsfähigkeit kann darüber entscheiden, was aus unserem Leben wird. Betrachten wir zum Beispiel den enormen Unterschied zwischen zwei uns allen bekannten Gruppen von Menschen. Die einen sind verdrossen, griesgrämig, ewig unzufrieden, die anderen optimistisch, fröhlich, hoffnungsvoll. Weil sie ein Ziel vor sich haben und daran glauben, daß sie es eines Tages erreichen werden, sind sie dynamisch und unternehmungsfreudig. Und welches auch immer ihr Ziel ist – sozialer Fortschritt, gesellschaftliche Gleichberechtigung, Entwicklung neuer Unternehmen –, sie alle arbeiten mit an einer neuen, besseren Welt.

Wir wollen lernen, uns die Begeisterung zunutze zu machen, um zu diesem anregenden und schöpferischen Kreis tatkräftiger und erfolgreicher Menschen Zugang zu erhalten. Alle diese Menschen bestätigen uns, daß Begeisterung ein unerläßlicher Bestandteil der Persönlichkeit ist, eine Kraft, die mit beiträgt, Glück und Selbsterfüllung zu finden.

Sir Edward Appleton, der schottische Physiker, dessen wissenschaftliche Entdeckungen die Verbreitung von Rundfunksendungen über die ganze Welt möglich machten und ihm den Nobelpreis eintrugen, wurde nach dem Geheimnis seiner erstaunlichen Erfolge gefragt. »Vor allem Begeisterung!« antwortete er. »Ich stelle Begeisterung sogar über berufliches Wissen.« Er ist der Ansicht, daß ohne Begeisterung niemand fähig wäre, die nötige Selbstdisziplin und endlose Mühe aufzubringen, seine beruflichen Fähigkeiten wirklich überdurchschnittlich zu entwickeln. Begeisterung ist der nie erlahmende Impuls, der uns beharrlich unser Ziel verfolgen läßt.

Voltaire beschrieb einmal einen Mann als ein wärmendes Feuer – immer flackernd aber nie richtig brennend. Harold Blake Walker knüpfte an dieses Bild an, als er sagte: »Manche Menschen sind ohne Lebensfreude und schleppen sich lustlos durch ihre tägliche Arbeit, mit einem Wort: gerade warm genug, um eben durchzukommen, aber nie wirklich brennend und etwas Außerordentliches leistend.

Doch erstaunliche Dinge geschehen«, fährt er fort, »wenn ein Mensch Feuer fängt und richtig zu brennen beginnt.« Walt Whitman sagt von sich selbst: »Mein Feuer flackerte nur, bis mich Emerson endlich zum Brennen brachte.« Welch zutreffende Selbsterkenntnis eines begabten Menschen, der aber so lange ohne Kraft blieb, bis in ihm das Feuer der Begeisterung entzündet wurde! Das Ergebnis sind Walt Whitmans unsterbliche Gedichte.

Wäre es nicht für manchen von uns an der Zeit, mit dem Flackern aufzuhören und das Feuer der Begeisterung anzuzünden? Dieses Feuer verbrennt die apathischen und lustlosen Elemente in uns und legt bisher ungenützte, oft gar unvermutete Kräfte in uns frei. Walker sagte es so: »Sieh zu, daß du zum

Brennen kommst, und du wirst Fähigkeiten und Kräfte in dir entdecken, von denen du nie geträumt hast.«

Vor Jahren stieß ich zufällig auf ein Zitat von Charles M. Schwab, einem der unternehmungsfreudigsten Männer, welche die amerikanische Industrie groß gemacht haben: »Ein Mensch kann alles erreichen, wofür er sich begeistert.« Und das ist eine unumstößliche Tatsache, wie wir in diesem Buch noch sehen werden.

Viele außerordentliche Erfolge sind merkwürdigen Zufällen zu verdanken. Am Anfang jedes Unternehmens stehen unweigerlich die Schwarzseher mit ihren Prophezeiungen: »Das ist unmöglich! Das geht nicht!« Eifrig tragen sie alle Argumente gegen einen möglichen Erfolg zusammen und scheinen geradezu begierig, eines Tages sagen zu können: »Ich habe es ja gewußt!« Solche Menschen sind selten bis nie erfolgreich, und das ist vielleicht mit der Grund, weshalb sie insgeheim wünschen, andere möchten es auch nicht sein.

Kürzlich durfte ich den Horatio-Alger-Preis der American Schools and Colleges Association an John H. Johnson, den Herausgeber und Verleger des sehr erfolgreichen ›Ebony‹ und anderer Magazine, verleihen. Seit Jahren beschäftigte ihn die Idee von ›Ebony‹, einer Zeitschrift zur Unterstützung der Anliegen der Neger, er hatte aber – wie das bei Leuten mit neuen Ideen oft der Fall ist – nicht genug Geld. Man riet ihm daher, »die Sache zu vergessen«.

Die meisten dieser sogenannten Freunde sind noch immer nicht darüber hinweg, daß sie jetzt Anteile an etwas besitzen könnten, was sich zu einem außerordentlich einträglichen Unternehmen entwickelt hat. John H. Johnson und seine Frau sind heute alleinige Eigentümer aller Anteile, weil er der einzige war, der sich für den Plan begeistern konnte. Seine Begeisterung erweckte Vertrauen, und Vertrauen förderte das Unternehmen. John H. Johnson ist ein lebendes Beispiel für Charles M. Schwabs Ansicht, daß ein Mensch alles erreichen könne, für das er sich begeistere. George Matthew Adams drückte es etwas anders, aber ebenso gut aus: »Begeisterung ist Vertrauen, das aufs Feuer gesetzt und zum Kochen gebracht wurde.«

Wir dürfen aber niemals vergessen, das Feuer unserer Begeisterung unter Kontrolle zu halten, denn nur dann ist es voll wirksam. Ein Feuer muß gehegt und überwacht werden, damit es seine volle Kraft entfalten kann. Die Welt gehört dem Begeisterten – der einen kühlen Kopf bewahren kann. Logisches Denken und überlegtes Handeln verlangen kühles Blut, und deshalb möchte ich sagen: Begeisterung für eine Idee oder einen Plan soll ein Feuer in uns entzünden, aber dennoch müssen wir unsere Begeisterung im Zaume halten; wir dürfen uns in unseren Entscheidungen nicht von ihr allein leiten lassen. Sie darf uns nicht beherrschen, und sie darf nicht mit der Vernunft durchbrennen. Denn wie jede starke Kraft kann unkontrollierte Begeisterung alles zerstören, während Begeisterung, die ihre Grenzen kennt, alles zu vollbringen vermag.

Schritt für Schritt

Als John H. Johnson ›Ebony‹ herauszugeben begann, beschloß er, nicht unmittelbar auf das große Ziel loszugehen, das ihm in seiner Begeisterung vorschwebte, sondern er teilte die Aufgabe in verschiedene Teilstücke auf und machte sich Schritt für Schritt an deren Bewältigung. Mit jedem dieser Schritte wuchs seine Erfahrung, und jedes ›kleine Ziel‹, das er erreicht hatte, bestärkte ihn in dem Gefühl, auf dem rechten Weg zu sein. Und mit dieser Gewißheit nahm er das nächste ›kleine Ziel‹ in Angriff, bis er schließlich, Schritt für Schritt, dorthin kam, wo er von Anfang an sein großes Ziel gesehen hatte. Dieses System der ›kleinen Ziele‹ möchte ich jedem empfehlen, besonders aber jenen leicht allzusehr Begeisterten, die zuviel auf einmal erreichen wollen und gerade daran scheitern.

Aber noch mehr als vor zu großer Begeisterung möchte ich vor zu großer Bedächtigkeit, vor nie endendem Abwägen warnen. Mein Freund Raymond Thornburg, selbst ein nie unterzukriegender Enthusiast, zitierte einmal, als von ewig verzagten Menschen die Rede war, den Ausspruch von Anatole France: »Ich ziehe die Besessenheit der Begeisterung der Teilnahmslosigkeit des kühlen Verstandes vor.«

Gewiß kann übergroße Begeisterung dazu führen, einmal einen falschen Weg zu gehen – aber nur die Begeisterung hilft uns, unsere schöpferischen Kräfte voll zu entfalten. Und nur der schöpferische Mensch findet wirkliche Erfüllung im Leben.

Betty Friedan, die Verfasserin von ›Der Weiblichkeitswahn‹, sagte einmal: »Mich schaudert bei dem Wort ›gleichgültig‹. Gleichgültigkeit ist eine Flucht vor dem Leben. Gleichgültig sein heißt überhaupt nicht sein. Lieber möchte ich mit Begeisterung auf dem falschen Weg sein als teilnahmslos auf dem richtigen.« Auch ich bin dieser Ansicht und mit mir gewiß jeder aufgeweckte Mensch. Hier zeigt sich, was Begeisterung vermag. Sie reißt unser Leben aus der Mittelmäßigkeit heraus und gibt ihm erst seine wahre Bedeutung. Den innerlich Unbeteiligten läßt alles kalt – der Begeisterte dagegen mag sich hin und wieder verletzen, aber er wird am Ende den Sieg davontragen!

Daneben gibt es nicht wenige Menschen, die weder heiß noch kalt sind. Diese seelisch leeren Menschen hat es zu allen Zeiten gegeben, sie wurden aber nie hoch eingeschätzt. In der Bibel heißt es von ihnen: »Die Lauen werden ausgespien.« Jeder, der beiträgt, die Zahl dieser teilnahmslosen Menschen zu verringern, indem es ihm gelingt, aus dem einen oder andern einen begeisterten Menschen zu machen, hilft nicht nur diesem Menschen weiter, sondern baut mit an einer besseren Welt.

Was kümmert's mich?

Viele Menschen brüsten sich heutzutage mit ihrer ablehnenden Haltung der üblichen Lebensweise gegenüber. Sie sind matt und verdrossen, und ihre destruktive Geisteshaltung segelt unter dem Motto: »Was kümmert's mich?«

Vielleicht ist das ihr Schutzwall gegen ein Leben, dem sie sich nicht gewachsen fühlen. Denn das Leben verlangt unseren vollen Einsatz, und dieser Einsatz bringt uns nicht nur Erfolge, sondern auch Niederlagen.

Harry Simpson gehörte zu dieser Kategorie von Menschen. Er war der apathischste Mensch, dem ich je begegnet bin. Er sagte immer, er sei schon überall gewesen und habe schon alles gesehen. Sein Urteil über die Menschen war vernichtend: kaum einen habe er kennengelernt, der ihm Achtung eingeflößt habe. Er habe genug von den jungen Rebellen und genug von den arrivierten Wichtigtuern. Politik? – Welche Rolle spiele es, wer gewählt würde? Nach seiner Meinung seien alle Politiker bestochen und das Volk betrogen, welche Partei auch immer am Ruder sei. Er ging zu Baseball-Spielen, ohne je einer Mannschaft Beifall zu spenden. Er war ein Zyniker und, wie die meisten Zyniker, selbstsüchtig und rücksichtslos. Er lehnte es auch ab, Aufgaben in seiner Wohngemeinde zu übernehmen, und für wohltätige Zwecke gab er höchstens etwas, um die Sammler loszuwerden. Die Bedürftigen waren ihm völlig gleichgültig.

Und doch war er trotz seiner negativen Einstellung, die ihm mit der Zeit den Übernamen ›Neg‹ eintrug, ein geselliger Mensch und ein liebenswürdiger Gesellschafter. Er und seine Frau waren sehr beliebt; in seinem Beruf war er überdurchschnittlich erfolgreich.

Dann trat die Begeisterung in sein Leben, und sie veränderte Harry Simpson von Grund auf. Das kam so:

Harry und seine Frau fuhren für einige Tage zur Entspannung nach New York und machten dort die übliche Runde in den Theatern, Restaurants und Nachtlokalen. Seine Frau genoß diese Abwechslung sehr, aber Harry ließ alles kalt. Unwirsch entschied er am dritten Tag: »Was soll das? Gehen wir wieder nach Hause!«

Zu Hause hatten sie aber einem Bekannten versprochen, einem seiner Freunde in New York Grüße zu bestellen, und widerwillig telefonierte Harry mit dem Mann. Zu ihrer Überraschung wurden die Simpsons von ihm zum Abendessen eingeladen, und – noch überraschender – Harry nahm die Einladung an. »Ich wußte eigentlich nicht, wie ich dazu kam«, meinte er, »… bis später.«

Außer ihnen waren noch einige andere Ehepaare eingeladen, und es wurde für die Simpsons der fröhlichste und beglückendste Abend seit Jahren. »Ich kann diese Leute nicht verstehen«, sagte Harry, als sie in ihr Hotel zurückkehrten. »Niemand trank einen Tropfen Alkohol, und trotzdem waren alle von geradezu ausgelassener Lebhaftigkeit. Selbst wenn sie über Politik sprachen, taten sie es mit Begeisterung, und es war interessant, ihnen zuzuhören. Und ist dir aufgefallen, daß sie über Religion sprachen, als ob sie ihnen tatsächlich etwas bedeute? Was haben diese Leute, was wir nicht haben?«

»Ich weiß es nicht«, antwortete seine Frau, obwohl sie es zu wissen glaubte. Aber sie wollte, daß er selber dahinterkomme. »Willst du unseren Gastgeber nicht nochmals treffen und ihn fragen?«

Anderntags lud ihn Harry zum Mittagessen ein und stellte ihm die Frage: »Wie kommt es, daß Bewohner einer Weltstadt, die man in der Regel doch eher als zurückhaltend kennt, so begeistert sind und so aus sich herausgehen?«

»Sehen Sie«, begann sein Gegenüber, »was Ihnen aufgefallen ist, hat eine Geschichte. Wir treffen uns in diesem Kreis seit einiger Zeit regelmäßig. Jeder hatte mehr oder weniger genug von allem, und was mich selber betrifft, so schien mir mein Leben immer eintöniger und sinnloser zu werden. Meine Geschäfte gingen gut, aber zwischen meiner Frau Betty und mir harmonierte es zunehmend weniger. Die Parties, zu denen wir gingen, waren alle gleich stumpfsinnig; überall dieselben Leute, dieselbe geistlose Konversation – Sie wissen ja, wie es ist.«

»Und ob«, stimmte Harry zu. »Genauso empfinde ich seit Jahren. Bitte reden Sie weiter.«

»Nun, zufälligerweise lernte ich den Pfarrer einer New Yorker Kirche kennen; er kam in mein Geschäft, um etwas zu kaufen. Ich war ihm vorher noch nie begegnet, aber ich hatte eines seiner Bücher gelesen. Ich bat ihn in mein Büro und – ich weiß nicht weshalb – schüttete ihm mein Herz aus, erzählte ihm von meiner Lebensmüdigkeit. Schweigend hörte er mir zu, bis ich geendet hatte. Dann erwartete ich, daß er eine Bibel hervorziehen, mir daraus vorlesen und zum Schluß empfehlen würde, öfter zur Kirche zu gehen. Doch nichts von alledem! Er blieb nachdenklich sitzen, dann sah er mich an: ›Und nun?‹

Es schien eine seltsame Frage, doch plötzlich hörte ich mich sagen: ›Was nun? Was nun?‹, und dann: ›Ich weiß, was mir fehlt – ich brauche Gott.‹ Ich war bestürzt, denn diese Worte paßten so gar nicht zu mir.

Da antwortete der Pfarrer: ›Vielleicht! Ich glaube, wir alle brauchen Gott. Wir Menschen tragen ungestillte Sehnsüchte in uns, und die größte ist die Sehnsucht nach Gott.‹ Und dann verabschiedete er sich: ›Wenn Sie weiter darüber sprechen möchten, rufen Sie mich an.‹ Ich blieb sitzen und dachte lächelnd: ›Welch ein Verkäufer! Er läßt mich seiner Ware nachlaufen; er weiß, daß ich kaufen werde.‹

Einige Tage später suchte ich den Pfarrer auf, und er empfahl mich einem seiner Bekannten mit den Worten: ›Lernen Sie diesen Mann kennen. Er hat, was Sie suchen.‹

Ich setzte mich mit ihm in Verbindung und wurde für den nächsten Tag zum Mittagessen eingeladen. Außer ihm waren noch einige andere Männer anwesend. Auf den ersten Blick wirkten sie keineswegs außergewöhnlich, doch bald spürte ich, daß sie von einer mir fremden Begeisterung getragen wurden. Die Stimmung, die sie schufen, begann mich zu erfasssen. Nach dem Mittagessen tauschten sie Erlebnisse aus. Sie schilderten, wie sie in ihren geschäftlichen und privaten Beziehungen ›tätiges Christentum‹ übten, und ich sah, wie frei und gelöst diese Männer waren. Ich wurde mir bewußt, daß ich diese innere Freiheit gesucht hatte, und ich fand sie, indem ich mich diesen Männern anschloß. Das ist alles. Ich hätte Ihnen die Geschichte nicht erzählt, wenn Sie mich nicht danach gefragt hätten.«

Nach einer kurzen Pause antwortete Harry: »Das ist ja nichts anderes als die alte, einfache christliche Lehre in einem neuen Gewand. Sie sollten aber einmal die Kirche sehen, der ich angehöre. Ich gehe fast nie hin. Sie ist leblos und verstaubt, und der Pfarrer ist es ebenso. Ich kann ihn nicht anhören, und die übrigen Mitglieder der Gemeinde offenbar auch nicht. Kaum eine Handvoll gehen jeweils am Sonntag zum Gottesdienst. Unser Pfarrer braucht das, wovon Sie gesprochen haben, das ist sicher.«

»Gut, dann bemühen Sie sich darum und geben es an ihn weiter! Vielleicht sucht auch er, ohne es zu wissen. Seine leblose Religion kann ihn doch auch nicht glücklich machen.«

»Das können Sie mir nicht zuschieben«, brummte Harry. »Ich habe keine Lust, Missionar zu spielen für einen ›Gott-ist-tot‹-Pfarrer. Ich muß an mich selber denken.« Aber später sann er nach: »Vielleicht ist Gott tatsächlich die Antwort auf meine Probleme. Warum nicht? Ich kam nach New York, um mich wieder einmal für einige Tage von allem zu lösen, statt dessen stehe ich nun mitten in etwas Neuem, das mich nicht losläßt.«

Und er faßte den bedeutsamen Vorsatz: »Von nun an soll Gott der Mittelpunkt meines Lebens sein.«

Das war leicht gesagt, aber würde es ebenso leicht getan sein? Doch auch bei Harry Simpson traf die seltsame und beruhigende Tatsache zu, daß wunderbare Dinge geschehen, sobald ein Mensch, bewußt oder unbewußt, nach geistiger Verjüngung strebt und ehrlich daran zu arbeiten beginnt. Der Wechsel in Harrys Leben kam nicht plötzlich, nicht einmal besonders rasch. Aber die Veränderung hatte begonnen und dauerte an, und allmählich lernte seine Umgebung einen neuen Harry Simpson kennen.

Einige Monate später erzählte mir einer seiner Golfpartner: »Harry Simpson ist der beliebteste und am meisten geachtete Mensch weit und breit. Es ist kaum zu glauben, welche Veränderung mit ihm vorgegangen ist.«

»Und worauf führen Sie das zurück?« fragte ich.

»Auf seine lebhafte, an ihm früher nicht gekannte Begeisterungsfähigkeit. Dabei ist er keineswegs verschroben – bewahre! Ich halte ihn sogar für den scharfsichtigsten Geschäftsmann in der ganzen Stadt. Aber seine Begeisterungsfähigkeit und seine darauf beruhende Selbstsicherheit strahlen eine unwahrscheinliche Kraft aus. So kannten wir ihn früher nicht«, schloß er gedankenvoll.

Ich erwähnte Harrys Fall, weil sehr oft religiöse Einflüsse mitspielen, wenn ein Mensch von Begeisterung gepackt wird. Daneben können aber auch unzählige andere Einwirkungen Begeisterung hervorrufen. Harry Simpson verlor seine ›Was-kümmert's-mich‹-Haltung, als die Begeisterung in ihm die Oberhand gewonnen hatte. Diese neue Gabe und seine bisherige negative Einstellung waren unvereinbar.

Ich weiß nicht, ob der Schriftsteller John Kieran religiös ist, aber daß er nicht auf der Seite der Unbeteiligten steht, machen einige seiner Äußerungen über die Begeisterung deutlich: »Der englische Dichter William Cowper vertrat die Ansicht, Abwechslung sei die wahre Würze des Lebens. Damit bin ich nicht einverstanden, und wenn wir wissen, daß Cowper wegen einer Gemütskrankheit verschiedentlich in Heilanstalten war, dann sehen wir, was zuviel Abwechslung bewirken kann.

Ich meinerseits glaube, daß Begeisterung die wahre Würze des Lebens ist. Auch Emerson sagte: ›Noch nie wurde ohne Begeisterung etwas Großes vollbracht.‹ Als ich noch zur Schule ging, hörte ich David Starr Jordan, den Präsidenten der Stanford University, von einem Mann erzählen, der gesagt hatte, die beste Art, guten Kaffee zu machen, sei, einige Bohnen mehr hinzuzugeben. Und das war auch Dr. Jordans Rat, den er uns Schülern und künftigen Staatsbürgern mitgab. Ich höre ihn noch, wie er mit der Hand auf sein Pult schlug und sagte: ›Was immer ihr anpackt, tut es mit Begeisterung! Gebt einige Bohnen mehr hinzu!‹

Vielleicht bin ich voreingenommen«, fährt Kieran weiter, »denn ich bin immer voller Begeisterung für oder gegen etwas. Ein Begeisterter mag manchmal anderen auf die Nerven gehen – aber er selber langweilt sich nie!«

Was John Kieran sagt, ruft einen Ausspruch des Historikers Arnold Toynbee in Erinnerung: »Gleichgültigkeit und Langeweile können nur durch Begeisterung überwunden werden, und am Anfang der Begeisterung stehen zwei Dinge: eine klare Vorstellung dessen, was man erreichen will, und ein wohldurchdachter Plan, wie man es erreichen wird.« Hier haben wir die Grundelemente der Begeisterung, nämlich den festen Wunsch, ein Ziel zu erreichen, das dazu erforderliche Denk- und Beurteilungsvermögen sowie den inneren Antrieb, der mit jeder Gleichgültigkeit und allem Zynismus aufräumt.

Jack London, dessen Bücher vor Jahren viele von uns begeisterten, sagt es so: »Lieber will ich zu Asche werden als zu Staub. Lieber soll mein Leben in einer hell lodernden Flamme verbrennen als in Fäulnis ersticken. Lieber möchte ich ein dem Untergang geweihter, aber strahlender Meteor sein, jedes Atom von leuchtendem Glanz, als ein ewig existierender, aber schlafender Planet. Unsere Aufgabe besteht nicht darin, zu existieren, sondern erfüllt zu leben, uns zu entwickeln.«

Darum habe ich dieses Buch geschrieben. So viele Menschen wissen nicht, was Leben heißt; sie sind teilnahmslos und unglücklich; sie scheitern am Leben, statt sich in der ständigen Auseinandersetzung damit zu entwickeln; so vielen fehlt der innere Antrieb, der sie weiterbrächte. Und weshalb? Weil es ihnen an Begeisterung mangelt!

Mein Freund Alfred Krebs, der Besitzer des schönen Grand Hotel Regina in Grindelwald, sagte einmal zu mir: »Es gibt keinen Erfolg ohne Begeisterung. Begeisterung ist das Geheimnis eines erfüllten Lebens; sie erhält uns jung und läßt uns alle Hindernisse überwinden; sie macht uns erst wahrhaft glücklich.« Und Alfred Krebs hat recht – begeistert sein bedeutet erfüllt sein. Es stimmt mich immer wieder traurig, wenn ich sehe, wie viele Menschen bloß existieren, statt wahrhaftig zu leben. Denn für jene, die nicht bewußt leben, kommen und gehen die Tage in einem nicht enden wollenden Trott der Routine und der Mittelmäßigkeit. Henry Thoreau, einer der großen Denker, die am Beginn der geistigen Entwicklung unseres Landes standen, sagte: »Nur der Tag zählt, den wir wachen Sinnes erleben.«

Wie Begeisterung einen Menschen wieder aufrichtete

An einem Bankett, bei dem ich einen Vortrag zu halten hatte, kam ich neben den Gerichtspräsidenten der Stadt, einen lebhaften Mann von fünfunddreißig Jahren, zu sitzen. Im Verlauf des Abends wandte er sich mit den Worten an mich: »Es interessiert Sie bestimmt, zu hören, wie ein völlig geknickter Mensch wieder aufgerichtet wurde.«

»Sehr! Erzählen Sie mir bitte.«

»Patrick ist ein Polizist, der seit einiger Zeit im Gerichtsgebäude Dienst tut. Er ist einen Meter und fünfundachtzig Zentimeter groß, kräftig, ein richtiger Hüne. Lange Zeit leistete er hervorragende Arbeit, doch allmählich ging eine Veränderung mit ihm vor. Es war, als ob er jedes Interesse an seiner Arbeit und an seiner Umwelt verliere. Er ließ in jeder Beziehung nach und schleppte sich mühsam durch sein Tagewerk. Wir schickten ihn zum Arzt, und nachdem dieser ihn gründlich untersucht hatte, meldete er uns: ›Medizinisch ist mit dem Mann alles in Ordnung, aber seine Kraftreserven sind auf dem Nullpunkt, ebenso seine geistige Verfassung. Wenn die Körperkräfte nachlassen, dann läßt sehr oft auch die seelische Widerstandskraft nach, da Körper und Seele eine Einheit bilden. Irgend etwas muß diesen Mann geistig oder seelisch erschüttert haben; am besten lassen Sie ihn noch von einem Psychiater untersuchen.‹

Statt dessen«, fuhr der Richter fort, »beschloß ich, mir Patrick selber vorzunehmen. ›Wie geht es?‹ fragte ich ihn, und er gab mir zur Antwort: ›Nun, Herr Präsident, ich habe ein paar persönliche Schwierigkeiten, aber sie werden mich schon nicht niederdrücken. Es scheint, als ob ich nicht mehr überaus große Kraftreserven habe. Ich glaube, das Leben ist im Moment etwas zu schwer für mich. Ich schäme mich, daß ich so weich bin.‹ – ›Hier, Patrick‹, antwortete ich ihm, ›ist ein Buch. Es ist zwar ein Buch mit einer religiösen Grundhaltung, aber es ist klar und verständlich geschrieben – kein moralisierendes Zeug! –, und ich glaube, es könnte Ihnen helfen. Nehmen Sie es heute abend mit nach Hause, lesen Sie das erste Kapitel, und denken Sie darüber nach. Morgen früh werden wir uns darüber unterhalten.‹

An jedem der folgenden Tage unterhielt ich mich nun mit Patrick über ein weiteres Kapitel, bis er das ganze Buch gelesen und mit mir durchbesprochen hatte. Zum Schluß bat ich ihn, mir kurz zu schildern, was das Buch ihm gegeben habe.

Patrick zögerte keinen Moment: ›Das Buch versichert, daß ein Mensch alle seine Schwächen überwinden kann, wenn er sein Leben in Gottes Hand legt. Und das werde ich nun tun.‹

›Das ist genau das, was ich von Ihnen erhofft und erwartet habe, Patrick. Am besten halten Sie sich dabei an die Richtlinien, die das Buch gibt. Sie sind für Sie ebenso gültig wie für andere. Das Buch hat schon vielen Menschen geholfen.‹«

»Und was geschah?« erkundigte ich mich gespannt.

»Nun, die Botschaft kam an. Patrick machte sich daran, die geistigen Grundsätze des Buches zu verarbeiten; ich verschaffte ihm auch weitere Bücher und Zeitschriften, die ihn dabei unterstützten. Und heute kann ich sagen, daß er seine Schwierigkeiten überwunden hat; er ist kein geknickter Mensch mehr. Obwohl er noch einiges über schöpferische Geisteskraft als eine der Quellen des wahren Lebens zu lernen haben wird, freue ich mich doch täglich über die Begeisterung, die jetzt aus ihm spricht. Und da er begierig ist, zu lernen, bin ich voller Vertrauen, daß er seinen Weg finden wird.«

Als ich am nächsten Morgen in meinem Hotelzimmer beim Frühstück saß, drehte ich den Fernsehapparat an. Im Lokalsender unterhielten sich drei Polizisten über eine bevorstehende Sicherheitswoche. Einer von ihnen war ein großer, lebhafter Mann, und er schilderte begeistert, wie wundervoll das Leben sei und wie wichtig Sicherheitsvorkehrungen seien, um dieses Leben zu schützen. Aus der Art seiner Gedanken und aus der Begeisterung, mit der er sprach, schloß ich, daß es sich um den Mann handeln müsse, von dem mir der Richter erzählt hatte. Und tatsächlich war er es. Ich erlebte einen wunderbaren und überzeugenden Beweis, welche Veränderung mit einem Menschen vorgehen kann, wenn er von Begeisterung erfüllt wird.

Dieses Buch wird noch an manchem Beispiel zeigen, was Begeisterung vermag. Echte Begeisterung vollbringt in jedem Bereich unseres Lebens Unwahrscheinliches, in unserer Arbeit, unseren Beziehungen zur Familie und zu Freunden, unserer ganzen Lebenseinstellung.

2
Nie erlahmende Begeisterung

Ich werde nie den Abend vergessen, an dem ich Fräulein Niemand kennenlernte. Es war in einer Stadt an der Westküste. Ich hatte einen Vortrag gehalten und unterhielt mich anschließend noch mit einigen Zuhörern, die nach vorne gekommen waren, um mich zu begrüßen, als mir eine junge Frau ihre kraftlose Hand hinhielt und mit farbloser, schüchterner Stimme sagte: »Ich wollte Ihnen auch gerne die Hand geben, obwohl ich Sie vielleicht lieber nicht hätte behelligen sollen. Es sind so viele wichtige Leute hier, und ich bin nur ein unbedeutender Niemand. Entschuldigen Sie bitte, daß ich Ihre Zeit in Anspruch genommen habe.«

Ich schaute sie genauer an und bat sie: »Wollen Sie mir einen Gefallen tun? Warten Sie doch ein paar Minuten, ich möchte gerne mit Ihnen sprechen.«

Sie war etwas verwundert, wartete aber, bis sich die übrigen Zuhörer verabschiedet hatten. Nun wandte ich mich ihr wieder zu: »So, Fräulein Niemand, jetzt wollen wir uns hinsetzen und zusammen plaudern.«

»Wie nannten Sie mich eben?« fragte sie erstaunt.

»Ich nannte Sie so, wie Sie sich vorgestellt haben; Sie sagten mir doch, Sie seien Niemand. Haben Sie denn einen anderen Namen?«

»Natürlich.«

»Dachte ich mir's doch. Einer der Gründe, warum ich mit Ihnen sprechen wollte, ist, herauszufinden, wie ein Mensch auf den Gedanken kommen kann, er sei ein Niemand. So von sich zu sprechen ist doch eine Beleidigung Gottes.«

»Das kann nicht Ihr Ernst sein, Dr. Peale! Eine Beleidigung Gottes?«

»Doch. Denn Sie sind ein Kind Gottes, und geschaffen nach seinem Ebenbild, und darum stört es mich und tut es mir weh, wenn Sie sagen, Sie seien ein Niemand. Erzählen Sie mir doch bitte von sich.«

Sie schilderte mir ihr Leben und ihre Probleme. Sie sprach stockend, doch war augenfällig, wie gut es ihr tat, sich jemandem anvertrauen zu können. »Sie sehen also«, schloß sie ihre Schilderung, »ich habe einen ausgewachsenen Minderwertigkeitskomplex, und zeitweise bin ich völlig mutlos und der Verzweiflung nahe. Ich kam heute abend hierher, weil ich hoffte, Sie würden mir etwas sagen, das mir helfen könnte.«

»Nun«, antwortete ich, »das will ich tun. Sie sind ein Kind Gottes, und ich wünsche, daß Sie jeden Tag zu sich sagen: ›Ich bin ein Kind Gottes.‹ Das wird Ihnen Mut geben und Sie wieder aufrichten.« Sie sah mich mit einem Lächeln an und versprach, meinen Rat zu befolgen. Dann verabschiedete sie sich mit den Worten: »Ich bitte Sie, für mich zu beten.«

Ich tat es. Ich bat Gott, er möge ihr ein erfülltes Leben und Selbstvertrauen schenken.

Unlängst, als ich in derselben Stadt wieder einmal einen Vortrag hielt, kam eine attraktive junge Frau auf mich zu und fragte mich: »Kennen Sie mich noch?«

»Sind wir uns schon einmal begegnet?« fragte ich zurück.

»Gewiß. Ich bin das ehemalige Fräulein Niemand.«

Nun erinnerte ich mich. Und ich stellte fest, daß seit unserem ersten Zusammentreffen eine gewaltige Veränderung mit ihr vorgegangen war. Ich sah es an ihrem lebhaften Blick und an ihrer selbstsicheren Art, noch bevor sie selber es mir sagen konnte. Sie hatte die ihr als einem Kind Gottes geschenkten Kräfte entdeckt und genutzt.

Diese Geschichte bestätigt eine wertvolle Erfahrung: Ein Mensch kann sich ändern. Jeder kann sich ändern! Sogar ein trübseliger Niemand kann zu einem begeisterten, lebensfrohen Menschen werden.

Außer ›Fräulein Niemand‹ habe ich viele Menschen sich ändern, sich gewaltig ändern gesehen. Solche Menschen hören auf, niedergeschlagen und unglücklich zu sein. Sie ändern sich von Grund auf und in ihrem ganzen Wesen, so daß sie nicht mehr dieselben Menschen sind wie einst. Ihre negativen Eigenschaften machen positiven Platz, und ihre Persönlichkeit entwickelt sich in ungeahnter Weise. Ihr Leben wird glücklich, erfolgreich und schöpferisch, und ihre Freunde und Bekannten wundern sich. Auch sie selbst wundern sich. Und warum nicht? Es ist doch ein Wunder!

In all den Jahren, in denen ich nun erfülltes Leben durch geistige Übung lehre, habe ich viele Menschen gesehen, die buchstäblich von Haß zerfressen waren und die sich zu Menschen voller Liebe wandelten. Ich habe beobachtet, wie niedergeschlagene Menschen alle Angst und Unsicherheit ablegten, sobald sie die Kraft positiven Denkens kennengelernt hatten. Ich habe Menschen gesehen, die ständig von allerlei Ängsten geplagt waren und die sich in kurzer Zeit zu mutigen, furchtlosen Menschen entwickelten.

Begeisterung kann unser Verhalten von Grund auf ändern

Es gibt noch eine andere Art von Veränderung, vielleicht eine tiefergreifende, umfassendere, die vor allem unsere gefühlsbetonten Handlungen beeinflußt. Es ist der Wandel von Apathie zu Begeisterung, von unbeteiligtem Abseitsstehen zu leidenschaftlicher Anteilnahme. Unsere ganze Persönlichkeit erlebt eine erstaunliche Veränderung, die unser Empfinden verfeinert, die geistige Trägheit vertreibt und eine innere Kraft verleiht, die unsere Begeisterung lebendig werden und nicht mehr versiegen läßt.

Die meisten Menschen wissen, welch negativen Einfluß Haß, Furcht und andere Konfliktformen auf unser Verhalten haben können; sie scheinen aber zu übersehen, daß es nur an uns selber liegt, unser Verhalten in positivem Sinne zu ändern. Sie argumentieren: »Natürlich möchte ich gerne ein von Begeisterung erfüllter Mensch sein, aber entweder ist man es, oder man ist es eben nicht. Man kann nicht einen begeisterten Menschen aus sich machen, wenn man das Zeug dazu nicht hat.« Und sie sagen das in der selbstverständlichen Erwartung allseitiger Zustimmung.

Ich stimme ihnen aber nicht zu. Ich bin anderer Auffassung. Ich weiß, daß jeder das Zeug hat, sich zu einem begeisterten und frohgemuten Menschen zu entwickeln.

Wir haben es in der Hand, eine Begeisterungsfähigkeit zu entwickeln, die nie versiegt und die jedem Druck standhält. Ich habe immer wieder gesehen, daß ein Mensch sozusagen alles aus sich machen kann, vorausgesetzt, daß sein Verlangen stark genug ist und daß er energisch an die Verwirklichung geht.

Das beste Vorgehen ist, sich zuerst einmal klar zu werden, welche Eigenschaften man besitzen möchte, und dieses klar umrissene Bild in seinem Bewußtsein festzuhalten. Dann entwickelt man diese Eigenschaften Schritt für Schritt, indem man so handelt, als ob man sie bereits durch und durch besäße. Dabei ist wichtig, daran zu glauben und sich immer wieder zu bestätigen, daß man im Begriff ist, seine Persönlichkeit im gewünschten Sinne zu formen.

Tu so, als ob!

Vor Jahren hat der Psychologe William James gesagt: »Wenn dir eine Eigenschaft mangelt und du möchtest sie dir zulegen, dann tu so, als hättest du sie schon.« Diese Methode ist wirksam.

Nehmen wir an, ein Mensch sei von Natur scheu und schüchtern und habe schreckliche Minderwertigkeitskomplexe. Um sich zu ändern, beginne er nun, sich nicht so zu sehen, wie er ist, sondern so, wie er sein möchte – selbstsicher, zuversichtlich, allen Situationen gewachsen. Dann fange er an, diesen Eigenschaften entsprechend, bewußt zu handeln. Es ist erwiesen, daß der Mensch sich mit der Zeit gemäß der Vorstellung, die er von sich hat, entwickelt.

Wir kennen verschiedene Beispiele für die Gültigkeit dieses Naturgesetzes; eines ist vom berühmten John Wesley aus dem siebzehnten Jahrhundert überliefert. Wesley ängstigte sich sehr, als er auf seiner Reise nach Amerika den Atlantik überquerte und dabei in einen heftigen Sturm geriet. Aber einige Leute an Bord des schlingernden Schiffes blieben während des ganzen Sturmes ruhig und vertrauensvoll. Wesley war von ihrer unerschütterlichen Gelassenheit so beeindruckt, daß er sie nach ihrem Geheimnis fragte. Es war nichts anderes als ihr festes Vertrauen in die göttliche Fürsorge. Als Wesley betrübt gestand, daß sein Vertrauen nicht so stark sei, antwortete ihm einer von ihnen: »Tu so, als ob du Vertrauen hättest, und über kurzem wirst du es haben!« John Wesley befolgte den Rat und entwickelte schließlich ein so kraftvolles Vertrauen, daß er die schwierigsten Situationen meistern konnte.

Wer ängstlich ist, zwinge sich zu tun, als ob er mutig wäre; wer angespannt ist, tue so, als ob er ruhig und zuversichtlich wäre. Auch Shakespeare, dessen Einsichten in die menschliche Natur ihresgleichen suchen, befürwortete diese Methode, wenn er im 3. Akt von ›Hamlet‹ sagt: »Nehmt eine Tugend an, die Ihr nicht habt!«

Einen weiteren Beweis für die Wirksamkeit der ›Tu so, als ob!‹-Methode gibt uns Frank Bettger, der erfolgreiche Autor des Buches ›Lebe begeistert und gewinne!‹*. Als er noch Baseball-Berufsspieler war, spielte er in einer Mannschaft einer unteren Liga. Er war jung und ehrgeizig und wollte an die Spitze; doch eines Tages wurde er kurzfristig entlassen. Der Grund war: Mangel an Einsatz, Mangel an Begeisterung.

Der Trainer bedauerte, Bettger ziehen lassen zu müssen, denn dieser besaß alle Anlagen zu einem guten Spieler. Beim Abschied sagte er zu ihm: »Frank, auf diese Weise geht es nicht; so wirst du immer unten bleiben. Was immer du auch tust, nachdem du uns verlassen hast, wach um Gottes willen auf und geh mit Begeisterung an deine Arbeit!«

Bettger unterschrieb bei einem anderen Verein zu einem bescheideneren Gehalt. Dort spielte er auf dieselbe unbeteiligte Art, bis er eines Tages mit Danny Meehan, einem berühmten ehemaligen Berufsspieler, zusammentraf und dieser ihn fragte: »Frank, bedeutet dir Baseball wirklich nichts? Du bist außeror-

* Oesch Verlag AG, Glattbrugg-Zürich

dentlich begabt, aber dir fehlt die Begeisterung, und ohne Begeisterung wirst du weder im Sport noch sonstwo im Leben weiterkommen. Begeisterung ist eine der Voraussetzungen für jeden Erfolg.«

»Was kann ich machen?« erwiderte Bettger. »Ich fühle nun mal keine Begeisterung in mir, und ich kann sie schließlich nicht in irgendeinem Laden kaufen. Entweder man hat sie oder man hat sie nicht. Und ich habe sie nun einmal nicht.«

»Deine Einstellung ist falsch, Frank«, entgegnete Danny Meehan. »Du mußt eben begeistert werden – das ist alles. Gib dich begeistert, spiele Baseball, als ob nichts auf der Welt dir mehr bedeutete, dann wird sich die Begeisterung einstellen, und du wirst bei deiner Begabung bald einer der besten und der bestbezahlten Baseballspieler sein.« Kurze Zeit darauf kam Bettgers großer Tag. Danny Meehan verschaffte ihm die Möglichkeit zu einem Testspiel mit dem New Haven Baseball Club, und als er an jenem Tag das Spielfeld betrat, nahm er sich vor, den Rat seines alten Freundes zu beherzigen und zu spielen, als ob es für ihn auf der Welt nichts gäbe außer Baseball. Er schien geradezu mit Elektrizität geladen, und er schlug den Ball so hart und so weit und spielte mit solcher Kraft und solchem Einsatz – bei über dreißig Grad im Schatten –, daß bald alle Zuschauer, und erst recht die Kameraden, auf ihn aufmerksam wurden.

Am nächsten Tag waren die Zeitungen New Havens voll des Lobes über Frank Bettger. Sie nannten ihn ›Pfeffer‹-Bettger und bezeichneten ihn als den Motor der Mannschaft. Er fuhr fort, mit demselben Einsatz und derselben Begeisterung zu spielen, und bald fühlte er sich als ein neuer Mensch. Warum auch nicht? – Er war doch tatsächlich ein anderer Mensch! Seine Begeisterung riß nicht ab, und über kurzem spielte er in der Nationalliga.

Später, zu Beginn seiner Laufbahn im Versicherungsfach, verfiel Frank Bettger wiederum der Gleichgültigkeit, und wiederum erntete er nichts als Mißerfolg. Da erinnerte er sich, wie er seinerzeit die Begeisterung bewußt gepflegt und entwickelt hatte, und er wandte dieselbe ›Tu so, als ob!‹-Methode auf seine neue Tätigkeit an. Das Resultat war, daß er genauso zur Spitze der Versicherungsfachleute aufstieg, wie er seinerzeit zur Spitze der Baseballspieler aufgestiegen war.

Frank Bettgers Erfahrungen zeigen, daß Begeisterung durch richtiges Denken und Handeln bewußt entwickelt und gefördert werden kann. Jedermann kann durch Anwendung der ›Tu so, als ob!‹-Methode begeistert werden. Wir müssen uns so geben, wie wir sein möchten, dann werden wir so werden, wie wir uns geben.

Geistige Reinigung

Eine weitere wirksame Methode zur Entwicklung einer positiven Grundhaltung ist die geistige Reinigung. In einem düster grübelnden Geist können keine heiteren, lebensfrohen Gedanken gedeihen. Ungute Gefühle, wie Haß, Voreingenommenheit, Unzufriedenheit, Entmutigung und Enttäuschung, legen einen Schatten über unser Denken und verdüstern unsere geistige Einstellung. Geistige Reinigung ist daher ein bedeutsamer Schritt zu unbeschwertem Denken und zur Schaffung der schöpferischen Atmosphäre, in der sich Begeisterung entwikkeln und schließlich zum dominierenden Faktor werden kann.

Mit diesem Begriff der geistigen Reinigung machte mich zum ersten Mal vor Jahren A. E. Russ vertraut, ein alter Freund, der damals an der unteren Fifth Avenue einen Drugstore führte. A. E. Russ war Mitglied meiner Kirchgemeinde, und er besaß die großartige Gabe natürlicher Einsicht und Weisheit. Er war ein geborener Philosoph, ein scharfsichtiger Denker mit einem ausgesprochenen Gefühl für das Wesentliche, eine unersättliche Leseratte und ein erfolgreicher Geschäftsmann. Sein Glaube besaß Tiefe und war von der Art, wie sie entsteht, wenn durchlebte Leiden die Ursache allen Verstehens bilden. Er wußte, wie man den Mitmenschen hilft und wie man ihnen Selbstvertrauen einflößt. Das beweist mein Erlebnis, das ich mit ihm hatte.

Mutlosigkeit war einst eines meiner Probleme, und von Zeit zu Zeit bedrückte es mich sehr. Obwohl ich von Natur aus begeisterungsfähig und optimistisch bin, neigte ich doch hin und wieder zu Depressionen. Und während solcher Perioden schien alles schiefzugehen. Damals hielt ich an der Marble Collegiate Church jeweils die Sonntagmorgen- und die Sonntagabend-Predigt. (Später wurde der Zustrom zum Morgen-Gottesdienst so stark, daß ich am Sonntagmorgen jeweils die Predigt zweimal halten mußte, während Amtskollegen den Abend-Gottesdienst übernahmen.) Zu der Zeit, von der ich erzähle, spürte ich eines Sonntagabends, daß meine Predigt ungewöhnlich schlecht gewesen war. Beim Verlassen der Kirche suchte ich jede Begegnung mit Gemeindemitgliedern zu vermeiden; ich tauchte in die dunkle, neblige Nacht und machte mich verdrossen die Fifth Avenue hinunter auf den Heimweg.

Als ich beim Drugstore von Mr. Russ vorbeiging, beschloß ich, einem plötzlichen Impuls folgend, hineinzugehen und mich mit Mr. Russ zu unterhalten. Er war gerade dabei, einige Ice Cream Soda zuzubereiten; so setzte ich mich an die Theke und schaute ihm zu. »Wie kommt es, daß Sie die Ice Cream Soda selber machen?« fragte ich ihn. »Wo ist Ihr Gehilfe?«

»Er hat gekündigt, und ich habe noch keinen Ersatz gefunden«, war seine Antwort.

»Wissen Sie was?« sagte ich. »Meine Predigt heute abend war entsetzlich. Es ist mir unverständlich, wieso ich Pfarrer geworden bin. Ich bin ein Versager. Wie wär's, wenn ich die Arbeit Ihres früheren Gehilfen übernähme?«

»Gut, warum nicht?« antwortete Mr. Russ, ohne mit der Wimper zu zucken. »Kommen Sie hinter die Theke, und machen Sie für mich ein Ice Cream Soda. Erst will ich sehen, was Sie können, bevor ich Sie anstelle.« Dann setzte er sich an die Theke, während ich eine Schürze umband und daranging, ein Schokolade-Ice Cream Soda zu brauen. Es schien mir recht gut geraten; ich klebte, wie ein Fachmann, einen Trinkhalm ans Glas und stellte es vor Mr. Russ hin. Er nahm einen langen Zug, indes ich auf sein Urteil wartete. Endlich setzte er ab und sagte: »Sie bleiben besser beim Predigen.« Dann stieg er vom Stuhl hinunter und schloß die Eingangstüre. »Feierabend«, erklärte er und fügte hinzu: »Kommen Sie ins Hinterzimmer, wir wollen noch etwas plaudern.« Er ging voran in jenen geheimnisvollen Bereich hinter dem Laden, in den sich Apotheker zurückziehen, wenn sie Rezepte zusammenzustellen haben. Und dort, muß ich sagen, stellte er für mich ein ›Denk-Rezept‹ zusammen, für das ich ihm durch all die vielen Jahre, die seit jener trüben Nacht vergangen sind, dankbar geblieben bin.

Mr. Russ begann, von seinen eigenen Kämpfen gegen die Entmutigung zu erzählen. Und wie ich die Geschichte seiner Schwierigkeiten, Rückschläge und Sorgen gehört hatte, erschien mir meine Niedergeschlagenheit belanglos. Dann fügte er hinzu: »Ich muß Ihnen aber auch sagen, daß ich keine Depressionen mehr kenne, seitdem ich mir eine ganz bestimmte seelisch-geistige Übung zur regelmäßigen Gewohnheit gemacht habe. Und gewiß sind Sie mit mir einig, daß ich, so wie Sie mich nun kennen, ein durch und durch begeisterter Mensch bin.«

»Ich kenne niemanden, der mehr echte Begeisterungsfähigkeit besäße als Sie. Welches ist diese seelisch-geistige Übung, die Ihnen geholfen hat?« »Tägliche geistige Reinigung«, antwortete er. »Das hat mir geholfen und, muß ich gleich hinzufügen, hilft mir immer noch. Seinen Geist von schlechten Einflüssen freizuhalten ist eine Arbeit, die jeden Tag aufs neue getan werden will.« Er fuhr fort, mir das Wesen und die Bedeutung der täglichen geistigen Reinigung zu erklären. »Wenn Sie trüben Gedanken, Schmerz, Reue, Groll, Verstimmung und dergleichen erlauben, sich anzuhäufen, dann kann mit der Zeit Ihr ganzes Seelenleben so nachteilig beeinflußt werden, daß es einer gewaltigen Anstrengung bedarf, es wieder ins Gleichgewicht zu bringen.« Ich wußte, daß er recht hatte, war doch gerade zu jener Zeit der seelisch-religiöse Beratungsdienst unserer Kirche mit dem erschütternden Problem eines Mannes beschäftigt, der, wie er sich ausdrückte, »in seinem Geiste eine verderbliche Ansammlung alten Kummers angehäuft hatte«. Unsere Pfarrer und Psychiater brauchten mehrer Monate, um sein seelisches Rüstzeug zu reinigen und wieder einigermaßen in Ordnung zu bringen.

Seither wende ich diese Methode der geistigen Reinigung nicht nur selber an, sondern ich habe sie schon vielen von Sorge geplagten Menschen empfohlen. Und zwar immer mit solchem

Erfolg, daß ich sie hier zum Nutzen aller, die dieses Buch lesen, beschreiben will.

Mr. Russ ›reinigte‹ seinen Geist jeden Tag vor dem Schlafengehen, um zu verhindern, daß sich ungesunde Gedanken während der Nacht in seinem Bewußtsein festsetzen könnten. Denn er wußte, daß solche Gedanken sehr schnell Wurzeln fassen, wenn man ihnen erlaubt, sich auch nur vierundzwanzig Stunden anzusammeln. Diese geistige Reinigung besteht in der täglichen Überprüfung aller uns widerfahrenen unerfreulichen Geschehnisse des verflossenen Tages: ein scharfes Wort, eine schmeichlerische Bemerkung, eine böswillige Handlung eines Mitmenschen. Sie ist aber auch eine Rückschau auf die eigenen Fehler, Irrtümer und Dummheiten sowie auf die Enttäuschungen, Fehlschläge und Kränkungen, welche die vorangegangenen Stunden überschatteten.

Dann »kehrt man sie auf einen Haufen zusammen« und »verbannt sie aus seinem Bewußtsein«, indem man dabei die heilsamen Worte spricht: »Ich vergesse, was hinter mir ist, strecke mich aber nach dem aus, was vor mir ist.« (Philipper 3, 13)

Mr. Russ erzählte, daß es ihm, als er mit dieser Methode begann, leichtfiel, »zusammenzukehren«, daß er es aber lange nicht fertig brachte, »es aus dem Bewußtsein zu verbannen«. Doch durch ständige bewußte und disziplinierte Übung gewann er mit der Zeit die Fähigkeit, den nutzlosen und ungesunden Ballast, der vorher seinen Geist bedrückt hatte, abzuschütteln. Mr. Russ stützte sich dabei auf die Tatsache, daß man lernen kann, seine Gedanken vollkommen zu beherrschen, vorausgesetzt, daß man in seinen Anstrengungen nicht nachläßt.

Und er erklärte mir: »Bevor Sie es nicht selber ausprobiert haben, können Sie sich keine Vorstellung machen, welches Hochgefühl Sie durchströmt, wenn Sie dahinterkommen, daß Sie diese infamen Feinde eines glücklichen Geistes zusammenkehren und wegwerfen können. Lassen Sie sie ziehen, werfen Sie sie weg – reinigen Sie Ihren Geist!

Beginnen Sie heute noch damit!« rief er aus. »Sie sagen, Sie haben einen schlechten Tag gehabt, Sie haben enttäuschend gepredigt. Nun gut, jetzt überlegen Sie, was Sie falsch gemacht haben. Lernen Sie daraus, doch dann – reinigen Sie Ihren Geist, und die alte Begeisterung wird zurückkehren.«

Ich ging nach Hause und probierte Mr. Russ' Methode unverzüglich aus. Es war nicht leicht, aber ich ließ nicht nach in meinen Anstrengungen, und nach einigen Tagen hatte ich es heraus; mein Geist gehorchte mir. Und seither weiß ich, daß dies eine zuverlässige Methode zur Erlangung einer positiven Geisteshaltung ist.

Erfreuliches zum Tagesanfang

Die Art, wie wir den Tag beginnen, ist außerordentlich wichtig. Von den ersten fünf Minuten nach dem Erwachen kann abhängen, was aus einem neuen Tag wird. Gewiß gibt es Menschen, die Langsamstarter sind und Zeit brauchen, um richtig wach zu werden und sich auf einen neuen Tag einzustellen. Aber auch diese Menschen müssen darauf achten, welche Richtung sie dem Tag geben, und da sind die frühen Stunden entscheidend.

Der amerikanische Philosoph Henry Thoreau pflegte morgens eine Weile im Bett liegenzubleiben, um alles Erfreuliche, das ihm in den Sinn kam, Revue passieren zu lassen: seinen gesunden Körper, seinen wachen Geist, seine interessante Arbeit, das Vertrauen, welches ihm die Mitmenschen entgegenbrachten. Und er machte die Erfahrung, daß ihm der neue Tag um so mehr Erfreuliches brachte, je mehr Erfreuliches er sich am frühen Morgen vor Augen hielt.

Durch diese Technik kann jeder Tag ein erfolgreicher Tag werden, selbst wenn er unangenehme Neuigkeiten mit sich bringt. Die ersten Eindrücke, welche unser Geist nach dem Erwachen empfängt, bestimmen und beeinflussen den vor uns liegenden Tag ganz wesentlich, und wenn diese Eindrücke positiv sind, dann werden wir auch mit auftretenden Schwierigkeiten leicht fertig werden.

Einer meiner Bekannten, dessen Begeisterungskraft nie erlahmt, auch wenn er noch so sehr mit Widerwärtigkeiten zu kämpfen hat, besitzt seine eigene Methode, den Tag zu beginnen. Vor dem Frühstück gönnt er sich ein paar Minuten der inneren Sammlung. Er liest einen kurzen, erbauenden Text, dann überläßt er sich drei, vier Minuten absoluter Ruhe. Unbelastet von dem Gedanken, wie ausgefüllt sein Tagesprogramm ist, in diesen paar Minuten gibt es für ihn keine Hast und keine Eile. In ihnen gewinnt er die ausgewogene Geisteshaltung, die ihn durch den Tag begleitet.

Anschließend vergegenwärtigt er sich die Menschen, mit denen er voraussichtlich im Laufe des Tages zu tun haben wird, und betet für jeden von ihnen. Dann empfiehlt er sich selbst Gott und geht an sein Tagewerk. Und jeder, der mit ihm zusammentrifft, wird durch seine nie versiegende Begeisterung belebt. Er ist überzeugt, daß er sie seiner inneren Sammlung verdankt, die ihn täglich mit neuer Kraft erfüllt.

Jeder Tag bringt Neues

Viele Menschen sorgen sich jeden Morgen ängstlich, was der neue Tag wohl bringen möge. Sie denken an die Schwierigkeiten und Probleme, mit denen es fertig zu werden gilt, und ihre Angst erstickt ihre Begeisterung. Sie sehen nicht, welche Befriedigung es bieten kann, durch Probleme herausgefordert zu werden und diese Herausforderung anzunehmen.

Da bewundere ich die Haltung, mit der einer meiner Freunde jeden neuen Tag beginnt. Er hat in seinem Leben einige schwere Schicksalsschläge erlitten, genug jedenfalls, um manchen Menschen völlig zu erledigen. Er aber sagt: »Ein Rückschlag ist kein Unglück, lediglich ein Zwischenfall.« Jeden Tag beginnt er mit der Einstellung, daß jeder Morgen Neues bringe und daß es nur an uns liege, aus diesem Neuen etwas Aufbauendes zu schaffen.

Seine Begeisterungsfähigkeit ist enorm, und er sagt: »Für mich gibt es nur zweierlei Tage: solche, an denen ich glücklich bin, und solche, an denen ich überglücklich bin.« Jeden Morgen etwas Neues zu erwarten und sich darauf zu freuen, daraus etwas schaffen, ist ein wunderbares Mittel, seine Begeisterung ständig wachzuhalten.

Man kann aus zwei verschiedenen Richtungen an einen neuen Tag herangehen, von der Sorge oder von der Begeisterung her – wir haben die Wahl. Wenn wir die Begeisterung wählen, dann sind wir immer von ihr erfüllt!

Wie man seine Begeisterungsfähigkeit bewahrt

Oft fällt es nicht leicht, besonders älteren Leuten, die Begeisterung wachzuhalten. Die natürliche Begeisterungsfähigkeit der Jugend nimmt mit der Zeit bei den meisten Menschen ab. Enttäuschungen, unerfüllte Hoffnungen und ungestillter Ehrgeiz dämpfen die Lebensfreude.

Doch das muß nicht so sein. Wir können das Abnehmen unserer Lebenskraft verhindern, und wir können auch mit zunehmendem Alter trotz Sorgen, Krankheit und Enttäuschungen von ungebrochener Begeisterungskraft bewegt werden.

Ich habe Menschen gekannt, die bis an ihr Lebensende begeistert blieben und aus deren Augen das Feuer der Begeisterung bis zuletzt leuchtete. Nichts vermochte in ihnen die kostbare Gabe der Begeisterung zum Erlöschen zu bringen.

Wenn ich an solche tatkräftigen und lebensbejahenden Menschen denke, dann kommt mir Huxleys Äußerung in den Sinn, wonach die wahre Lebenskunst darin bestehe, den Schwung der Jugend ins hohe Alter mit hinüberzunehmen. Und was ist dieser Schwung der Jugend anderes als Begeisterung und Lebensfreude, als die positive Einstellung, daß nichts zu schön ist, um wahr zu sein, und daß die Welt, in der wir leben, buchstäblich etwas Wundervolles ist.

Bei einem Aufenthalt in der Schweiz lernte ich in Montreux Mr. und Mrs. William P. Dagget aus Long Beach in Kalifornien kennen. Mrs. Dagget erzählte mir, daß sie zu Hause an der Küchenwand einen Ausspruch von Thoreau hängen habe: »Nur der ist alt, der seine Begeisterung verloren hat.« Ich finde dieses Wort so treffend, daß ich wünschen möchte, jedermann hätte es in Gedanken immer vor sich. Denn dies sind tatsächlich die trübseligen und verkalkten Menschen, die ihre jugendliche Begeisterung eingebüßt haben.

Dieses Zitat Thoreaus stimmte mich nachdenklich. Ich schreibe diese Zeilen auf einem Balkon des berühmten Montreux Palace Hotel, dessen Generaldirektor mein Freund Paul Rossier ist. Von meinem Balkon habe ich eine unvergleichliche Sicht über den Genfersee bis zu den sich dahinter auftürmenden Gipfeln der Alpen, und vor meinen Augen, am Ufer des Sees, ragen die düsteren Mauern des durch Lord Byron berühmt gewordenen Schlosses Chillon.

Ich erinnere mich gut an meinen ersten Aufenthalt in dieser Stadt und in diesem Haus vor vierzig Jahren. Ich war sehr jung und voller Begeisterung, und ich wollte eine Europareise machen und alle die Stätten sehen, von denen ich in den Geschichtsbüchern gelesen hatte. Da ich kein Geld besaß, organisierte ich eine Gesellschaftsreise, was mir neben den Reisekosten zusätzlich ein paar hundert Dollar einbrachte. Es war ein einmaliges Erlebnis. Ich war voller romantischer Ideen und befand mich in einem Zustand andauernder Erregung. Alles, was ich sah und hörte, faszinierte mich. Das Montreux Palace war in meinen staunenden Augen das eleganteste Hotel, das man sich vorstellen kann; zudem sah ich zum erstenmal die Alpen und den Genfersee. Ich konnte es kaum fassen. Alles schien mir so unwahrscheinlich und so wunderbar.

Nun, vier Jahrzehnte sind seither vergangen, und die Frage ist: Wie steht es heute mit meiner jugendlichen Schwärmerei? Was wurde aus meiner Erregung? Wo blieb meine Begeisterung?

Ich denke an Thoreaus Worte: »Nur der ist alt, der seine Begeisterung verloren hat.« Und tatsächlich, was bleibt uns, wenn wir unsere Begeisterung nicht mehr haben? Die Bibel gibt ein lebendiges Bild solcher Menschen: »Wenn sie sich ängstigen werden..., und Furcht auf ihrem Weg sein wird...« So gesehen, kann man mit zwanzig alt sein – und manche sind es. Die Jugendlichkeit des Geistes hält die Begeisterung lebendig, und sie bewahrt unser Herz und unseren Verstand – und vielleicht auch unseren Körper – vor dem Altwerden.

Und wie lautet nun meine Antwort? Ich kann ehrlich sagen, daß meine freudige Erregung und meine Begeisterung noch genauso lebendig sind wie vor vierzig Jahren. Ich weiß also aus eigener Erfahrung, daß Begeisterung Bestand haben kann, daß sie nicht erlahmen muß. Das ist eine unumstößliche Gewißheit, eine herrliche, wunderbare Gewißheit.

Klare Ziele halten die Begeisterung wach

Wie entscheidend kann doch Begeisterung sein! Etwas, das sie ständig wachhält, ist ein klar umrissenes Ziel, eine faszinierende Aufgabe, die einen anregt, ja beherrscht und nicht mehr losläßt. Wir sollten uns daher immer ein Ziel setzen, das wir erreichen wollen und wofür das Feuer unserer Begeisterung brennt. Dieses Ziel wird uns zurufen: »Hol mich ein!«, und wenn wir es erreicht haben, dann werden wir neue Ziele vor uns sehen, die wir alle ebenfalls erreichen werden. Neue Ziele, größere Aufgaben – das sind die immerwährenden Triebkräfte der Begeisterung.

Nehmen wir meinen Freund Paul Chow als Beispiel. Ich lernte Paul in Hongkong kennen, nachdem er mit seiner Familie aus Rotchina ausgewandert war. Sein Traum, sein Ziel war, nach Amerika zu gelangen und dort für sich und seine Familie eine Existenz aufzubauen. Er war sehr arm und einer der Tausenden von Flüchtlingen, die Hongkong überfluteten. Aber Paul besaß etwas, das mehr wert war als Geld. Er hatte ein Ziel vor Augen, und er hatte Vertrauen und Begeisterung. Und diese Begeisterung konnte man von seinem strahlenden Gesicht ablesen.

Es ist eine lange Geschichte; aber eines Sonntags sah ich von meiner Kanzel in New York, eine halbe Weltreise von Hongkong entfernt, inmitten der großen Kirchgemeinde Paul Chow und seine Familie sitzen. Und er lächelte mir zu, wie wenn er mir sagen wollte: »Wir haben es geschafft, bis nach New York zu kommen.«

Meine Frau und ich besuchten ihn in seiner Wohnung in einer Gegend New Yorks, die durch ihre Übervölkerung, ihren Lärm und ihren Schmutz an die unwürdigen Zustände erinnerte, unter denen Paul und seine Familie in Hongkong gelebt hatten, und wir waren uns sofort einig, daß sie keinen Tag länger in diesem Loch wohnen sollten. Wir fanden für sie eine Wohnung in Pawling, wo Paul ein wertvoller Mitarbeiter der Verlagsabteilung unserer Foundation for Christian Living geworden ist und wo seine Familie ihren Platz in der Gemeinde einnimmt.

Stephen Chow, der Sohn, studiert dank eines Stipendiums an der Universität, während die Töchter Ruth und Martha die besten Schülerinnen ihrer Klasse sind. Inzwischen konnten sie bereits ein kleines Einfamilienhaus beziehen, denn sie arbeiten hart. Sie arbeiten so hart, wie Amerikaner in der Pionierzeit arbeiteten. Man trifft sie immer bei der Arbeit; sie haben ein Ziel, also arbeiten sie. Stephen ist es unverständlich, daß es junge Leute gibt, die sich des Privilegs, das sie genießen, nicht bewußt sind und die Möglichkeiten ungenutzt lassen, die ihnen die amerikanischen Schulen bieten. Ein Bild wird mir immer in Erinnerung bleiben. An einem strahlenden Samstagnachmittag im Juli verließen meine Frau und ich unser Haus in Pawling. Wir begaben uns auf eine Ferienreise durch Europa. Paul und Stephen Chow waren eben dabei, einen langen weißen Zaun frisch zu streichen. Die Straße führte an einer hohen Böschung entlang, und dort oben stand Paul, mit Farbe bespritzt, und strich den Zaun sorgfältig und schön, so wie es ihm sein Sinn für Sauberkeit und Genauigkeit gebot. Als wir wegfuhren, winkte er uns mit dem Pinsel Lebewohl, und auf seinem Gesicht strahlte ein glückliches Lächeln. Als wir die Straße hinunter zum Flughafen fuhren, dachte ich darüber nach, wie weit es diese Familie chinesischer Flüchtlinge trotz den fast unüberwindlichen Anfangsschwierigkeiten und trotz den sich immer wieder auftürmenden Hindernissen gebracht hatte. Die Erklärung ist einfach. Sie hatten ein Ziel, sie stellten sich eine Aufgabe. Sie strebten nach einem besseren Leben und waren erfüllt von einer nie erlahmenden, sich ständig erneuernden Begeisterung.

Dwayne Orton sagte einmal: »Jedes Unternehmen sollte einen Mann beschäftigen, der sich mit nichts anderem befaßt als mit Fragen des Fortschritts und der Erneuerung.« Und genauso sollte auch der Mensch über eine Antriebskraft verfügen, die ihn lebendig und tätig erhält, ständig allem aufgeschlossen, was die dynamische Zeit bringt, in der wir leben. Ohne ständige Auseinandersetzung mit dem Neuen besteht die Gefahr, daß wir mit unserer Zeit nicht Schritt halten. Dann rennt sie uns davon, und anstatt am pulsierenden Leben teilzuhaben, werden wir zu Zeugen der Vergangenheit, jeden Tag mehr in einer leblosen Zeit verwelkend. Wer hingegen von Begeisterung besessen ist, bleibt ein Mensch der Gegenwart, ungeachtet, wie alt er ist. Ein solchermaßen mit Lebenskraft erfüllter Mensch kann unmöglich zu einem Gestrigen werden; er wird immer ein aufgeschlossener Gegenwartsmensch sein.

In einer Nummer der Zeitschrift ›The Catholic Layman‹ las ich einmal: »Jeder Mensch ist zeitweise begeistert. Beim einen dauert die Begeisterung dreißig Minuten, beim anderen dreißig Tage – aber derjenige wird Erfolg haben, der dreißig Jahre lang begeistert ist.«

Das Wasser läuft einem im Munde zusammen

Oberst Harald Sanders saß an seinem fünfundsechzigsten Geburtstag auf der Terrasse seines Hauses im Shelbyville, als der Postbote den Gartenweg entlangkam und ihm einen Brief brachte. Es war die erste Überweisung der Altersversicherung. Oberst Sanders empfand zwar Dankbarkeit für dieses materielle Zeichen der Anteilnahme des Staates gegenüber seinen alten Bürgern, aber er hatte trotzdem nicht die Absicht, nun seine Hände in den Schoß zu legen. Ganz im Gegenteil – trotz seiner beschränkten finanziellen Möglichkeiten faßte er in grenzenloser Zuversicht den Entschluß, die bescheidene erste Rente zur Grundlage einer neuen Existenz zu machen. Wie erregend mußte es doch sein, gerade dann eine neue Laufbahn zu beginnen, wenn sich andere endgültig zur Ruhe setzen!

Er blieb noch eine Weile auf seiner Terrasse sitzen und begann nachzudenken. Mancherlei Ideen zogen ihm durch den Kopf, und neue Ideen können alles ändern. Er erinnerte sich an die köstlichen Hähnchen, die seine Mutter immer gebraten hatte, knusprig, braun und zart. Ihr Rezept hatte sich unauslöschlich in seinem Gedächtnis bewahrt, und ihr Geschmack lag ihm noch jetzt auf der Zunge. Es war, wie wenn ihr Duft über die Jahre hinweg zu ihm getragen würde, und das erfüllte ihn mit Sehnsucht.

Da kam ihm die schöpferische Idee, die sein ganzes weiteres Leben ändern sollte. Warum sollte er nicht das Brathähnchen-Rezept seiner Mutter für eine Lizenzgebühr an Gastwirte verkaufen? Er war ein Mensch der Tat und setzte sich sofort in seinen zerbeulten Wagen, um die Köche und Wirte der Umgebung zu besuchen. Er erzählte ihnen begeistert von himmlischen Brathähnchen, doch niemand interessierte sich dafür; alle waren der Ansicht, daß ihre eigenen Brathähnchen-Rezepte gut genug seien. Oberst Sanders ließ aber nicht locker und zog weiter von Gastwirt zu Gastwirt. Endlich, in Salt Lake City, traf er einen, der sich von seiner Begeisterung anstecken ließ und einwilligte, einen Versuch zu wagen.

Das Resultat? Die Leute drängten sich in sein Restaurant und rissen sich um die goldbraunen Hähnchen, für die der unerschütterliche Oberst den anschaulichen Verkaufsslogan geprägt hatte: »Das Wasser läuft einem im Munde zusammen.« Oberst Sanders, ein großgewachsener Mann in einem stets makellos weißen Anzug mit schwarzer Krawatte, verkaufte schließlich seine Beteiligungen für zwei Millionen Dollar. Gleichzeitig ließ er sich von den Käufern als Goodwill-Helfer mit einem Jahresgehalt von vierzigtausend Dollar anstellen. In seinem rosigen Gesicht strahlen zwei intelligente Augen voller Humor und Lebensfreude. Er ist heute über achtzig Jahre alt, aber noch immer hat er neue, fruchtbare Ideen. Was treibt diesen Mann und seinesgleichen an? Begeisterung! Begeisterung, die daran glauben läßt, daß die Zukunft immer wieder etwas Neues, noch Besseres bringen wird. Und diese Begeisterung erzeugt schöpferische Ideen.

Der wesentliche Faktor zur Bewahrung einer nie erlahmenden Begeisterung liegt meiner Meinung nach tiefer als bloßer Optimismus. Die Quelle ist ein tiefes religiöses Empfinden, ein unerschütterliches Vertrauen auf Gott, das weder im Alter schwächer werden noch durch Sorgen und Probleme von seiner Kraft verlieren kann, noch durch irgend etwas ins Wanken gerät. Diesem Vertrauen entspricht eine Sicherheit in allen Lebenslagen, die durch nichts zu erschüttern ist. Tiefes Gottvertrauen ist die Grundlage echter, nie erlahmender Begeisterung. Vielleicht denken wir hin und wieder an die Bibelworte: »Erneuert euch aber im Geist eures Gemüts« (Epheser 4, 23).

Ich habe versucht, eine Liste der begeistertsten Menschen, die ich je kannte, zu erstellen, und wurde dabei gewahr, daß alle diese Menschen tief religiös waren. Ein Mann in diesem Verzeichnis ist ein alter Freund von mir, Bryson F. Kalt. Bryson ist einer der erfolgreichsten Vertreter New Yorks; er erzielt Jahr für Jahr Riesenumsätze. Seine Begeisterung – ohne die kein Verkäufer Erfolg haben kann – hält er mit Hilfe eines Grundsatzes aufrecht, der in den Worten »Erneuere dich fortwährend in deinem Denken!« zum Ausdruck kommt. Nach dem Geheimnis seiner andauernden und überwältigenden Einsatzfreude gefragt, antwortete mir Bryson: »Sie haben mich gelehrt, Gott, die Menschen und das Leben zu lieben und meine Seele und meinen Geist stets wach und rege zu halten. Ich befolgte Ihre Ratschläge, positiv zu denken, und das Ergebnis ist ein glückliches Leben und nie erlahmende Begeisterung.«

Daher glaube ich, die fundamentale Antwort auf die Frage nach nie erlahmender Begeisterung heißt: »Erneuere dich fortwährend in deinem Denken!« Wer seinen Geist stets wach hält, kommt im Leben voran.

3
Begeisterung überzeugt und gewinnt

Es gibt eine magische Erfolgsformel.

Kein Unternehmen ist ohne sie erfolgreich; jedes Unternehmen kann sich mit ihrer Hilfe durchsetzen. Es ist eine Formel zum Erfolg im Leben überhaupt, und sie besteht aus sechs kurzen Wörtern: »Finde ein Bedürfnis – und erfülle es!«

Jedes erfolgreiche Unternehmen hat seinen Erfolg mit dieser Formel begründet. Die Leiter dieser Betriebe machten ein Bedürfnis für ein Produkt oder eine Dienstleistung ausfindig, und dann gingen sie daran, dieses Bedürfnis zu decken. Sie taten es einwandfrei – und ihre Bemühungen wurden durch Erfolg belohnt.

Die großen Männer aller Zeiten waren jene, die Bedürfnisse sahen, jene, die auf die Forderungen der Zeit aufmerksam wurden. Sie begannen Wege zu suchen, um diese Bedürfnisse zu erfüllen, diesen Wünschen nachzukommen, und wurden so zu Dienern an der Menschheit. Das ließ sie aus der Masse heraustreten und erfolgreich sein.

Wahrer Erfolg beruht nicht auf Durchtriebenheit, nicht auf rastloser Betriebsamkeit und nicht auf fragwürdiger Protektion. All das mag einen während einer gewissen Zeit voranbringen, aber es hat keinen Gehalt und kann daher nicht von Dauer sein. Auch übertriebene, bloß vorgetäuschte Begeisterung überzeugt nicht, hat keine Wirkung und bringt keine dauerhaften, positiven Resultate. Die Begeisterung eines guten Kaufmannes oder Unternehmers hingegen, die auf echter Überzeugung beruht, daß seine Produkte oder Dienstleistungen gebraucht werden und dem Kunden wirklich nützen, ist die richtige Art von Begeisterung, die allein wahren Erfolg bringt. Ein Verkäufer, der übertreibt, fordert zum Widerstand heraus – echte Begeisterung hingegen erweckt Vertrauen.

Jeder, der etwas anbietet, das die Menschen brauchen und das ihnen nützt, besitzt die Voraussetzung zu einer erfolgreichen Laufbahn. Aber er muß überzeugt sein, daß das, was er tut, richtig ist. Ist es nicht richtig, dann ist es falsch – nicht halb richtig, nicht halb falsch. Entweder ist etwas richtig oder falsch, und was falsch ist, kann nie und nimmer, wie man es auch drehen mag, richtig sein. Was nicht gut ist, ist schlecht, und was schlecht ist, kann nicht gut sein. Wir aber wollen doch das Richtige tun.

Wenn wir an etwas wirklich glauben, gewinnen wir auch Überzeugungskraft. Dann wird Begeisterung lebendig, entfaltet sich und beginnt für uns zu arbeiten. Und wenn Begeisterung – echte, leuchtende Begeisterung für eine Dienstleistung – dabei ist, dann wird unsere Überzeugungskraft unwiderstehlich.

Überzeugende Begeisterung ist vielleicht die mächtigste Kraft, die es überhaupt gibt. Sie hilft uns, Menschen für etwas zu gewinnen, sie ihre Bedürfnisse erkennen zu lassen und ihnen zu zeigen, daß wir in der Lage sind, diese zu erfüllen. Dadurch können wir Menschen gewinnen – und warum sollten wir das nicht? Haben wir ihnen doch etwas zu bieten, das sie brauchen, etwas, das sie zu ihrem Glück und ihrem Wohlbefinden nötig haben.

Doch nicht alle Menschen wissen immer, was sie wirklich brauchen. Manche sträuben sich gegen etwas, das sie tatsächlich nötig hätten. Gerade da müssen wir unsere Kontaktfähigkeit und Überzeugungskraft einsetzen. Die Kunst, zu überzeugen, ist die Fähigkeit, andere dazuzubringen, in unserem Sinne zu denken, in unserer Richtung zu gehen. Kontaktfähigkeit und Überzeugungskraft – das sind die beiden unerläßlichen Voraussetzungen für jeden, der seine Mitmenschen beeinflussen will; sei es, daß sie ein bestimmtes Produkt kaufen, eine Idee gutheißen, eine Überzeugung teilen oder auf ein gemeinsames Ziel zusteuern sollen.

Wie man ein guter Verkäufer wird

Ich halte mich dazu berechtigt, in diesem Kapitel so viel über Verkaufsfragen zu schreiben, weil ich nicht nur bei vielen Vertreter-Zusammenkünften gesprochen habe, sondern weil ich mich mit dem Verkäuferberuf überhaupt sehr stark verbunden fühle, so stark, daß ich sogar einen Film mit dem Titel ›Wie man ein guter Verkäufer wird‹ gemacht habe.

Wie wird man ein guter Verkäufer? Dieses Kapitel möchte einige Methoden, die zum Erfolg führen, veranschaulichen und erklären. Zunächst will ich eine Liste von elf Punkten anführen. Ich glaube, daß sie für jeden Verkäufer wichtig sind.

1. Finde ein Bedürfnis und erfülle es! Es ist sehr schwer, etwas zu verkaufen, das niemand braucht. Du mußt daher überzeugt sein, daß die Menschen das, was du anzubieten hast, wirklich brauchen.

2. Da du der Überbringer deines Angebotes bist, mußt du, ehe du deine Produkte oder deine Dienstleistungen verkaufen kannst, deinen Kunden für dich selber gewinnen.

3. Du mußt verkaufen wollen! Du mußt von deiner Aufgabe ernsthaft gepackt sein, Waren oder Dienste zu verkaufen, die einem Bedürfnis entsprechen.

4. Du mußt voller Begeisterung sein – voller Begeisterung für deine Arbeit und für die Menschen, mit denen du zu tun hast!

5. Du darfst in deiner Begeisterung aber nicht so weit gehen, daß sie Anstoß erregt. Das würde nur Widerstand erwecken und nicht verkaufen.

6. Sieh zu, daß deine wohldosierte Begeisterung nie erlahmt!

7. Sei nicht bloß halb bei der Sache! Gib alles, was du hast, setz dich ganz ein! Das ist der einzige Weg, der zum Erfolg führt.

8. Konzentriere dich – denke nach! Halte deinen Geist rege und auf deine Tätigkeit gerichtet! Nachdenken bringt Ideen, und Ideen helfen verkaufen.

9. Entwickle deine Kontaktfähigkeit! Habe Verständnis für deine Mitmenschen und liebe sie! Dann werden sie auch dich liebgewinnen und gerne bei dir kaufen.

10. Plane deine Arbeit, und arbeite nach deinen Plänen! Bitte Gott um seinen Beistand!

11. Denke immer daran, daß Verkaufen die wichtigste Tätigkeit im Wirtschaftsleben eines Landes ist! Wisse, daß du ein Sachwalter des freien Unternehmertums und der Freiheit bist! Sei stolz darauf, ein Verkäufer zu sein!

Begeisterung überzeugt und Überzeugung verkauft

Seit meiner Kindheit fasziniert mich alles, was mit Verkaufen zu tun hat. Immer wollte ich verkaufen – irgend etwas an irgendwen –, immer wollte ich Menschen etwas anbieten, das für sie von Wert war, das sie brauchen konnten. So half ich einige Zeit nach der Schule in einer Konditorei aus und verkaufte Süßigkeiten – wenigstens die, welche ich nicht selber aß. Ich arbeitete in einem Lebensmittelgeschäft und verdiente mir eine hübsche Summe, weil ich mir jeweils überlegte, was die Kundinnen wohl noch alles brauchen könnten, und nicht bloß das von den Regalen nahm, was sie verlangten. Ich warb für den ›Cincinnati Enquirer‹ und arbeitete früh und spät, um möglichst viele neue Abonnenten zu gewinnen, was mir auch gelang.

Während meiner Laufbahn als junger Verkäufer verkaufte ich auch Herrenanzüge im Geschäft meines späteren Freundes Emil Geiger. Einige Jahre vorher hatte er in Bellefontaine, Ohio, eines der besten Herrenmode-Geschäfte eröffnet. Emil war einer der gewandtesten Männer in der Kunst der Menschenbehandlung, die mir je begegneten. Seine Artikel waren erstklassig, und er hatte eine echte Liebe zu ihnen. Für ihn waren sie die besten, die es überhaupt gab.

Mit unermüdlicher Geduld suchte er für einen Kunden das aus, was diesem am besten stand, und lieber hätte er einem Kunden gesagt, er möge sich woanders umsehen, als daß er ihm etwas verkauft hätte, das nicht in jeder Beziehung das Richtige war. Ich habe sogar erlebt, daß er mit Konkurrenten telefonierte und sie bat, seine Kunden zu bedienen, wenn er selber das Richtige nicht auf Lager hatte. Die Leute kamen immer wieder zu ihm zurück, weil sie Vertrauen zu ihm hatten. Er wußte, wie man verkauft und, was vielleicht noch wichtiger ist, wie man sich die Treue seiner Kunden sichert. Ehrlichkeit und Rechtschaffenheit waren die Kennzeichen dieses Mannes, einer der besten Verkäufer, die ich je traf.

Er war in seiner Art wie der verstorbene Amos Sulka, der Besitzer des berühmten New Yorker Herrenmodegeschäftes, der ebenfalls zu meinen Freunden zählte. Sulka erzählte mir, daß William Randolph Hearst, der Eigentümer des Hearst-Zeitungskonzerns, einmal in sein Geschäft kam, um neue Hemdenkragen zu kaufen. Sulka fand, daß die Kragen, die Mr. Hearst trug, diesem nicht gut standen und außerdem recht altmodisch waren. Er empfahl ihm daher eine andere Art Kragen. Hearst fuhr hoch: »Ich weiß, was ich will. Wollen Sie mir das verkaufen oder nicht?«

Sulka, gelassen, freundlich und höflich wie immer, blieb fest. Aber er wußte, wie er seinen Standpunkt vertreten mußte. »Mr. Hearst«, sagte er zu dem großen, finster blickenden Verleger, »Sie sind der größte Zeitungsverkäufer der Welt. Sie wissen, was die Leute brauchen, und Sie verkaufen ihnen, was sie brauchen. Ich, Sulka, bin der größte Herrenmodeverkäufer der Welt. Ich weiß ebenfalls, was die Leute brauchen; ich bin der Fachmann, der beurteilen kann, was einem Mann steht und was nicht.«

Die Blicke dieser beiden ausgeprägten Persönlichkeiten, der beiden Super-Verkäufer, trafen sich. Sulkas Blick wich nicht. »Ich möchte, daß Sie so gut wie möglich gekleidet sind, und das sind Sie nur mit den Kragen, die ich Ihnen empfehle.«

Hearst grinste. »In Ordnung, Sie alter Egoist. Geben Sie mir die Kragen, die Sie für richtig halten.«

Sulka kannte seine Artikel, und er wußte, was für wen das Richtige war. Er machte keine Kompromisse; und er fürchtete sich auch nicht vor einem weltberühmten Kunden. Er war kein

Duckmäuser. Seine Begeisterung, seine Ehrlichkeit und seine Rechtschaffenheit, gepaart mit überragenden Fachkenntnissen, machten ihn zu einem großartigen Verkäufer.

Doch kehren wir zu Emil Geiger zurück. Er sagte einmal zu mir: »Du wirst immer ein Verkäufer sein, Norman, aber du wirst geistige Werte verkaufen. Du wirst Religion ›verkaufen‹, denn du willst Pfarrer werden. Darum möchte ich dir einen Rat geben. Gib den Menschen eine Religion, die auf dem Boden der Wirklichkeit steht, eine, die ihnen im täglichen Leben hilft. Und vor allem, glaub selber daran, mach dir nichts vor. Und wenn du dann deine ganze Begeisterung, all deine Überzeugungskraft hineinlegst, dann wird man dir auch glauben, was du zu sagen hast.«

Emil war Jude, und doch kam er später hin und wieder in meine New Yorker Kirche. Er klopfte mir jeweils väterlich auf die Schulter und sagte: »Gib ihnen das Richtige; gib ihnen das, was sie brauchen. Geh aus dir heraus, begeistere, überzeuge – das verkauft.« Und Emil hatte recht, denn lebendiges Christentum zu predigen ist tatsächlich eine Art von Verkaufen. Versucht man doch auch hier, Menschen dazu zu bringen, eine Botschaft anzunehmen und sie vom rechten Weg zu überzeugen.

Ich verkaufe Kochtöpfe und Pfannen

Eine viele Jahre zurückliegende Verkaufserfahrung hat mich gelehrt, wie Begeisterung und Überzeugungskraft Kontakt schaffen und positive Resultate erzielen können. Als Student suchte ich mir jedes Jahr während der Sommermonate eine Beschäftigung. So wurde ich einmal Verkäufer für Aluminiumkochtöpfe, wobei ich von Haus zu Haus ging und hin und wieder Kochvorführungen inszenieren mußte, um die Vorteile dieser damals neuartigen Töpfe und Pfannen zu erklären. Die Idee bestand darin, Hausfrauen, die für ihre Kochkunst bekannt waren, dazu zu bringen, einige Frauen aus der Nachbarschaft zu einem kleinen Essen einzuladen. Bei dieser Gelegenheit konnte ich dann ein Verkaufsgespräch über die Vorteile meiner Kochtöpfe führen.

Als großer Verehrer der Ohio-Indiana-Küche, deren Spezialität gebratenes Huhn mit Sauce und Kartoffelbrei ist, war ich natürlich begeistert von dieser Aufgabe. In Gedanken sah ich schon, wie meine Begeisterung die Hausfrauen ansteckte und wie mein Bestellbuch anschwoll.

Aber dieser frostige Von-Haustür-zu-Haustür-Verkauf! Er verlangte besonderen Mut, Ausdauer und eine gewaltige Überzeugungskraft. Ich wohnte damals in Greenville, Ohio, und beschloß, mit meiner Arbeit in der Nachbarstadt Union City im Staate Indiana zu beginnen. Zögernd fing ich in einer, wie mir schien, vielversprechenden Straße an, nachdem ich mit billigen Entschuldigungen schon an einigen vorübergegangen war.

Das erste Haus sah etwas heruntergekommen aus. Ich sagte mir: »Diese Leute sind nicht fortschrittlich genug, um Aluminiumwaren zu kaufen«, und ging weiter. Das nächste Haus war gepflegt und sauber, so daß ich beschloß: »Diese Leute sind bestimmt fortschrittlich; sie werden schon Aluminiumtöpfe haben.«

Da wurde mir auf einmal bewußt, daß meine Denkweise von meinen Hemmungen und meiner Angst bestimmt wurde, und ich nahm mein Herz in beide Hände. Ich stieg die Treppe empor und rief mir dabei nochmals das Verkaufsgespräch in Erinnerung, das man mir zusammen mit dem Musterkoffer auf den Weg gegeben hatte. Ich betete, daß niemand zu Hause sein möge, und drückte zaghaft auf die Klingel. Mit einem Schwung flog die Tür auf, und vor mir stand die stämmigste Frau – so schien es mir wenigstens –, die ich je gesehen hatte.

»Was wollen Sie?« schnauzte sie mich an.

»Sie brauchen wohl keine Aluminiumtöpfe?« brachte ich mit zitternder Stimme hervor.

»Natürlich nicht!« entgegnete sie barsch und schlug die Türe zu.

Niedergeschlagen schleppte ich mich und meinen Musterkoffer nach Hause. Ich war aber nicht bereit, mich mit meinem Versagen einfach abzufinden, und ging zu meinem Freund Harry. »Hast du schon einmal Aluminiumwaren verkauft?« fragte ich ihn, und als er verneinte, begann ich: »Was, du hast noch nie Aluminiumwaren verkauft? Das ist doch das beste Geschäft, das es überhaupt gibt!« Meine Begeisterung riß ihn hin, und im Nu hatte ich ihn zur Hälfte an meiner Vertretung beteiligt. Ich überließ ihm das Verkaufsgespräch zum Studium, und wir vereinbarten, daß wir am nächsten Tag frühmorgens mit der Arbeit in Union City beginnen wollten.

Am nächsten Tag verließen wir den Autobus an der Stelle meiner schmählichen Niederlage des vorangegangenen Nachmittags. »Wollen wir hier beginnen?« fragte mich Harry.

»Nein«, erwiderte ich, »diese Straße können wir überspringen; ich habe sie gestern bereits durchgearbeitet.«

Als wir zur nächsten Straße kamen, empfand ich plötzlich ein völlig neues Gefühl der Begeisterung und des Selbstvertrauens. Zweifellos war daran die Gegenwart meines Freundes schuld. »Du arbeitest auf dieser Straßenseite, ich auf jener«, bestimmte ich. »Und höre – nimm ein Nein nie als endgültige Antwort. Sei begeistert – überzeuge! Jede Hausfrau braucht unsere Waren, und an dir liegt es, ihr das klarzumachen.«

Voller Freude ging ich auf die erste Haustüre zu. Ich war im Begriff, eine Hausfrau zu überzeugen, etwas zu kaufen, das sie brauchte und das ihr langwährende Zufriedenheit schenkte. Es war regelrecht aufregend. Als ich die Klingel drückte, winkte mir Harry von der anderen Straßenseite und rief mir zu: »Verkauf ihr, alter Junge!«

Eine freundliche Frau öffnete die Türe. Bald war ich in ihrer Küche, und während ich ihr beim Geschirrtrocknen half, redete ich von nichts anderem als von den hervorragenden Eigenschaften und den Vorzügen meiner Aluminiumwaren. Ich geriet geradezu ins Schwärmen. »Doch, doch, junger Mann, ich sehe, Sie sind wirklich begeistert. Wie kann man sich für Küchengeräte bloß so ereifern?« Diese Frage löste bei mir eine Flut von wissenschaftlichen Erkenntnissen über das Kochen aus, so daß die Frau vor Staunen vergaß, den Mund zu schließen. Sie unterschrieb die Bestellung und dankte mir ohne Unterlaß, während sie mich zur Türe begleitete.

Mit dieser Frau blieb ich bis zu ihrem Tode befreundet. Als sie einmal, Jahre nachdem wir uns kennengelernt hatten, in eine meiner Predigten kam, sagte sie zu mir: »Sie verkaufen das Evangelium mit derselben Begeisterung und Überzeugungskraft, mit der Sie mir seinerzeit Ihre Töpfe und Pfannen verkauften. Einige davon benütze ich übrigens heute noch; sie sind tatsächlich so gut, wie Sie damals behaupteten.«

»Ja«, antwortete ich, »und das gilt auch für das Evangelium, dessen Fürsprecher ich heute bin.« »Das allerdings«, lächelte sie, »habe ich schon vor langer Zeit gekauft.«

Begeisterung verhilft zu einem besseren Leben

Begeisterung und Überzeugungskraft können jedem von uns zu einem besseren und erfolgreicheren Leben für sich und die Seinen verhelfen. Meine Mutter starb vor mehr als fünfundzwanzig Jahren, doch ich bin überzeugt, daß alles, was ich heute an Schöpferischem leiste, seinen Ursprung in ihrer überzeugenden Begeisterungsfähigkeit in den Jahren meiner Kindheit hat.

Eigentlich war meine Mutter ja auch eine Verkäuferin; sie hatte etwas zu geben. Ihre Hingabe galt den Menschen, ihrer Eigenart und den in ihnen schlummernden Möglichkeiten. Sie verstand es meisterhaft, jungen Menschen die Augen für die Schönheiten des Lebens zu öffnen. Sie hatte die großartige Fähigkeit, in anderen Menschen Feuer zu entfachen, Feuer, die zum Denken und Handeln antrieben. Und natürlich war die Wirkung ihres sprühenden Geistes auf ihre eigenen Kinder ganz enorm. Jede Mahlzeit bei uns daheim war ein aufregendes Erlebnis. Mutter wußte immer spannend und begeistert von allem zu erzählen, was in unserer Stadt und in der weiten Welt vorging.

Sie war in der Frauenmission tätig und für ein großes Gebiet zuständig. Sie erhielt Briefe von Missionarinnen aus aller Welt und war mit dem Geschehen und mit Bewegungen in vielen Ländern in ständiger Verbindung. Sie bereiste die ganze Welt und stand mehr als einmal in China und anderswo mitten in von Banditenhorden heimgesuchten oder vom Krieg verwüsteten Gebieten. Wenn sie ihren drei Jungen von ihren Erlebnissen erzählte, tat sie es nie, ohne uns vor Augen zu führen, daß wir unsere Persönlichkeit entwickeln und etwas aus uns machen müßten, um so eines Tages zu einer besseren Welt beitragen zu können. Und was sie sagte, überzeugte, denn es war wahr und richtig und wurde getragen von der Kraft ihrer Begeisterung.

Auch Mütter und Väter sollten verkaufen können, denn sie müssen ihren Kindern das richtige Empfinden für ein erfülltes, schöpferisches Leben vermitteln. Tun sie es nicht, dann wird vielleicht eines Tages irgendein trauriger Kerl ihren Kindern weismachen, das Leben sei sinnlos, und sie auf den LSD-Weg oder sonst irgendwie ins Verderben führen.

Die Frau von Ramsay MacDonald, dem früheren englischen Premierminister, bat auf dem Totenbett ihren Mann: »Gib unseren Kindern Ideale und Begeisterung mit auf den Lebensweg, dann kann nichts schiefgehen.«

Begeisterung ist eine der Voraussetzungen für ein glückliches Leben. Sie besitzt die Macht, auch dem Alltäglichen Gewicht und Bedeutung zu geben. Wir leben in einer Zeit, in der manche, die durch ihre Ausbildung und andere glückliche Umstände begünstigt sind, weil sie nur den im Laufe der Jahrhunderte erworbenen Wohlstand kennen, der Ansicht sind, das Leben sei sinn- und wertlos. Wenn wir diesen Menschen gegenüber das Wort Begeisterung erwähnen, dann zieht Unverstand über ihr Gesicht. Ja, der bloße Hinweis auf Begeisterung wird in manchen Kreisen als naiv, wenn nicht gar als kitschig angesehen. Ich muß daher offen zugeben, daß es nicht der günstigste Zeitpunkt ist, der Begeisterung das Wort zu reden.

Oder ist er es etwa gerade deswegen? Wie auch immer, Begeisterung ist gewiß nicht ein anerkannter Wert in unserer Zeit.

Der Schriftsteller James Dillet Freeman sagt: »Wir leben in einer Zeit des Aufruhrs gegen die Vernunft, des Aufruhrs gegen das Schöne, des Aufruhrs gegen die Freude. Viele finden das Leben mies. Vor allem Intellektuelle finden das. Kultivierte Menschen. Gebildete Menschen. Menschen, die Bücher lesen – und sogar Menschen, welche sie schreiben –, Künstler, Wissenschaftler, Lehrer und Studenten.«

Haben wir es nicht herrlich weit gebracht, daß man anscheinend ohne Freude und ohne Begeisterung dahinleben und das Leben überhaupt qualvoll finden muß, um als gebildeter Mensch zu gelten?

Braucht es Mut, um begeistert zu sein?

Kürzlich saß ich bei einem Essen neben einer bemerkenswerten Frau, der Richterin Mary Kohler, die für Menschen auf der Schattenseite des Lebens eine gewaltige Arbeit leistet, besonders für Kinder in den Judenvierteln von New York. Obwohl sie schneeweiß ist, wirkt sie unglaublich jugendlich; ihr Gesicht hat einen bezaubernden Reiz. Dazu ist sie überaus geistreich und eine angesehene Wissenschaftlerin. Sie erkundigte sich, woran ich zur Zeit arbeite, und als ich ihr antwortete, daß ich ein neues Buch schreibe, sagte sie: »Das ist aber interessant! Und wie heißt der Titel?«

»Was Begeisterung vermag.«

»Verstehen Sie denn etwas davon?« rief sie aus. »Aber ich finde es auf alle Fälle wunderbar! Ich beglückwünsche Sie zu Ihrem Mut, in der heutigen Zeit ein Buch über die Begeisterung zu schreiben.«

Was sie sagte, überraschte mich. Braucht es wirklich Mut, ein Buch über die Begeisterung zu schreiben? Vielleicht schwimme ich gegen den Strom, zum mindesten gegen den Strom des heute sogenannten intellektuellen Denkens. Aber ich schreibe ja nicht für einige wenige, sondern für die vielen Menschen, die wissen und daran glauben, daß das Leben etwas Wundervolles ist.

Liebe macht begeistert

Und wie wird man denn begeistert? Ganz einfach, indem man das Leben liebt. Indem man die Menschen liebt; indem man den Himmel liebt, unter dem man lebt; indem man alles Schöne liebt; indem man Gott liebt. Ein Mensch, der liebt, wird von selbst begeistert. Bei ihm zündet der Funke; er sprüht vor

Lebensfreude; sein Leben erhält einen Sinn. Wem es an Begeisterung fehlt, der soll gleich anfangen, sich darin zu üben, das Leben zu lieben. Wie Fred zum Beispiel.

Es war in Detroit in einer kalten Winternacht. Etwa um halb zehn kam ich ins Hotel, und da ich noch nichts gegessen hatte, fragte ich den Mann am Empfang: »Gibt es hier im Hotel ein Restaurant, wo ich zu dieser Zeit noch ein Sandwich und eine Tasse Kaffee bekommen kann?«

»Ich kann Ihnen etwas aufs Zimmer bringen lassen«, gab er zur Antwort und hielt mir eine Speisekarte hin.

Ich bin ein sparsamer Mensch, und als ich sah, daß das billigste Sandwich zweieinhalb Dollar und ein Kaffee fünfunddreißig Cents kostete, fragte ich weiter: »Gibt es nicht in der Nähe ein kleines Speiselokal?«

»Doch, drüben auf der anderen Straßenseite, es heißt Fred's. Es sieht zwar nach nichts Besonderem aus, aber das Essen ist ausgezeichnet.

So ging ich also zu Fred's. Der Mann hatte recht gehabt, weder außen noch innen sah es verlockend aus. An der Theke saßen ein paar schäbig aussehende alte Männer, und als ich mich hinsetzte – waren es einer mehr! Hinter der Theke stand ein kräftiger Bursche mit aufgerollten Hemdsärmeln, die seine behaarten Arme freiließen. Das Lokal hatte keinerlei Stil, und trotzdem fühlte ich mich augenblicklich wohl.

Der Bursche stützte eine seiner Hände auf die Theke und fragte mich: »Nun, Freund, was soll es sein?«

»Sind Sie Fred?«

»Jawohl!«

»Im Hotel drüben hat man mir gesagt, es gebe bei Ihnen gute Hamburger.«

»Freund, solche Hamburger haben Sie noch nie gegessen!«

»Na schön, ich bin gespannt.«

Weiter unten an der Theke saß ein elend aussehender alter Mann. Seine Hände zitterten, ob aus Nervosität oder weil er zuviel getrunken hatte, konnte ich nicht sagen. Aber nachdem Fred mir meine Hamburger gebracht hatte, ging er hin und legte seine Hand auf die des Alten. »Schon gut, Bill«, sprach er,

»schon gut. Ich hol' dir einen Teller heiße Suppe, die du so gerne magst. Wie wär das?« Bill nickte dankbar.

Eine oder zwei Minuten später stand ein anderer alter Mann, der an einem kleinen Tisch gesessen hatte, auf und schlurfte zur Theke, um zu zahlen. Fred sagte zu ihm: »Mr. Brown, geben Sie acht auf die Autos, wenn Sie über die Straße gehen; sie fahren schnell. Und werfen Sie einen Blick auf den Mondschein über dem Fluß; er ist zauberhaft heute nacht.«

Ich empfand Bewunderung für Fred – dieser Mann liebte seine Mitmenschen, und wenn seine Herzlichkeit auch beinahe grob wirkte, so war sie doch echt. Seine Art, wie er mit den Leuten sprach, war rührend. Fred war aber auch ein guter Geschäftsmann, denn nun wandte er sich wieder mir zu: »Jetzt müssen Sie noch ein Stück von meinem traumhaften Kuchen versuchen. Sehen Sie sich das an – sieht er nicht wunderbar aus? Den backe ich jeden Tag selber.«

»Sicher ist er ausgezeichnet; aber ich besitze das, was man Willenskraft nennt.«

»Das ist ja das Elend mit manchen von euch. Wie kann ich da noch existieren?« Aber er lachte herzhaft, als er das sagte.

Ich bemerkte zu ihm: »Wissen Sie was, mein Freund? Ihre Art, wie Sie mit diesen alten Menschen reden, gefällt mir. Sie verstehen es, ihnen das Gefühl zu geben, daß das Leben trotz manchem Widerwärtigen eben doch schön ist.«

»Warum denn nicht?« fragte er. »Ich liebe doch das Leben. Diese alten Knaben haben es recht schwer, und da bin ich froh, wenn ich ihnen hier eine Art Heim bieten kann. Irgendwie mag ich sie einfach.« Beschwingt wie seit langem nicht mehr, spazierte ich in mein Hotel zurück. Ich war glücklich; ich hatte in einem unbedeutenden Lokal etwas Wunderbares kennengelernt – die Gesinnung eines Mannes, der das Leben liebt, eines Mannes, der seinen Mitmenschen dank seiner Begeisterung die Gewißheit gibt, daß das Leben schön ist.

Wir wollen das Leben nicht herabwürdigen, indem wir all das aufzählen, was nicht in Ordnung ist. Vieles ist nicht in Ordnung, und wir wollen uns dafür einsetzen, es – soweit es in unserer Kraft liegt – in Ordnung zu bringen. Daher müssen wir unser Sinnen auf das ausrichten, was an unserem Dasein gut ist. Und das Leben ist gut – viel besser jedenfalls, als nicht zu leben, finde ich. Unser Leben auf dieser wunderbaren Erde ist ohnehin kurz. Heute leben wir – morgen nicht mehr. Und darum wollen wir das Leben lieben, es mit aller Kraft unserer Begeisterung lieben, solange wir können.

Er hatte Psychosklerose!

Eines Tages nahm ich mit zwei Bekannten in New York ein Taxi. Dabei erlebte ich etwas höchst Aufschlußreiches. Meine Bekannten und ich grüßten den Taxifahrer freundlich, machten eine Bemerkung über das schöne Wetter und fragten ihn, wie es ihm gehe und wie er mit dem Geschäft zufrieden sei. Auf jede dieser Fragen reagierte der junge Mann mit einem mürrischen und unfreundlichen Grunzen. Schon beim Einsteigen war mir aufgefallen, daß er ein düsteres, bedrücktes Gesicht machte. Er war offensichtlich in einer niedergeschlagenen Stimmung.

Während unseres Gesprächs redeten mich meine zwei Bekannten wiederholt mit ›Doktor‹ an. Der Fahrer schloß daraus offenbar, daß ich Arzt sei, und wollte die Gelegenheit benutzen, um sich kostenlos medizinisch beraten zu lassen. Während einer Gesprächspause fragte er daher: »Doktor, können Sie mir wohl einen Rat geben?«

»Was für einen Rat?«

»Sehen Sie«, fuhr er fort, »ich habe Schmerzen im Rücken; ich habe Schmerzen in der Seite; ich schlafe schlecht; ich bin immer müde und fühle mich überhaupt nicht gut. Was fehlt mir wohl? Könnten Sie mir etwas empfehlen, das mir hilft?«

»Nun«, antwortete ich und gab mir einen ärztlichen Nimbus, »ich muß schon sagen, daß ich in der Regel nicht in einem Taxi praktiziere, aber ich bei Ihnen will gerne einmal eine Ausnahme machen und Ihnen raten, so gut ich kann. Obwohl ich nicht gerne Diagnosen aus dem Handgelenk stelle, scheint mir doch, als ob bei Ihnen alle Anzeichen einer Psychosklerose vorhanden seien.«

Als er das hörte, fuhr er beinahe gegen den Randstein. Vermutlich tönte es nach einer ganz besonders schweren Krankheit. Besorgt erkundigte er sich: »Was ist das, Psychosklerose?«

Ich war nicht mehr so selbstsicher, aber dennoch fuhr ich fort: »Sie haben bestimmt schon von Arteriosklerose gehört, nicht wahr?«

»Möglicherweise. Was ist das genau?«

»Arteriosklerose ist eine Verhärtung der Arterien – Arterienverkalkung. Jede Art von Sklerose ist eine Verhärtung – entweder der Arterien oder des Gewebes. Und was Sie haben, ist Psychosklerose, eine Verhärtung Ihrer Denkweise, Ihrer Geisteshaltung. Es ist ein Mangel an geistiger Beweglichkeit. Das ist eine entsetzliche Krankheit und ohne Zweifel die Ursache Ihrer Leiden und Schmerzen. Wie alt sind Sie?«

»Fünfunddreißig.«

»Mit fünfunddreißig sollte man noch nicht von solchen Leiden geplagt sein; sie kommen weitgehend von Ihrer Psychosklerose.« Psychosklerose – ich prägte mir das Wort selbst – beschreibt treffend den Zustand vieler Menschen, die keine Interessen mehr haben und deren Denkweise eng und unbeweglich geworden ist. Und eines der wirksamsten Gegenmittel gegen dieses seelische Leiden ist Begeisterung.

Wenn ein Mensch zur Welt kommt, dann gibt ihm Gott Begeisterung mit auf den Lebensweg. Während seiner Kindheit ist er voller natürlicher Erregung, voller Staunen und Freude über alles, was um ihn her vorgeht. Alles ist neu für ihn, faszinierend und beglückend. Doch wenn er älter wird, wird er anspruchsvoll, blasiert, zynisch, und seine Denkweise verhärtet sich. Er verliert eines der wertvollsten Elemente der menschlichen Veranlagung – die Begeisterung. Huxley sagt, die wahre Lebenskunst bestehe darin, den Schwung der Jugend ins hohe Alter mit hinüberzunehmen. Das heißt nichts anderes, als daß wir uns die natürliche, von Gott geschenkte Begeisterung bewahren müssen. Ein Arzt sagte mir einmal: »Ich habe Menschen wegen Mangels an Begeisterung sterben sehen. Natürlich kann ich das nicht auf den Totenschein schreiben, aber Menschen ohne Begeisterung können den Lebenswillen verlieren.«

Viele Menschen versagen im schöpferischen Verkauf, in der Geschäftsführung, ja in jeder Art von Führungstätigkeit, weil sie Opfer der Psychosklerose, der Verhärtung ihrer Denkweise, sind. Neue Methoden, fortschrittliche Ideen, Anpassung an andere Zeiten und Gegebenheiten können starre, festgefahrene Schablonen nicht durchbrechen.

Natürlich gestand ich dem Taxifahrer, daß ich kein Arzt sei, sondern eher ein Spezialist für seelische Probleme, für Fragen der inneren Einstellung. Aber ich versicherte ihm, daß auch die meisten Ärzte für unsere Gesundheit wesentliche Zusammenhänge zwischen Geist, Seele und Körper sehen.

Ich sandte dem Mann ein Exemplar meines Buches ›Die Kraft positiven Denkens‹*, und er befolgte getreulich die darin beschriebenen Grundsätze richtiger innerer Einstellung. Eines Tages kam er guter Dinge zu mir, um mir lachend zu sagen, daß seine ›Psychosklerose‹ im Schwinden begriffen sei. Und er fügte hinzu: »Es ist erstaunlich, wie ich mich gleich besser fühlte, als ich meine Denkweise in Ordnung gebracht hatte.« Er zeigte auch schon gewisse Anzeichen von Begeisterung, und ich bin überzeugt, daß das die Folge seiner neuen Einstellung dem Leben gegenüber war.

Begeisterung muß, um wirksam zu sein, ein Ziel haben; sie muß auf die Erreichung eines bestimmten Zwecks, auf bestimmte Absichten ausgerichtet sein. Lediglich unbestimmt, ganz allgemein begeistert zu sein, kann allenfalls zur Entwicklung einer aufgeweckten, fröhlichen und anziehenden Persönlichkeit beitragen, aber nicht jene tiefe Wirkung hervorbringen, die Wünsche Wirklichkeit werden läßt.

John Bowles, Vizepräsident von Beckman Instruments, erzählte mir einmal von einem Vertreter, der über sechs Monate regelmäßig jeden Dienstagmorgen einen bestimmten Kunden besuchte. Homer, so hieß der Mann, sprühte dabei immer vor Lebhaftigkeit, sprach begeistert über Segeln und Golf und verabschiedete sich jeweils mit den Worten: »Ich denke, Sie brauchen wohl nichts.«

---

* Oesch Verlag AG, Glattbrugg-Zürich

Sam, der Kunde, schätzte Homer mit der Zeit immer mehr. Die beiden spielten jeweils an Samstagnachmittagen zusammen Golf, und zuweilen war Sam Gast auf Homers Segelboot. Homer sprach immer begeistert von diesem und jenem und war ein ausgesprochen angenehmer Gesellschafter.

Eines Tages, als sie sich nach einer Runde Golf im Clubhaus ausruhten, sagte Homer: »Ich begreife es nicht, Sam. Seit sechs Monaten besuche ich Sie jede Woche, und wir sind Freunde geworden, aber noch nie haben Sie mir etwas abgekauft.«

»Das kann ich leicht erklären«, antwortete Sam. »Sie haben mir noch nie gesagt, was Sie verkaufen. Sie haben mich noch nie wirklich aufgefordert, etwas bei Ihnen zu kaufen.«

Schade für all die Begeisterung, für all die Überzeugungskraft, die da verlorenging! Immer nur dieses ›Ich denke, Sie brauchen wohl nichts‹, ohne dem Kunden überhaupt je zu sagen, was man verkauft. Ich weiß, es tönt unglaublich, aber es ist bezeichnend für so viele planlose, ziellose Anstrengungen, die unweigerlich verpuffen müssen. Eines ist sicher: Niemand hat je Geld verdient, niemand hat je etwas verkauft, niemand konnte je Hilfe erhalten, ohne darum zu bitten. Die Bibel sagt: »Bittet, so wird euch gegeben.« Die stärkste Überzeugungskraft ist nutzlos, wenn ihr Zweck nicht klar ist. Ohne ein festes Ziel vor Augen und ohne den festen Willen, dieses Ziel zu erreichen, kann niemand Erfolg haben.

Nicht nur halb bei der Sache sein!

Vor einigen Jahren hatte ich im Hotel Sherman in Chicago eine merkwürdige Begegnung. Ich hatte auf einer Tagung gesprochen und befand mich in meinem Zimmer, als mich eine Frau anrief und mir ohne Umschweife sagte, daß sie mit ihrem Mann bei mir vorbeikommen werde. Ihr Ton war so bestimmt, daß ich nicht anders konnte, als einzuwilligen. Und als ich sie sah, zeugte auch der Blick der Frau von derselben Entschlossenheit. Sie redete Ihren Mann mit Charley an und forderte ihn auf, sich zu setzen – und Charley setzte sich. Dabei war die Frau nur halb so groß wie ihr Mann.

»Ich muß Sie bitten, etwas für Charley zu tun«, sagte sie zu mir in einem Ton, der erkennen ließ, daß sie sich seit Jahren um Charley bemüht, es jetzt aber aufgegeben hatte.

Charley machte den Eindruck eines netten, umgänglichen, liebenswürdigen Mannes, war aber, wie ich später feststellte, undiszipliniert, ziellos und ein Versager in seiner Verkaufstätigkeit. Seine Firma hatte ihm gegenüber eine außergewöhnliche Geduld bewiesen. Ich traf ihn über einige Monate in regelmäßigen Abständen und lernte ihn auf diese Weise recht gut kennen. Mit der Zeit fiel mir auf, daß er eine stehende Redewendung hatte, die er immer wieder gebrauchte. Und zwar derart, daß ich dabei an eine Grammophonnadel denken mußte, die in einer Rille steckengeblieben war. Zum Beispiel erzählte Charley etwas aus seiner beruflichen Tätigkeit, und dann fügte er unweigerlich hinzu: »Wissen Sie, ich bin halb und halb entschlossen, in dieser Sache etwas zu unternehmen.« Oder: »Ich habe halb im Sinn, der Sache nachzugeben.« Als ich ihn einmal bat, in Zukunft positiver zu denken, antwortete er: »Ich bin halb der Ansicht, daß ich das tun sollte.« Endlich sagte ich zu ihm: »Ich weiß, was Ihnen fehlt, Charley. Sie sind immer nur halb bei der Sache. Alles, was Sie tun sollten, nehmen Sie sich halb vor. Aber niemand kommt auf dieser Welt voran, der sich alles nur halb vornimmt. Wir müssen aufs Ganze gehen, wir müssen stets unsere ganze Kraft einsetzen – die Hälfte ist nicht genug!«

Erst als Charley begann, ganz bei der Sache zu sein, kam er im Leben voran. Plötzlich entwickelten sich seine Fähigkeiten, und als er anfing, wirklich seine ganze Kraft in seine Arbeit zu legen, erzielte er als Verkäufer Spitzenumsätze.

Erfolgreich zu sein verlangt, alles zu geben – alles, was man hat. Nur diejenigen Menschen bringen es im Leben weiter, die neben ihrer Begeisterung auch außergewöhnliche Anstrengungen in ihrer Arbeit machen. Ein Freund von mir, John Imre, ist Verwalter unserer Farm Quaker Hill in Dutches County. Er hat daraus einen wunderschönen Sitz gemacht und unterhält ihn prächtig. Aber er setzt sich auch ganz dafür ein, und nie ist ihm eine zusätzliche Arbeit zuviel. Jedes Problem studiert er sorgfältig, und darum trifft er auch meistens die richtige Entscheidung.

John und seine Frau Maria sind Flüchtlinge aus Ungarn. Sie sind in unserer Gemeinde sehr angesehen und erhielten kürzlich das amerikanische Bürgerrecht. Er ist in seiner Arbeit erfolgreich, weil er alles ganz tut, nicht halb. Auch für ihn könnte gelten, was ein bekannter Leichtathletiktrainer kürzlich sagte: »Menschen, die aufs Ganze gehen, erzielen Spitzenleistungen, nicht solche, die sich nur halb einsetzen.«

Auch etwas anderes verlangt den vollen Einsatz unserer Begeisterung, unserer Überzeugungskraft. Die schwierigste Aufgabe, die sich einem Verkäufer stellt, ist wohl die, an sich selber zu glauben, zu sich selber zu stehen. Sich so weit zu bringen, daß man sich selber begeistert annimmt. An sich selber, an seine Fähigkeiten, Talente und Gaben unerschütterlich zu glauben verlangt unendliche Begeisterung und große Überzeugungskraft.

Es ist tragisch, wie viele Menschen sich selbst nicht richtig einschätzen und sich ihrer Fähigkeiten nicht bewußt sind, sondern unter einem vollkommen unbegründeten Minderwertigkeitskomplex leiden. Gewiß gibt es auch marktschreierische, egozentrische Selbstverherrlicher, aber es sind verschwindend wenige im Vergleich zu den vielen, die ständig gegen Zweifel an sich selbst und gegen Gefühle der Unzulänglichkeit anzukämpfen haben. Wenn wir einen Menschen dazu bringen, seine Überzeugungskraft für sich selber einzusetzen, dann stellen wir mit Erstaunen fest, wie weit dieser Mensch es bringen kann.

Im Waschraum des Flugzeugs

Das folgende ist vielleicht das seltsamste Erlebnis, das mir bei der Beratung von Menschen je widerfahren ist. Es war in einem vollbesetzten Flugzeug zwischen New York und Chicago. Ich ging nach vorne in den Waschraum, und als ich die Türe schließen wollte, bemerkte ich, daß noch jemand sich anschickte, einzutreten. Ich trat zurück, um diesem Mann den Vortritt zu lassen, doch zu meiner Überraschung sagte er: »Ich möchte unter vier Augen mit Ihnen reden, und da das Flugzeug überfüllt ist, können wir uns vielleicht im Waschraum unterhalten.«

Nun, ich war etwas mißtrauisch und ließ die Türe angelehnt für den Fall, daß es mir ratsam scheinen sollte, rasch loszukommen. »Was wollen Sie?« fragte ich den Mann und versuchte dabei, ihn einzuschätzen.

»Ich fühle mich elend und schwach. Ich glaube, meiner Arbeit nicht gewachsen zu sein. Ich habe kein Selbstvertrauen. Ich leide unter entsetzlichen Minderwertigkeitsgefühlen.«

Ich wollte Näheres über den seltsamen Eindringling wissen und erkundigte mich: »Was ist Ihr Beruf?«

»Ich bin ein Hausierer; ein ganz gewöhnlicher Hausierer.«

»Und was verkaufen Sie?«

Seine Antwort überraschte mich sehr: »Ich bin nicht mehr direkt im Verkauf tätig. Meine Chefs schicken mich durch das ganze Land, um an Vertreterzusammenkünften zu ehemaligen Kollegen über die richtige geistige Einstellung zu sprechen.«

»Nun, Ihre Chefs müssen wohl recht blöde sein, ausgerechnet einen Griesgram wie Sie auszuschicken, um andere dazu zu bringen, an sich und an ihre Produkte zu glauben.«

»Meine Chefs sind nicht blöde; sie sind im Gegenteil sehr kluge Geschäftsleute«, gab er zur Antwort und zeigte dabei zum ersten Mal ein gewisses Selbstbewußtsein.

»Wenn das so ist, und ich habe keine Ursache, daran zu zweifeln, dann müssen sie Fähigkeiten in Ihnen sehen, die Sie selbst nicht wahrnehmen. Das heißt, Ihre Chefs glauben an einen Mann, der selber nicht an sich glaubt. Denn in den paar Minuten, die wir uns nun unterhalten, haben Sie Ihren Beruf und sich selbst herabgesetzt.«

»Meinen Beruf?« fragte er überrascht.

»Ja, Ihren Beruf! Sie bezeichneten sich soeben ›nur‹ als ›Hausierer‹ und setzten dadurch einen der wichtigsten Berufe, die es gibt – den des Verkäufers –, herab. Verkaufen ist lebenswichtig; dadurch kommen die Menschen in den Genuß der Waren und Dienstleistungen, die sie brauchen. Was meinen Sie mit ›Hausierer‹? Sie sind Verkäufer und, was noch mehr ist, Lehrer und Ausbilder für andere Verkäufer.

Sie machen aber auch sich selbst kleiner, als Sie sind. Wissen Sie, wer Sie erschaffen hat? Wer Ihnen diese Führungseigenschaften gegeben hat, die Ihre Chefs in Ihnen sehen? Sagen Sie mir, wem verdanken Sie das?«

»Ich denke, Sie meinen Gott«, murmelte er unsicher.

»Ganz richtig: Ich meine Gott. Und Sie schmähen Gottes Werk. Ihre Gedanken sind recht hübsch durcheinander.« »So habe ich es noch nie betrachtet. Wie Sie es darstellen, tönt es anders.« Zum ersten Mal lächelte er zaghaft.

»Und noch etwas fällt mir an Ihnen auf. Sie stehen da wie ein Fragezeichen. Sie sind doch etwa ein Meter achtzig groß?«

»Ein Meter zweiundachtzig.«

»Gut, und davon benutzen Sie nur etwa einen Meter siebzig. Stehen Sie doch aufrecht! Tragen Sie Ihren Kopf hoch; versuchen Sie, damit die Decke zu berühren.«

»Das ist komisch, was Sie mir da sagen.«

»Wieso? Unsere ganze Unterhaltung ist komisch. Aber lassen wir das jetzt beiseite.

Bewahren Sie jetzt Ihre aufrechte Haltung, und sprechen Sie mir nach: ›Ich bin Verkäufer. Ich habe einen der interessantesten Berufe der Welt. Ich bin ein wichtiges Mitglied des freien Unternehmertums. Ich verhelfe Menschen zu den Waren und Diensten, die sie nötig haben. Ohne Männer wie mich würde das Wirtschaftsleben verdorren. Ich bin ein bedeutender Sachwalter der freien Welt.‹«

»Das soll ich wiederholen?«

»Ja gewiß, los damit!« Zögernd begann er, aber in jedes Wort legte er etwas mehr Gewicht als in das vorangegangene. »Gar nicht so schlecht«, sagte ich. »Jetzt wollen wir beten.«

Totenstille. »Nun, fangen Sie an!« forderte ich ihn auf.

»Ich soll beten? Ich dachte, Sie würden ein Gebet sprechen. Ich habe noch nie in der Öffentlichkeit gebetet.«

»Den Ort hier kann man schwerlich Öffentlichkeit nennen – nun, fangen Sie an!«

Ich werde dieses Gebet nie vergessen. Natürlich schrieb ich es nicht auf, und so muß ich es nun aus dem Gedächtnis wiederholen. Es lautete ungefähr: »Herr, ich muß mein Leben ändern, bitte, hilf mir dabei. Ich muß anderen Sinnes werden. Ja, Herr, das ist es – hilf mir, von meiner festgefahrenen Denkweise loszukommen. Hilf mir, ein guter Verkäufer zu werden und im Leben vorwärtszukommen.«

»Das war ein gutes Gebet, weil Sie es aufrichtig meinten. Ich bin überzeugt, daß Gott Sie gehört hat.«

Am Flughafen verabschiedeten wir uns, und er ging seines Weges. Von Zeit zu Zeit erhalte ich noch Nachricht von ihm, und aus dem, was ich höre, schließe ich, daß er sich dank seiner frisch gewonnenen Begeisterungsfähigkeit wieder gefangen hat. Begeisterung vermochte diesen Mann zu ändern, umfassende schöpferische Begeisterung.

Begeisterung steigert jede sportliche Leistung

Viele unserer bekanntesten Sportsleute vertrauen auf die Kraft der Autosuggestion bei ihren Wettkampfvorbereitungen. Auch hier spielt die Begeisterung eine wichtige Rolle. So baute zum Beispiel Gay Brewer beim Meisterturnier 1967 auf die Kraft positiven Denkens und auf die Kraft der Begeisterung, und das brachte ihm den Sieg in diesem berühmten Golfturnier. Das entfesselte Publikum hatte keine Ahnung, daß Gay Brewer in den vorangegangenen Turnieren keineswegs meisterwürdig gespielt hatte.

Dabei hatte Brewer immer gespürt, daß er Talent hatte, aber es wollte einfach nie richtig zutage treten. Er ging in sich und stellte einen erheblichen Mangel an Selbstvertrauen und an Begeisterung fest. Konnte er wie ein Sieger spielen, wenn er sich innerlich als Verlierer fühlte? Seine eigene Einstellung arbeitete gegen ihn.

Dann, durch einen glücklichen Zufall – und weil er ernsthaft bemüht war, sich selber zu helfen –, stieß Gay auf Bücher von Männern, die gegen ihre innere Unsicherheit gekämpft und den Sieg davongetragen hatten; Männer, die aufgrund ihrer eigenen Erfahrungen praktisch anwendbare Verhaltensregeln für eine positive, begeisterte Lebensführung ausgearbeitet hatten. Gay Brewer hielt sich an diese Grundsätze, und ihre Wirkung blieb nicht aus. Der Erfolg zeigte sich nicht nur in seinem Golfspiel, sondern in seiner ganzen Lebensweise. Im Meisterturnier spielte er besonnen, aber forsch. Er spielte offensiv und mit einer positiven Einstellung. Er wollte gewinnen, er glaubte an sich und an den möglichen Sieg. Er spielte meisterhaft, weil er sich nicht nur mit dem körperlichen, sondern auch mit dem geistigen Rüstzeug versehen hatte, das den wahren Meister ausmacht.

Gary Player, der berühmte südamerikanische Golfer, einer der insgesamt vier Männer, die alle vier bedeutenden Turniere der Welt gewonnen haben, erzählte mir kürzlich von seinen Erfahrungen.

»Wie Sie wissen, leben wir Golfspieler in einer dauernden Anspannung. Das kann unter die Haut gehen und einen nervös machen. Ich möchte Ihnen erzählen, wie ich damit fertig wurde, als ich in London gegen Arnold Palmer und Jack Nicklaus um die Weltmeisterschaft spielte.

Das Gelände war wie gemacht für die Spielweise meiner Gegner, und niemand hielt es für möglich, daß ich diese zwei großartigen Spieler besiegen könnte. Ich ließ mich durch die pessimistischen Voraussagen der Presse und des Publikums nicht beeindrucken. Ich erlaubte mir auch nicht, nervös zu werden.

Ich erinnerte mich vielmehr an eine Stelle in Ihrem Buch ›Die Kraft positiven Denkens‹, und ich wußte, ›daß meine Stärke in meiner Gelassenheit und in meinem Vertrauen lag‹. Dann spielte ich in der amerikanischen Meisterschaft, und wieder baute ich auf die Ratschläge desselben Buches. Ich sammelte mich, ich betete, ich handelte – und gewann die amerikanische Meisterschaft.

Die Bibel ist unsere stärkste Quelle der Inspiration und der Kraft, und Ihre Bücher, Dr. Peale, brachten die Bibel unserem täglichen Leben näher. Daher empfehle ich sie auch immer wieder jungen und alten Mitmenschen zur ständigen Lektüre. Mein Leben gründe ich, als Folge Ihres Einflusses, auf drei Faktoren: Vertrauen, Bildung und Gesundheit.«

Vier Stufen zum Erfolg

Und hier noch eine andere Formel zu einem erfolgreichen Leben. Sie stammt von William A. Ward. Er nennt sie: Vier Stufen zum Erfolg.

1. Zielbewußt planen
2. Gewissenhaft vorbereiten
3. Überzeugt durchführen
4. Beharrlich weiterverfolgen

William A. Ward meint dazu: Glaube an dich! Handle nach den Grundsätzen der überzeugenden Begeisterung! Sei überzeugt, daß du mehr kannst, als du dir zutraust! Vergiß nie, daß du das erreichen kannst, was du dir ernsthaft vornimmst! Sei begeistert – denn Begeisterung vermag alles!

4
Begeisterung besiegt Angst und Sorge

»Getötet durch dreißig Jahre Furcht!«

So hieß die Schlagzeile in einer Londoner Zeitung zum seltsamen Tod einer bekannten Tennisspielerin. Die Frau hatte vor dreißig Jahren, als sie noch ein junges Mädchen war, miterlebt, wie ihre Mutter während der Behandlung beim Zahnarzt völlig unerwartet einem Herzanfall erlag. Die seelische Erschütterung traf das Mädchen so schwer, daß sie von da an jede zahnärztliche Behandlung kategorisch verweigerte. Allein der Gedanke, zu einem Zahnarzt gehen zu müssen, brachte sie in Panik, obwohl sie wußte, daß den Zahnarzt keine Schuld am Tode ihrer Mutter traf. Es war reiner Zufall, daß der Herzanfall gerade während der Behandlung eingetreten war.

Nach dreißig Jahren wurde eine Zahnbehandlung aber so unumgänglich, daß sie sich trotz ihrer Furcht dazu entschließen mußte. Sie bestand jedoch darauf, daß ihr Hausarzt sie begleite. Aber es half ihr nicht. Kaum saß sie im Behandlungsstuhl des Zahnarztes, als sie, genau wie ihre Mutter 30 Jahre zuvor, einen Herzanfall erlitt und starb. Dreißig Jahre Furcht hatten sie tatsächlich getötet – dreißig Jahre tödliche Furcht. Wie hätten doch dreißig Jahre positiven Denkens, vertrauensvollen und begeisterten Denkens, das Leben dieser Frau verändern können!

Noch eine andere Geschichte möchte ich erzählen, eine mit einem glücklicheren Ausgang. Sie handelt von einem Mann, der ständig von Furcht geplagt wurde, bis er etwa fünfzig Jahre alt war. Dann hatte er genug von diesem Zustand und beschloß, etwas dagegen zu unternehmen. Es gelang ihm auch, seine Angstzustände zu überwinden, und zwar so restlos, daß er zeit seines Lebens nie mehr darunter litt. Und was war die Ursache seiner Befreiung? Begeisterung! Der Mann wurde inne, daß tief verankerte Begeisterung Angst und Furcht überwinden kann. Aber wieso vermag Begeisterung das? Auf diese Frage versuche ich in diesem Kapitel eine Antwort zu geben.

Der Mann, von dem ich erzähle, litt seit seiner Kindheit unter allen möglichen Angstzuständen. Wann immer er irgendeinen Schmerz verspürte, und das war recht oft der Fall, war er überzeugt, von Krebs oder einer anderen unheilbaren Krankheit befallen zu sein. Wenn eines seiner schon erwachsenen Kinder abends spät noch außer Haus war, fürchtete er stets, ein Telefonanruf könnte eine Unglücksnachricht bringen. Seine durch Angst noch verstärkte Schüchternheit ließ ihn menschenscheu werden, und so hatte er auch Schwierigkeiten in seinen menschlichen Beziehungen.

Aber trotz seinen Angstzuständen war er sehr geschäftstüchtig, etwas, das wir übrigens in ähnlichen Fällen recht oft feststellen können. Er hatte sich in eine Spitzenstellung emporgearbeitet, und seine Mitarbeiter wären wohl überaus erstaunt gewesen, hätten sie von seiner seelischen Not erfahren. Sie hätten seine inneren Kämpfe wohl nicht geglaubt oder zum mindesten nicht verstanden. Die Tatsache, daß seine Schwierigkeiten nach außen nicht zutage traten, zeugt von seiner inneren Kraft, die auch bewirkte, daß er sich jedesmal wieder für einige Zeit befreit und erleichtert fühlte, wenn er sich vornahm, etwas gegen seine Angstzustände zu tun.

Und eines Tages tat er auch etwas Entscheidendes dagegen. Das kam so. Eines Mittags sprach ich zu rund zweitausend Menschen im Ballsaal des Hilton Hotels in Chicago. Dabei erwähnte ich die furchtbare Wirkung von Angst und Sorge auf unseren Geist und wie durch die Arbeit der American Foundation of Religion and Psychiatry schon viele Menschen von ihren Beklemmungen geheilt wurden. Beim anschließenden Essen machte ein Mann, den ich bei einer früheren Gelegenheit kurz kennengelernt hatte, einige freundliche Bemerkungen über meinen Vortrag, doch anstatt fortzufahren, zögerte er plötzlich: »Sie haben wohl nicht etwas Zeit für mich?«, und schüchtern fügte er hinzu: »Etwas, von dem Sie in Ihrem Vortrag sprachen, scheint mir sehr wichtig für mich.« Die Not, ja fast Verzweiflung, die aus den Worten des Mannes sprach, bewegte mich, und wir gingen zusammen auf mein Zimmer. Kaum hatte sich die Türe hinter uns geschlossen, begann er auch schon zu erzählen, und zwar so hastig und nervös, als geschähe es aus einem inneren Zwang. Doch plötzlich brach er ab: »Ich bin ganz verwirrt. Noch nie zuvor habe ich jemandem von der Hölle erzählt, die ich mein bisheriges Leben durchstehen mußte. Aber ich glaube, was Sie heute über die Furcht sagten, hat mich aufgerüttelt.«

»Fahren Sie fort«, kam ich ihm zu Hilfe, »erzählen Sie mir alles. Sie müssen vollständig offen sein, wenn Sie erwarten, Ihre Furcht loszuwerden. Wenn Sie sich jetzt verschließen, werden Sie vielleicht nie mehr Gelegenheit haben, sich auszusprechen. Darum wollen wir der Sache auf den Grund gehen; erzählen Sie bitte weiter.«

Im Laufe von mehr als einer Stunde ging er in die Einzelheiten seiner unzähligen Angsterlebnisse, von denen manche in seine Kindheit zurückreichten. Es kam mir vor wie eine geistige Frühjahrsreinigung. Nahezu erschöpft atmete er endlich erleichtert auf: »Jetzt fühle ich mich besser. Vielen Dank, daß Sie mich so drauflosreden ließen. Das hat mir gut getan.«

Ich machte ihn darauf aufmerksam, daß es wohl eine Weile hilft, sein Herz einmal richtig auszuschütten, daß es aber falsch wäre, sich damit zu begnügen. Die Ursache der Angstpsychose wird ja dadurch nicht behoben, und in kurzer Zeit wird unser Denken wieder von Angst und Sorge beherrscht.

Ich schlug ihm daher vor, nach New York zu kommen und sich an unserer American Foundation of Religion and Psychiatry behandeln zu lassen. Ich erklärte ihm, daß unsere Aussprache gewiß ein wichtiger erster Schritt zur Behandlung seiner Angstzustände gewesen sei, daß man nun aber deren Ursache auf den Grund gehen müsse. Nur dann sei es möglich, ihm zur richtigen inneren Einstellung zu verhelfen, die ihn von seinen unbegründeten Angstzuständen befreien würde.

Er kam zur Behandlung bei unserer aus Psychiatern und Pfarrern bestehenden Arbeitsgruppe und zeigte sich deren Methoden und Verhaltensvorschriften gegenüber so aufgeschlossen, daß seine Beklemmungen ihre Macht über ihn bald zu verlieren begannen. Die Wurzeln seiner Furcht, die in die Kindheit zurückreichten, wurden freigelegt und abgetrennt.

Die Kraft der schöpferischen und geistigen Einkehr

Am Sonntagvormittag legte ich der Gemeinde wie immer die Heilkraft der schöpferischen Einkehr dar und versicherte ihr, daß jeder, der sich bewußt von seinen Sorgen löse und sie der ›Interessengemeinschaft‹ geistiger Einkehr überlasse, von seiner Last befreit werde. Eine solche Gemeinschaft entsteht, wenn Hunderte von Menschen sich im Gebet und in der Besinnung sammeln.

Etwas Seltsames ereignete sich. Manche mögen es vielleicht ein Wunder nennen, ich nicht. Denn im Verlaufe der Jahre habe ich unzählige Menschen kennengelernt, die sich unter dem Einfluß der schöpferischen geistigen Einkehr von Grund auf änderten, und darum ist es für mich kein Wunder, sondern die zwingende Wirkung eines wissenschaftlich begründeten Gesetzes. Ich hatte dem Mann vorher den Grundsatz »Laß deine Furcht fahren und überlaß sie Gott« auseinandergesetzt und ihm eingeschärft, sich bewußt und unter Aufbietung seines ganzen Willens daran zu halten. Er entgegnete mir, was ich ihm sage, komme ihm recht merkwürdig vor, er habe noch nie dergleichen gehört. Doch ich gab ihm zur Antwort, daß es auf dem Gebiet geistiger Übung gewiß vieles gebe, wovon er noch nie etwas gehört habe.

Nachher erzählte mir der Mann, er habe in der Stille der gemeinsamen Einkehr »ein überwältigendes Gefühl der Gegenwart Gottes« empfunden, und seine Furcht sei ihm dank dieser allmächtigen Gegenwart klein und nichtig erschienen. Und schlagartig sei ihm die Einsicht gekommen, daß er seine Furcht tatsächlich abwerfen könne, nicht irgendwann in der Zukunft, sondern gleich jetzt und für ewige Zeiten.

Die Erlösung von seinen Angstzuständen gab ihm neue Kraft, und er kam buchstäblich in mein Schreibzimmer gestürmt: »Die Angst ist von mir genommen; sie ist weg! Nie in meinem Leben war ich glücklicher!«

Er hielt inne; Verlegenheit überzog sein Gesicht. »Sie brauchen nicht verlegen zu sein«, sagte ich. »Es ist doch wundervoll, oder etwa nicht? Sehen Sie, so wirkt Gott zuweilen. Gewöhnlich vollzieht sich die Erlösung von langandauernder Furcht langsamer, stufenweise, doch manchmal kommt sie von einem Augenblick zum andern.«

Der Mann war von seinen Angstzuständen, unter denen er so viele Jahre gelitten hatte, befreit. Er begann wieder Begeisterung zu empfinden, für seinen Beruf, für seine Mitmenschen und für alles, was um ihn her vorging. Seine geistige und seelische Begeisterungsfähigkeit wurde so stark, daß sie auch die letzten Reste seiner alten Furchtgefühle beseitigen konnte. Und nie mehr wurde er in irgendeiner Weise wieder von ihnen befallen.

Diese Geschichte beweist, daß uns in unserem Wollen praktisch keine Schranken gesetzt sind. Unsere Überzeugung muß nur stark genug sein, und wir werden erreichen, was wir uns vornehmen.

Furcht kann man überwinden

Man kann jeder unguten Gemütsverfassung Herr werden. Gerät jemand zum Beispiel leicht in Ärger – er läßt sich überwinden; man kann damit fertig werden. Neigt jemand zu Depressionen – man kann sie überwinden. Alles können wir überwinden, was unserem Glück und Wohlergehen entgegensteht und unsere seelische Ausgeglichenheit beeinträchtigt. Daran wollen wir stets denken und es für immer festhalten. Gleichgültig, wieviel Kummer und Sorge uns bedrücken – wir wissen, daß wir sie überwinden können. Unserer Begeisterung mit ihrer ungeheuren geistigen und seelischen Kraft gelingt es, alle Furcht zu überwinden. Niemand soll denken, ein Leben lang müsse Furcht sein ständiger Begleiter sein. Niemand soll glauben, er müsse unter Depressionen leiden, weil sein Vater, seine Mutter oder seine Großeltern unter Depressionen litten. Wir müssen nur das auf uns nehmen, was wir auf uns nehmen wollen.

Wenn wir in Angst leben wollen, dann werden wir es sehr wahrscheinlich tun. Wer aber weiß, daß er seine Angst überwinden kann, der wird sie auch überwinden. Wer den Entschluß dazu faßt, hat schon den ersten Schritt getan. Nun braucht er freilich noch etwas – etwas, das vielleicht der heutigen Generation nicht sehr vertraut ist: Selbstdisziplin. Wer sich etwas fest vornimmt und die nötige Selbstdisziplin aufbringt, wird auch erreichen, was er sich vorgenommen hat. Und die Selbstdisziplin wartet nur darauf, geweckt zu werden.

Einst stand diese Eigenschaft in hohem Ansehen. Die Entwertung der Selbstdisziplin droht nun aber eine neue Generation hervorzubringen, bei der neurotische Krankheiten verbreitet sind wie nie zuvor. Frühere Generationen waren, psychologisch gesehen, offenbar normaler, und einer der Hauptgründe mag sein, daß sie zu Selbstdisziplin erzogen wurden. Hindernisse waren für sie da, überwunden zu werden. Das will nicht heißen, daß sie keine Sorgen kannten. Natürlich hatten sie die auch, aber sie wußten damit fertig zu werden.

Eine der besten Methoden, Sorgen zu überwinden, ist die bewußte, beharrliche Pflege der Begeisterung und der Selbstdisziplin. Wie schon gesagt, kann es eine Hilfe sein, anfangs so zu tun, als ob man begeistert wäre, um dadurch echte Begeisterung zu gewinnen. Entsprechend muß man negative Regungen durch positive ersetzen. Schwache Seiten – und negatives Denken ist eine unserer schwachen Seiten – muß man direkt oder indirekt bekämpfen. Ein Direktangriff kann dabei, besonders wenn er von starkem Vertrauen getragen ist, durchaus wirkungsvoll sein. Aber in den meisten Fällen bringt doch ein indirekter Angriff, ein psychologischer Umweg, noch weit bessere Resultate.

Ich möchte das durch die Geschichte eines Mannes anschaulich machen, der mich wegen seiner steten Ängste aufsuchte. Seine Sorgen kamen diesem Mann ungeheuer groß vor, während sie mir weit weniger bedeutend schienen. Der Mann hatte eine richtige Hasenfußtaktik entwickelt. Er benahm sich wie der Anhänger einer Football-Mannschaft, der immer gegen seine Mannschaft wettet und dann glaubt, nun werde sie nicht verlieren, sondern erst recht gewinnen. Ich kam zur Überzeugung, daß zu den Sorgen dieses Mannes ein gehöriger Schuß Hysterie gehörte.

Er war völlig negativ eingestellt und schien immer das Schlimmste zu erwarten. Doch selbst diese negative Einstellung hatte einen falschen Klang, denn es war offensichtlich, daß er nicht wirklich glaubte, daß etwas schiefgehen könne. Hier zeigte sich wieder dieser eigenartige Glaube, wonach es scheinbar genügte, negativ eingestellt zu sein, um das Gegenteil zu bewirken.

Im Kopf dieses Mannes war ein Widerstreit beklemmender Gedanken, die er einerseits fürchtete, an die er andererseits aber doch nicht ganz glaubte. Immerhin glaubte er so weit an sie, daß er sich von ihnen beherrschen ließ. Das Resultat war nicht nur, daß er sich ständig unglücklich fühlte, sondern auch ein enormer Verschleiß an geistiger Energie, die für aufbauenden Einsatz hätte verwendet werden können.

Ich beschloß, ihm die indirekte Methode zur Bekämpfung seiner Angst zu verordnen. Statt ihn zu ermutigen, seinen Sorgen gegenüberzutreten und sie zu bekämpfen, wie er tapfer meinte, sagte ich ihm: »Nein, mein Lieber, das tun wir nicht. Wir wollen Ihre Angst von einer Seite her angehen, von der sie es nicht erwartet. Denn wenn sie wirklich stark ist, dann könnte Ihnen ein direkter Angriff schaden, sich für Sie in eine Niederlage verwandeln und Sie unter Umständen entmutigen. Eher sollten Sie sich wie ein Fechter verhalten, der abwartet und dann unerwartet zustößt, wenn der andere seine Deckung vernachlässigt.« Ich stellte Verhaltensvorschriften für ihn auf und versicherte ihm, daß er in Zukunft anstatt voller Sorgen voller Begeisterung sein werde, wenn er sich gewissenhaft daran halte. »Und dann«, versprach ich ihm, »werden Sie glücklicher sein, als Sie es je für möglich hielten, und Ihre Arbeit, die Ihnen heute eine Last bedeutet, wird zum Kinderspiel werden.«

Fünf Ratschläge, um die Sorgen zu bekämpfen

Die für jenen Mann formulierten Verhaltensratschläge lauteten:

1. Sie müssen lernen, auf Ihre eigenen Worte zu hören, und sorgfältig auf alles achten, was Sie sagen. Sie müssen sich bewußt werden, wie negativ und verbittert Sie sich ständig äußern.

»Reden Sie nie, ohne jedem Ihrer Worte Beachtung zu schenken, es abzuwägen und zu analysieren«, legte ich ihm nahe. »Sie werden zwar keine Freude daran haben, denn es wird eine unbarmherzige und unangenehme Selbstbetrachtung sein; aber es ist ein erster wichtiger Schritt. Hören Sie mit Ihren Ohren und vor allem mit Ihrem Verstand das erbärmliche, trübselige Zeug, das Sie den ganzen Tag daherreden.«

2. Lernen Sie, vollkommen ehrlich mit sich selbst zu sein. Das bedeutet, daß Sie sich bei jeder negativen Äußerung fragen müssen: »Glaube ich wirklich, was ich da sage, oder glaube ich es im Grunde genommen gar nicht? Wenn ich zum Beispiel hoffe, daß meine Lieblingsmannschaft gewinnt, warum glaube ich dann nicht tatsächlich an ihren Sieg und sage es auch? Und Schluß auch mit dieser Kinderei, gegen sie zu wetten, wie wenn das ihren Sieg begünstigte.«

3. Gewöhnen Sie sich an, immer gerade das Gegenteil dessen zu sagen, was Sie gewohnheitsmäßig bisher gesagt haben, und achten Sie darauf, wieviel besser das klingt. Sie mögen sich dabei vielleicht als Heuchler vorkommen – aber hatten Sie denn bisher nicht immer das gesagt, woran Sie im Grunde genommen gar nicht glaubten?

Je mehr Sie sich dieses neue Verhalten zur Gewohnheit machen, um so beglückender wird es für Sie sein, sich Worte voller Lebensfreude, Hoffnung und Zuversicht anstelle der alten negativen Redewendungen gebrauchen zu hören. Sie werden bald feststellen, daß etwas Großartiges mit Ihnen vorgeht, daß Sie von Begeisterung erfüllt werden. Sie werden den Wert ehrlichen abwägenden Hörens auf die eigenen Worte begreifen lernen und werden erleben, wie durch Ihre neue Art sich auszudrücken eine gewaltige Veränderung mit Ihnen vorgeht.

4. Achten Sie sorgfältig auf alles, was mit Ihrer neuen Ausdrucksweise zusammenhängt, auch auf die kleinste Redewendung, die Sie gebrauchen. So sollten Sie zum Beispiel auf die Frage nach Ihrem Ergehen nicht mehr wie bisher sagen: »Man schlägt sich so durch«, sondern: »Es geht ausgezeichnet.« Und Sie sollten davon überzeugt sein, daß es ausgezeichnet geht. Sie sollten sich nicht mehr davor fürchten, immer und jederzeit das Beste zu erwarten.

5. Sie sollten sich angewöhnen, in allem, was Ihre Mitmenschen sagen und tun, nicht zuerst das Negative zu sehen. Das ist ein großartiges Hilfsmittel.

Ich hörte zum ersten Mal davon durch den verstorbenen Harry Bullis, einen führenden Mann in der Mühlen-Industrie von Minneapolis. Harry war ein wahrhaft begeisterter Mensch, und ich bat ihn um eine Erklärung für seine glückliche Gemütsart. »Vor langer Zeit beschloß ich«, sagte er mir, »alle Worte und Taten meiner Mitmenschen gut auszulegen. Natürlich war ich nicht blind für die Wirklichkeit, aber ich bemühte mich, für alles zuerst eine gute Auslegung zu finden, denn ich war überzeugt, daß einen diese Einstellung weiterbringt. Sie bewirkte, daß ich mich für meine Mitmenschen, für meine Arbeit, für religiöse Fragen und alles Erdenkliche neu zu begeistern begann, mich wieder voller Lebensfreude fühlte und daß pessimistische Gedanken mich von nun an flohen. Tatsächlich habe ich mir nie mehr irgendwelche Sorgen gemacht, seitdem ich dieses Hilfsmittel anwende.«

Voreiliges Urteil führt zu Fehlschlüssen

Ich selber hatte oft Gelegenheit, Harry Bullis' Grundsatz anzuwenden. Erst kürzlich nahm ich an einem Sonntagmorgen an einem Gottesdienst der Anglikanischen Kirche in Europa teil. Der Pfarrer, der den Gottesdienst leitete, war ein tüchtiger

Mann und hielt eine ausgezeichnete Predigt. Ich mochte ihn auf der Stelle. Es ist Brauch, gelegentlich das Bibelwort des Tages von jemandem aus der Mitte der Gemeinde verlesen zu lassen. Die meisten Anwesenden waren Engländer, und es fiel mir auf, wie viele stramme junge Männer darunter waren. Da erhob sich zu meinem nicht geringen Erstaunen ein junger Bursche, der wie ein Gammler aussah, um das Bibelwort zu verlesen. Sein Haar hing in langen Locken herunter, und ein dichter Bart umrahmte sein Gesicht.

Ich konnte mir nicht vorstellen, diesem Burschen zuzuhören, wie er öffentlich aus dem Buch der Bücher lesen würde. Doch da kam mir Harry Bullis' Grundsatz in den Sinn, und ich fand, daß mir die Worte der Heiligen Schrift gut täten, wer immer sie auch verlesen möge. Und ich fand ferner, daß es eine heilsame geistige Übung sei, eine aufsteigende Antipathie zu überwinden. Dann stellte ich fest, daß der junge Bursche eine angenehme männliche Stimme hatte, und widerwillig mußte ich eingestehen, er las die unvergänglichen Worte ergreifend und mit Gefühl und Ehrfurcht. Und als ich mich entschlossen hatte, den Vorfall von der guten Seite zu betrachten, mußte ich mir auch sagen, dieser Pfarrer wende eine weit geschicktere Taktik an als ich. Denn können wir uns etwas Schöneres wünschen, als daß junge Menschen, die vielleicht gegen manches Hergebrachte rebellieren mögen, zur Kirche gehen und aktiv am Gottesdienst teilnehmen? Nun, wie dem auch sei, die Verwirklichung des Vorsatzes, in allem immer zuerst das Positive zu sehen, brachte mich in eine bessere Gemütsverfassung und erfüllte mich wieder mit neuer Begeisterung für meine Mitmenschen.

Doch kehren wir zu dem Mann zurück, für den ich das Fünf-Punkte-Programm zur Bekämpfung seiner Sorgen aufstellte. Er hatte damit Erfolg, weil er daran glaubte und meine Ratschläge gewissenhaft befolgte. Der Erfolg kam allerdings nicht von heute auf morgen, war doch dazu beinahe eine völlige Änderung seiner Denkgewohnheiten nötig. Er bekannte später, daß sein Kampf um eine normale, sorgenfreie Denkweise regelrecht schmerzhaft gewesen sei. Aber je mehr er sich bemühte, um so deutlicher sah er die Möglichkeit vor sich, schließlich seine Sorgen loszuwerden. Und jeder kleine Fortschritt, den er feststellte, war ihm ein weiterer Ansporn, bis er schlußendlich das gesteckte Ziel erreichte.

Einige Monate später hatte ich in der Stadt, in der er wohnte, einen Vortrag zu halten, und er holte mich am Flughafen ab. Es war ein bedeckter Tag, aber die Wolken schienen sich in der Gegenwart dieses wie neugeborenen Mannes aufzulösen. Er bestand darauf, im Geschäft freizunehmen, um mir die Sehenswürdigkeiten der Stadt zu zeigen. Anschließend fuhren wir zu ihm nach Hause, wo ich seine Frau kennenlernte, die er offensichtlich liebte. Aber auch sie liebte ihn anscheinend sehr, denn die beiden begrüßten sich mit einer innigen Umarmung.

Bevor wir nach meinem Hotel aufbrachen, erklärte die Frau in ihrer liebenswürdigen Art: »Ich danke immer wieder Gott für die wunderbare Veränderung, die mit meinem Mann vorgegangen ist. Er ist ein neuer Mensch, und das Leben ist herrlich wie nie zuvor.« Später, als wir im Wagen saßen, sagte der Mann: »Die Veränderung, die mit mir vorging, ist wirklich und wahrhaftig ein Wunder.«

Seien wir nicht menschenscheu!

Wenn wir es verstehen, unsere Begeisterung wachzuhalten, besonders die Begeisterung für unsere Mitmenschen, dann überwinden wir von selber auch eine andere schwache Seite in uns. Sie macht vielen sehr zu schaffen. Ich meine die Menschenscheu.

Als ich noch ein junger Berichterstatter beim Detroit Journal war, nahm dessen Herausgeber, Grove Patterson, lebhaft Anteil an mir jungem Burschen, der ich frisch von der Mittelschule an seine Zeitung gekommen war.

Er war ein feiner, scharfsichtiger Mann, voller Verständnis für seine Mitmenschen. Eines Tages ließ Patterson mich in sein Büro rufen. Er besaß die Gabe, jedermann bei ihm sich sofort wie zu Hause fühlen zu lassen, obwohl er der erste Mann des Betriebes war und sein Besucher vielleicht, wie in meinem Fall, der letzte.

»Norman«, sprach er zu mir, »ich habe das Gefühl, Sie sind außerordentlich schüchtern. Diese Schüchternheit müssen Sie loswerden. Gibt es denn auf der Welt überhaupt etwas, vor dem man sich fürchten müßte? Warum sollten Sie oder ich oder irgendwer wie ein verängstigter Hase durchs Leben gehen? Unser aller Vater ließ uns sagen, daß Er immer bei uns ist und uns immer zur Seite steht. Warum nehmen Sie das nicht für bare Münze, warum tragen Sie Ihren Kopf nicht aufrecht, warum blicken Sie der Welt nicht ins Gesicht? Nur dann werden Sie das Leben meistern. Und, um Himmels willen, fürchten Sie sich vor nichts und vor niemandem!«

Ich erinnere mich an diese Szene im Haus des alten Detroit Journal an der Jefferson Avenue, wie wenn es gestern gewesen wäre.

»Nun, was Sie mir da raten, ist nicht einfach. Wie kann ein Mensch durchs Leben gehen und sich vor nichts und niemandem fürchten?«

Grove saß da, mit den Füßen auf seinem Schreibtisch, und richtete seinen langen, mit Tinte beschmierten Zeigefinger auf mich. Wenn er mit diesem Finger, der übrigens immer mit Tinte beschmiert schien, auf einen zeigte und einen dazu mit seinem durchdringenden Blick ansah, dann konnte man nicht anders, als ihm aufmerksam zuzuhören.

»Schön«, antwortete er, »dann will ich Ihnen sagen, wie Sie das können. ›Sei stark und guten Mutes; fürchte dich nicht … denn der Herr, dein Gott, ist mit dir, wo immer du gehst.‹ Halten Sie sich an diese Verheißung, und vergessen Sie nicht, daß sie von einem stammt, der noch nie jemanden im Stiche ließ.«

Das war ein guter Rat, und ich hatte ihn nötig, denn seit meiner frühesten Kindheit war ich tatsächlich menschenscheu gewesen. Ja, vor manchen Leuten empfand ich geradezu Furcht.

Mein Vater war Prediger, und in seiner Glaubensgemeinschaft wechselten die Prediger häufig die Kirche. In der Tat, jeden Herbst im September stimmte die Gemeinde ab, ob der Prediger für ein weiteres Jahr verpflichtet werden sollte oder nicht, und so wurde der Prediger vom Bischof immer nur für ein Jahr in seinem Amte bestätigt. Dieses System setzte die Sicherheit der Prediger den Launen der Gemeinde aus, und deren Unterstützung konnte sich leicht in Feindschaft verwandeln, besonders wenn jemand dahinterstand, der aus irgendeinem Grund an einem Wechsel interessiert war. Und gelegentlich, leider sogar öfter als nur gelegentlich, war das der Fall.

Als Folge dieses Zustands ständiger Unsicherheit fürchtete ich mich vor manchen der führenden Mitglieder unserer Gemeinde, und ich achtete ängstlich auf jedes Zeichen der Anerkennung oder des Mißfallens an der Amtsführung meines Vaters. Ich erinnere mich, wie ich eines Sonntagmorgens in der Kirche saß und verschiedene Gesichter eingehend musterte, um erkennen zu können, ob ihnen die Predigt gefalle. Mein Vater, ein kluger und gebildeter Mann, kümmerte sich nicht um diese Lokalgrößen, ich aber um so mehr. Und noch viele Jahre lang ließ mich die Sorge um die Einstellung anderer Menschen nicht los. Zur rechten Zeit wurde ich glücklicherweise damit fertig. Als Knabe jedoch war mir ständig bange vor Herrn Soundso oder Frau Soundso, und das war die Ursache meiner Menschenscheu.

Mein Vater besaß zudem eine Gewohnheit, die es mir auch nicht leichter machte, mit meiner Menschenscheu fertig zu werden. Jedesmal, wenn wir in eine neue Gemeinde zogen, bemerkte er zu mir, wenn er mich den maßgebenden Gemeindemitgliedern vorstellte: »Er ist ein bedeutender Bankier« oder: »Er ist ein bedeutender Rechtsanwalt« oder: »Er ist der bedeutendste Lebensmittelhändler dieser Stadt.« Das erweckte in mir die Vorstellung, ich hätte in Gegenwart dieser ›bedeutenden‹ Männer ständig zu zittern, und das war natürlich immer wieder neue Nahrung für meine Menschenscheu.

Auch in der Schule ängstigte ich mich vor glänzenden, selbstbewußten und oft prahlerischen Mitschülern, die anscheinend jederzeit gewandt über alles sprechen konnten. Ich selbst war schüchtern und zurückhaltend und hatte meistens Schwierigkeiten, mich richtig auszudrücken. Ich beherrschte wohl den Stoff, aber ich konnte mich einfach nicht ausdrücken. Und wenn ein anderer Schüler gar lachte, während ich sprach, erstarrte ich unvermeidlich. Ich kam mir klein und unbedeutend vor neben manchen meiner Mitschüler, die sich so selbstbewußt benahmen, als ob sie immer alles wüßten. Ich glaubte, ihre Fähigkeiten überragten die meinen turmhoch, und darum ließ ich mich von ihnen einschüchtern. In späteren Jahren fragte ich mich hin und wieder, was wohl aus diesen Mitschülern geworden sei. Von keinem von ihnen hörte man jemals von einer besonderen vollbrachten Leistung; wie es scheint, verschossen sie ihr Pulver schon in der Schule. Heute habe ich sogar ihre Namen vergessen.

Es war aber nicht leicht, meine Scheu zu überwinden, diese an Ehrfurcht grenzende Scheu vor tonangebenden oder allgemein bekannten Leuten oder vor solchen mit Geld oder Stellung. Ich fühlte mich zweitrangig und unterlegen in Gegenwart bedeutender oder einflußreicher Menschen. Als mir daher Grove Patterson sagte, daß ich etwas gegen meine übertriebene Menschenscheu unternehmen müsse, traf er eine wunde Stelle. Durch das Gespräch in seinem Büro wurde mir klar, daß ich meine Einstellung ändern müsse, damit ich in Zukunft nie mehr vor irgendeinem Menschen zittere.

Während der Niederschrift dieses Buches hatte ich indessen ein Erlebnis, welches zeigt, daß ich meinem damals gefaßten Vorsatz, mich nie mehr von jemandem einschüchtern zu lassen, künftig noch getreulicher nachleben muß. Meine Frau Ruth und ich fuhren eines Tages von unserem Landhaus in Pawling nach Syracuse, wo ich einen Vortrag halten sollte – eine Reise von etwa vierhundert Kilometern.

Unterwegs hielten wir an einer Tankstelle an und wurden von einem recht forschen jungen Mann bedient. Schon meine harmlosen Bemerkungen über das Wetter ließ er nicht gelten und gab mir zu verstehen, wie grundfalsch meine Voraussagen seien. Ich hielt es nicht für wert, darüber zu streiten, und ließ mich nicht weiter darauf ein. Während er den Wagen auftankte, öffnete er die Motorhaube, um den Öl- und Wasserstand sowie die Batterie zu überprüfen. »Es ist höchste Zeit«, rief er, »daß dieser Ventilator-Riemen ersetzt wird.«

Wenn es etwas gibt, wovon ich rein gar nichts verstehe, dann ist es der Motor eines Autos. »Was ist los mit dem Riemen?« fragte ich daher beunruhigt.

»Nun« antwortete er, »schauen Sie sich diese durchgescheuerte Stelle an. Wir haben schon Wagen hier gehabt, deren Ventilator-Riemen sich ganz in den Motor verwickelt hatten, so daß wir Stunden brauchten, sie wieder flottzumachen. Dieser Riemen gehört auf der Stelle ersetzt.«

Ich sah mir den Riemen an. Beim besten Willen konnte ich nichts sehen, was mir nicht in Ordnung schien, aber der junge Mann redete so bestimmt, daß ich mich einschüchtern ließ. Ich nahm an, er werde wohl wissen, was er sage, und gab nach. Er schob den Wagen zur Seite und begann, den Riemen herauszunehmen. Da bemerkte ich einen anderen Wagen, bei dem ebenfalls der Ventilator-Riemen ersetzt wurde. Jetzt wurde ich nachdenklich und mißtrauisch, und ich wandte mich an den Mann im Innern der Tankstelle: »Sagen Sie, weiß dieser junge Mann, was er tut?«

»O ja«, antwortete er, »er weiß genau, was er tut.«

»Nun«, sagte ich, »der Riemen schien mir eigentlich in Ordnung zu sein.«

»Wenn er sagt, daß der Riemen nicht in Ordnung ist, dann ist er nicht in Ordnung«, erhielt ich zur Antwort, worauf ich klein beigab.

Nun kam meine Frau daher und erkundigte sich, was vorging. Ich erzählte ihr alles, und sie fragte: »Was ist nicht in Ordnung mit dem Riemen?« Sie will immer allem auf den Grund gehen und läßt sich nicht so leicht einschüchtern.

Ich sagte unsicher: »Dieser junge Mann kennt sich aus, und dieser Riemen, sagt er, gehört ersetzt. Wenn man ihn nicht ersetzt, dann besteht die Gefahr, daß er sich in den Motor verwickelt.«

Inzwischen hatte der junge Mann den Riemen fertig herausgenommen, und meine Frau verlangte, ihn zu sehen. Sie prüfte ihn genau und sagte dann: »Dieser Riemen ist vollkommen in Ordnung. Das Ganze ist ein Schwindel. Setzen Sie den Riemen bitte wieder ein.«

Diese deutliche Sprache meiner Frau war mir peinlich, und ich entfernte mich, um eine Zeitung zu kaufen. Unterdessen hatte Ruth drei der vier Tankwarte um sich und fuhr fort, ihnen höflich, aber bestimmt auseinanderzusetzen, daß das Ganze ein Schwindel sei. Um es kurz zu machen, der alte Riemen ist heute noch in Ordnung, obwohl wir seither mehr als zehntausend Kilometer gefahren sind. Diesem anmaßenden, selbstbewußten – um nicht mehr zu sagen – jungen Mann wäre es dank seiner überheblichen und streitlustigen Art beinahe gelungen, mir einen überflüssigen Ventilator-Riemen zu verkaufen. Er schüchterte mich mit seiner arroganten Art ein, und meine alte Menschenscheu kehrte wieder. Meine Frau jedoch ließ sich von seiner Art nicht beeindrucken; für sie zählen nur Tatsachen. Wenn wir in jeder Lage einen klaren Kopf bewahren und uns nur von Tatsachen überzeugen lassen, dann verliert sich jede Menschenscheu von selbst.

Man soll sich nie vor jemandem fürchten; nicht vor seinem Mann, nicht vor seiner Frau und – was der Himmel verhüten möge – nicht vor seinen Kindern; nicht vor seinem Chef und nicht vor irgendeinem ›großen Tier‹. Und der beste Weg dazu ist natürlich, dennoch die Menschen zu lieben und ihre Möglichkeiten, ihre positiven Seiten zu sehen. Diese Haltung wird unsere Schüchternheit, unsere Furcht vor andern und unsere Sorge vor dem, was sie wohl von uns denken, vertreiben. Und das wiederum macht uns ganz allgemein dem Leben gegenüber begeisterter.

Wenn wir den Ursachen von Angst und Sorge auf den Grund gehen, dann stellen wir bei vielen Menschen eine übertriebene Selbstbezogenheit fest. Aus dieser ausgeprägten Ichbezogenheit erwächst die Besorgnis für sich und seine Nächsten. Je egozentrischer ein Mensch ist, um so stärker sind wahrscheinlich seine Angstgefühle, und darum gibt es keine erfolgreiche Bekämpfung dieser Gefühle, ohne daß der betreffende Mensch gleichzeitig trachtet, aus sich herauszugehen.

Dieser Umstand läßt die Begeisterung so ungeheuer wichtig werden, denn sie ist eine der wirksamsten Triebkräfte zur Überwindung von Schüchternheit und Hemmungen. Ein bloß in sich gekehrter Mensch hat wenig Beziehung zu seiner Umwelt. Er überfliegt vielleicht jeden Tag flüchtig seine Zeitung und ist im übrigen überzeugt, daß sowieso alles schiefgeht. Sein Interesse für andere ist dürftig und oberflächlich; wirklich interessiert ihn nur, was ihn selber betrifft. Und darum achtet er auch nur bruchstückartig auf das, was außerhalb seiner Welt vor sich geht. Lieber grämt er sich über den Berg von Sorgen, den er selber aufgetürmt hat und der sein Denken Tag und Nacht beherrscht.

Wer sich ängstigt, erstickt

Sich sorgen stammt vom altenglischen Tätigkeitswort ›wyrgan‹ ab, und dieses bedeutet würgen, ersticken. Wenn einer seine beiden Hände um jemandes Hals legte und sie so fest wie möglich zusammendrückte, dann täte er im Grunde genommen dasselbe, was ein Mensch, der sich ununterbrochen sorgt und ängstigt, mit sich selber macht. Denn Sich-Sorgen schnürt tatsächlich unsere Lebenskraft ab. Auf einer alten Abbildung ist die Angst sehr anschaulich als riesiger reißender Wolf dargestellt, der sich in den Nacken eines Mannes verbeißt.

Dieses Buch soll seine Leser von Angst und Sorge befreien. Ja, mehr als das, er bietet positive Lebenshilfe durch die Kraft der Begeisterung.

Anhand der Geschichte einer Witwe möchte ich fortfahren zu zeigen, was die Kraft der Begeisterung vermag. Diese Frau, nennen wir sie Mary, sorgte sich zu Lebzeiten ihres Mannes nur selten. Nach seinem Tode wurde sie jedoch von Angstgefühlen gepackt, die sie nicht mehr losließen. Ihr Mann hatte ihr genügend hinterlassen, so daß sie, falls sie einigermaßen einteilte, sorgenfrei davon leben konnte. Sie fürchtete sich aber davor, Entscheidungen zu treffen, denn bisher hatte das immer ihr Mann getan, und sie hatte in allem seinem Rat und seinem Urteil vertraut. Sie sagte mir, sie sei krank vor lauter Sorge, und ich glaubte ihr, denn Sorge kann einen tatsächlich krank machen. Ich gab mir große Mühe, ihr Gottvertrauen zu stärken. Aber da sie nicht besonders gläubig war, brachte sie dieses Vertrauen nicht auf, das ihr geholfen hätte, mit ihren Sorgen fertig zu werden. Und so gewannen diese immer mehr Macht über sie.

Eines Mittags, als ich durch die Halle des Commodore Hotels in New York ging, um am wöchentlichen Treffen des Rotary Clubs teilzunehmen, sah ich sie in der Nähe des Eingangs zum Speisesaal sitzen. Sie starrte trübsinnig vor sich hin, und auf meine Frage antwortete sie: »Jede Woche, wenn hier Rotary-Versammlung ist, komme ich hierher. Bill fehlte bei keiner Zusammenkunft, und darum sitze ich nun jede Woche hier und denke an Bill. Aber, Dr. Peale, was soll ich tun? Ich habe solche Angst. Alles ist sinnlos. Mein Leben ist vorbei.« Und wieder diese dumpfe Klage: »Ich bin krank vor Sorge.«

»Hören Sie, Mary«, sprach ich zu ihr, »wir wollen etwas dagegen unternehmen. Bleiben Sie ruhig hier sitzen, bis die Zusammenkunft beendet ist, dann wollen wir uns unterhalten. Ich lasse nicht zu, daß sich eine gesunde und intelligente Frau wie Sie zu Tode ängstigt. Ich werde Ihnen auch sagen, was Bill davon hielte. Ich kenne Sie recht gut, aber Bill kannte ich noch besser. Warten Sie bitte auf mich.«

Während des Essens dachte ich an nichts anderes. Diese Frau besaß Energie, aber nicht ein bißchen Begeisterungsfähigkeit. Ich beschloß daher, ihre Begeisterung zu wecken, denn ich spürte, daß ihr das jenes Gefühl der Sicherheit wiedergeben konnte, das sie mit dem Tode ihres Mannes verloren hatte.

Neben mir saß der Leiter eines großen Sozialwerkes für Arme und Gebrechliche, und ich fragte ihn: »Jerry, brauchen Sie weitere Leute für Ihre Arbeit?«

»Immer – wir sind nie genug. Aber wir haben unser Budget beinahe aufgebraucht; ich kann niemanden mehr einstellen.«

»Nun, könnten Sie eine tüchtige, intelligente, allerdings nicht ausgebildete Frau von etwa fünfzig Jahren brauchen, die umsonst arbeiten würde?«

»Die Sorte kenne ich: ein paar Stunden in der Woche zwischen den Bridge-Partien, um sich wichtig zu machen. Nein danke!«

Doch ich versicherte ihm, daß diese Frau bereit sei, fünf Tage in der Woche jeden Vormittag von neun bis ein Uhr umsonst zu arbeiten. Eher widerwillig stimmte er zu: »Gut, schicken Sie sie vorbei. Aber wenn sie sich nicht an die Arbeitszeit hält, wird sie bei mir nicht alt werden. Ich brauche Leute, die arbeiten, nicht solche, die sich einen scheinheiligen Anstrich geben und sich in ihrer Mildtätigkeit sonnen.«

In die Halle zurückgekehrt, sagte ich zu Mary: »Seien Sie doch bitte so gut und kommen Sie zu mir in die Marble Collegiate Church. Ich erwarte Sie dort in einer Stunde. Allerdings bitte ich Sie, zu Fuß zu mir zu kommen, nicht mit einem Taxi und nicht mit dem Bus. Und sehen Sie zu, daß Sie in einer Stunde dort sind – das bedeutet allerdings, daß Sie ziemlich rasch gehen müssen.«

»Das kann ich nicht; ich bin nicht gewöhnt, zu Fuß zu gehen. Und welche Rolle spielt es, wie ich zu Ihnen komme?« Ich sagte ihr, es spiele eine Rolle, worauf sie mir versprach, zu Fuß zu kommen.

Eine Stunde später war sie bei mir, und zum ersten Mal hatte sie eine gesunde Farbe im Gesicht. »Ich fühle mich herrlich, so gut wie seit Monaten nicht«, begrüßte sie mich. »Dieser frische, kühle Tag, der blaue Himmel und die bunten Schaufenster sind einfach großartig.«

Zu Fuß gehen vertreibt die Sorgen und steigert die Begeisterung

»Warum bestanden Sie aber darauf, daß ich zu Fuß ging?« wollte Mary wissen. Ich erzählte ihr von einem meiner alten Freunde, dem Psychologen Harry C. Link. Wenn ein von Sorgen gequälter Patient zu ihm kam, geschah es nicht selten, daß Dr. Link ihn aufforderte, dreimal um den Häuserblock zu gehen, ehe er mit der Unterredung begann. Dreimal um den Block entsprach etwa einem Kilometer. Dr. Link erklärte, daß das menschliche Gehirn in zwei Hälften geteilt ist und daß unsere Sorgen die eine Hälfte beschäftigen, während von der anderen unsere unbewußten Reaktionen kontrolliert werden. Wenn nun ein Patient zu Fuß geht, dann braucht er den zweiten Bereich, und das entlastet den ersten von der Anstrengung, über die Sorgen nachzudenken. Er fand es besonders einfach, die Sorgen auf diese Art ›wegzuschwemmen‹.

»Darum, liebe Mary«, fuhr ich fort, »empfehle ich Ihnen zuerst einmal mehr körperliche Bewegung, vor allem Wandern; aber nicht nur Umherbummeln, sondern richtiges Ausschreiten, und zwar jeden Tag, ob es regnet oder ob die Sonne scheint. Ferner empfehle ich Ihnen etwas, das schon vielen Menschen geholfen hat und das ich selber oft zu tun pflege, nämlich wandern, tief atmen und von Zeit zu Zeit eine Bibelstelle sprechen, die Sie gelesen haben und die Sie bewegt. Das Sprechen hilfreicher Texte, die Sie sich besonders gemerkt haben, im rhythmischen Einklang mit einem gleichmäßigen Schritt aktiviert die Blutzirkulation und stärkt Körper und Seele.«

Ich wies besonders darauf hin, daß das wiedergefundene Vertrauen sie von ihren Sorgen befreien werde, und sagte ihr: »Das Wichtigste ist, daß Sie das verlorene Vertrauen wieder finden. Dann wird Ihr Leben wieder normal, sinnvoll und glücklich werden.«

Dann sprach ich zu ihr von der Beschäftigung, die ich mit dem Leiter des Sozialwerkes für sie vereinbart hatte, und von meinem Versprechen, daß sie regelmäßig jeden Tag von neun bis ein Uhr dort arbeiten werde. Das war ein ziemlicher Schock für sie. Sie war nie früh aufgestanden, und es bedeutete für sie eine gewaltige Umstellung, um neun Uhr morgens an ihrem Arbeitsplatz zu sein. Ich blieb jedoch hart und sagte ihr lediglich, daß sie gewisse Änderungen in ihren Gewohnheiten in Kauf nehmen müsse, wenn sie sich von ihren Sorgen befreien wolle. Ob es der Wirkung des kräftigen Fußmarsches zu verdanken war oder der Aussicht auf ein neues Leben oder beidem, weiß ich nicht. Auf alle Fälle war sie einverstanden, am nächsten Morgen pünktlich um neun Uhr mit ihrer Arbeit zu beginnen.

Einige Wochen später rief mich mein Bekannter an, um mir zu sagen: »Diese Dame ist ein wahrer Fund. Sie war in kurzer Zeit vertraut mit unserer Arbeitsweise und lebte sich voller Begeisterung ein. Sie empfindet echte menschliche Teilnahme für die Unglücklichen, mit denen wir zu tun haben, und setzt sich für sie ein. Ihr Wille, ihnen zu helfen, ist so ausgeprägt, wie wir es selbst bei ausgebildeten Fürsorgerinnen nur selten finden.« Eigentlich habe ich dem nichts mehr beizufügen. Diese Frau wurde von einer starken, lebendigen Begeisterung für ihre neue Aufgabe erfüllt, und als Folge davon gewannen auch ihre Gebete den richtigen Sinn. Bald einmal sagte sie zu mir: »Ich glaube, jetzt bin ich auf dem besten Weg, dieses Gottvertrauen zu erlangen, von dem Sie damals sprachen.«

Rezept zur Überwindung der Sorgen

Die Maßnahmen, welche Mary geholfen haben, sich von ihren Sorgen zu befreien, möchte ich hier zusammenfassen:

1. Regelmäßig jeden Tag ausgiebige Fußmärsche unternehmen.
2. Versuchen, den Mitmenschen zu dienen.
3. Aufrichtig Anteil am Los Unglücklicher nehmen, sie lieben.
4. Den wahren Sinn des Betens kennenlernen und damit die Gegenwart Gottes suchen.

Diesen vier Punkten verdankt Mary ihre Begeisterung, welche die Sorge vertrieb, die ihre Zukunft bedrohte, und die auch in unzähligen anderen Fällen ihre Wirkung nicht verfehlte.

Begeisterung läßt harte Tage vergessen

Ich war zu Gast bei Dr. Georg Heberlein, dem Chef des großen Textilunternehmens Heberlein in Wattwil in der Schweiz. Beim Abendessen erkundigte sich Georg nach dem Titel meines neuen Buches. Als ich ihm sagte, es heiße ›Was Begeisterung vermag‹, freute er sich sehr, denn er betrachtet dieses Thema als äußerst wichtig für jeden, der ernsthaft an sich selbst arbeitet. Als erfolgreicher Industrieller weiß er, daß die Begeisterung eine entscheidende Rolle spielen kann, wenn es um Erfolg oder Mißerfolg geht. Sein Schwiegersohn Marc C. Cappis, ein dynamischer junger Mann, dessen begeisterte Anteilnahme an allen Fragen des Unternehmens und des öffentlichen Lebens seine Führernatur erkennen läßt, bestätigte gleichzeitig, daß über einen begeisterten Menschen die Sorgen nie die Oberhand gewinnen können.

Marc erzählte, wie er und seine junge Frau Brigitt nach New York gekommen waren, um sich in einem fremden Land durchzusetzen, um Englisch zu lernen, um Bekanntschaften zu schließen und sich so auf die Aufgabe vorzubereiten, die in ihrem weitverzweigten internationalen Unternehmen auf sie wartete. Tag für Tag stapfte Marc durch die Straßen von New York, um eine Stelle zu finden, denn er bestand darauf, seinen Weg selbst und ohne jede Protektion zu machen. Gott sei Dank gibt es noch junge Männer wie ihn auf der Welt! Das Paar lebte in einer bescheidenen Zwei-Zimmer-Wohnung, und als Eßtisch diente ihnen eine alte Packkiste, die sie mit Plakaten überzogen hatten.

»Haben Sie während dieser harten Tage nicht hin und wieder den Mut verloren?« fragte ich sie.

»Es waren keine harten Tage«, riefen Brigitt und Marc wie aus einem Munde. »Es machte uns Spaß. Es war doch großartig, zusammenzusein und die ganze Zukunft vor uns zu haben. Warum sollten wir uns sorgen?« Und Marc fügte hinzu: »Sehen Sie, wir fanden das Leben herrlich, und wir mochten die Vereinigten Staaten. Wir liebten die Menschen dort. Wir waren begeistert, und da hatte die Sorge bei uns natürlich nichts zu bestellen.«

Das trifft den Kern. Bei begeisterten Menschen hat die Sorge keine Chance!

Eines Abends fuhr ich zusammen mit John Robinson im Auto von Columbus nach Findlay, wo ich einen Vortrag halten sollte. Unterwegs kamen wir an Bauernhäusern vorbei, und in der Nähe mancher bemerkte ich auf Pfählen milde, aber klare Lichter. John, der mit der Columbus and Southern Ohio Electric Company zu tun hat, erklärte mir, daß es sich dabei um Quecksilberdampf-Lampen handle. Sie beginnen bei Einbruch der Dämmerung automatisch zu brennen, ihr Licht wird mit zunehmender Dunkelheit stärker und erlöscht bei Tagesanbruch wieder automatisch. Diese Lichter schützen die Bauern vor nächtlichen Störenfrieden.

Ich empfand es wie ein Gleichnis. Denn es ist eine Tatsache, daß das Licht der Begeisterung, das im Herzen eines Menschen brennt, die trüben Gedanken verscheucht, aus denen die Sorge erwächst. Begeisterung und Sorge können nicht gleichzeitig im gleichen Menschen wohnen – die beiden sind absolut unvereinbar. Und daran wollen wir immer wieder denken.

Dan Liu, der Polizeichef von Honolulu, der kürzlich zum beliebtesten Mann von Hawaii gewählt wurde, sagte: »Meinem Vertrauen auf Gott verdanke ich, daß ich nie von Sorge geplagt wurde und daß ich immer allen Gefahren meines Berufes standhalten konnte.« Vertrauen läßt die Sorge neben sich nicht aufkommen!

Von jeher habe ich den vertrauten und beruhigenden Ausspruch Victor Hugos sehr geliebt: »Wenn du alles getan hast, was in deiner Macht steht, dann leg dich hin und schlafe. Gott wacht.«

Ein bekannter Arzt empfiehlt seinen Patienten, vor dem Einschlafen zu beten und dann zu sagen: »Gute Nacht, ihr Sorgen – auf morgen früh.«

Und ich möchte aus meiner Erfahrung beifügen, daß uns am andern Morgen keine Sorgen erwarten – oder daß wir leicht mit ihnen fertig werden –, wenn wir den neuen Tag mit Freude und Begeisterung begrüßen. Und nie wollen wir auch Jesajas großartige Worte (35, 4) vergessen: »Saget zu denen, die verzagten Herzens sind: Seid getrost, fürchtet euch nicht!«

5
Der Begeisterte arbeitet leichter und erreicht mehr

Eines der aufregendsten Rennen in der Geschichte des amerikanischen Sports fand im Juli 1920 in Aqueduct zwischen den beiden berühmten Pferden Man o'War und John P. Grier statt. Man o'War war ein hervorragendes Rennpferd und der unbestrittene Champion seiner Zeit. Es hat nur wenige Pferde wie dieses gegeben. Es war ein prächtiges Tier!

Ich sah es nur bei einem einzigen Rennen, aber dieses Rennen werde ich nie vergessen. Der Jockey und das Pferd schienen eins zu sein. Dieses herrliche Tier im Lauf zu beobachten war eines meiner größten Sporterlebnisse; ein erhebender und unvergeßlicher Anblick. Man o'War war lange Zeit der unangefochtene Champion gewesen. Da begann ein anderes Pferd, ihn ernstlich herauszufordern. Doch dieses Pferd hatte, wie sich später zeigte, nicht das Herz eines wahren Champions. John P. Grier war ein erstklassiges Pferd. Viele Leute glaubten, er könnte Man o'War besiegen, der, wie die Sportberichterstatter schrieben, seinen Zenit überschritten hatte, während John P. Grier im Kommen war. Das bevorstehende Rennen war das Tagesgespräch. Würde es John P. Grier gelingen, den alten Champion matt zu setzen?

Endlich war der große Tag da. Beide Pferde kamen beim Ertönen der Glocke gut vom Start. Nach einem Viertel der Distanz waren sie auf gleicher Höhe; nach der Hälfte lagen sie immer noch Kopf an Kopf. Dann sprang die unübersehbar große Zuschauermenge wie elektrisiert von den Sitzen auf. John P. Grier schob sich langsam nach vorne. Das war für Man o'War die Herausforderung seines Lebens.

Der erfahrene Jockey, der ihn ritt, überlegte blitzschnell. Er kannte sein Pferd durch und durch, und er wußte, welche enormen Kraftreserven es besaß. Noch nie hatte er Man o'War mit der Peitsche berührt; das wundervolle Pferd war auch ohne sie immer schnell genug gewesen. Doch dieses Mal schien seine Kraft nicht auszureichen. Und als der Jockey sah, wie sich John P. Griers Nase immer weiter vorschob, wußte er, daß er handeln mußte, und die Peitsche sauste auf die Flanken des Pferdes.

Das wirkte. Die Reaktion auf die anspornenden Hiebe zeigte sich augenblicklich. Tief im Innern Man o'Wars löste sich eine Welle neuer, ungeheurer Kraft. Das Pferd schien von einem übermächtigen Willen beseelt, seine Beine griffen mit der Regelmäßigkeit von Kolben aus, und der neue Geist, der es beflügelte, trug es wie einen Feuerball an John P. Grier vorbei. Unter dem Tosen der Menge kreuzte Man o'War mit mehreren Längen Vorsprung das Ziel. Er war nach wie vor der Champion. Die Zuschauer umarmten sich, schrien sich heiser, und manche hatten Tränen in den Augen. Es war das Rennen ihres Lebens.

Dieser faszinierende Bericht aus der Geschichte des amerikanischen Pferdesports hat einen bedeutsamen Kern, über den nachzudenken sich lohnt. Was wurde später aus John P. Grier? Dieses Rennen, in dem er einen Augenblick lang den alten Champion überholt hatte, war, so scheint es, der Höhepunkt seiner Laufbahn; hier hatte er seine einmalige Chance. Aber offenbar hatte die Niederlage in Reichweite des Sieges eine niederschmetternde Wirkung auf das Tier. Ich verstehe nichts vom Seelenleben eines Pferdes, aber es scheint mir doch, daß John P. Grier tief in seinem Innern zu weich war. Er war kein wirklicher Kämpfer, denn im entscheidenden Augenblick verließ ihn sein Kampfgeist.

Besäße ein Pferd die Fähigkeit, logisch zu denken, dann hätte John P. Grier sich überlegen können: »Gut so, beinahe bezwang ich diesen alten Man o'War. Noch etwas mehr Training, dann schlage ich ihn das nächste Mal bestimmt.« Aber offensichtlich besaß er nicht das Zeug zu einem wahren Champion. Da war Man o'War von ganz anderer Art. Er besaß Eigenschaften, die Pferde – und auch Menschen – an die Spitze bringen. Beinahe verlor er das Rennen, aber im kritischen Moment setzte er seine zusätzliche Kraft ein. Man o'War war ein begeistertes Rennpferd, und er wollte gewinnen. Seine Aufgabe war, zu rennen und zu gewinnen. Und er siegte meisterhaft, weil im entscheidenden Augenblick sein Wille neu angestachelt wurde.

Ich glaube, daß zwischen sportlichen Wettkämpfen und den Problemen des täglichen Lebens Vergleiche möglich sind. Wir alle verfügen über eine Reserve an zusätzlicher Kraft. Der Schöpfer beschenkte auch uns Menschen damit, nicht nur die Pferde. Tief in jedem Menschen wurzelt der Wunsch, sich auszuzeichnen. Und es liegt in der Natur des Menschen, kämpfen zu wollen – wenn nicht gegen andere, so doch gegen sich selber. Und vielleicht ist dieses Ringen mit sich selber, das ständige Streben nach besseren Leistungen die edelste Form des Kampfes überhaupt.

Aber leider setzen viele Menschen zeit ihres Lebens ihre zusätzliche Kraft nie ein, die sie zu besseren Leistungen und zum Erfolg führen würde. Als Folge davon versagen manche, obwohl das nicht sein müßte. Das Heilmittel gegen solches Versagen heißt, tiefer in den Sinn der Arbeit und der gestellten Aufgaben eindringen und sich immer wieder von neuem für sie begeistern.

Der Junge, der seine Begeisterung als Sprungbrett benutzte

Begeisterung für eine Aufgabe führt also zu besseren Leistungen. Stehen wir unserer Arbeit aber gleichgültig und teilnahmslos gegenüber, wie das leider bei vielen Menschen der Fall ist, dann muß sie uns ja zwangsläufig schwer oder gar lästig fallen. Wir können keine Freude daran finden, wenn wir sie als unangenehme Aufgabe betrachten, die wir nun einmal zu bewältigen haben. Eine solche Auffassung erfüllt uns nicht mit Arbeitslust und nicht mit Befriedigung.

Und wenn uns jemand entgegnet, seine Arbeit sei eben langweilig und uninteressant? Könnte es nicht sein, daß er seine Arbeit uninteressant findet, weil er sich zu wenig dafür interessiert, weil er sie ohne jede Begeisterung verrichtet? Wenn wir mit Begeisterung an unsere Aufgaben gehen, dann stellen wir plötzlich fest, wie interessant sie sind. Und wir stellen auch fest, wie wir selber uns ändern. Denn Begeisterung vermag unsere Einstellung zur Arbeit zu ändern, weil sie uns selber ändert.

Nie soll uns der fadenscheinige Einwand, unsere Arbeit sei eintönig, davon abhalten, sie durch Begeisterung zu beleben. Ich kenne viele Menschen, die es zu etwas brachten, weil sie auch an die bescheidensten Aufgaben mit Freude und Begeisterung gingen. Nehmen wir zum Beispiel die Arbeit eines Hilfskellners in einem großen Hotel, die man mit einem gewissen Recht als langweilig bezeichnen könnte. Sie besteht zur Hauptsache darin, das gebrauchte Geschirr vom Speisesaal zur Küche zu tragen. Ein Hilfskellner nimmt unter dem Bedienungspersonal in der strengen Hierarchie der Hotellerie ungefähr die unterste Stufe ein. Viele Hilfskellner betrachten daher ihre Arbeit selber mit Geringschätzung und tun sie oft oberflächlich und unwillig. Doch diese Einstellung fällt auf die Betreffenden zurück. Ihre Arbeit ist nur deshalb langweilig und eintönig, weil sie sie gleichgültig und unbeteiligt verrichten.

Ich kannte aber einen jungen Burschen, der diese Arbeit mit Freude und Begeisterung verrichtete – zu seinem Vorteil, wie wir sehen werden. Ihm war seine Arbeit nicht zu gering, und sein voller Einsatz machte sich bezahlt. Er hieß Hans, und ich lernte ihn kennen, als wir während unserer Sommerferien für einen Monat in einem Hotel in Europa waren. Der nette, freundliche Junge fiel mir im Speisesaal gleich auf. Er hatte eine gefällige Art und war an seiner Arbeit so interessiert, daß er aus dem übrigen Bedienungspersonal hervorstach. Er war jedermann gegenüber aufmerksam und hilfreich, nicht nur den Gästen, sondern auch seinen Kollegen gegenüber.

Er half den Kellnern und tat alles, was getan werden mußte. Er war nicht wie manche, die sich weigern, auch nur die kleinste Handreichung außerhalb ihres Aufgabenkreises zu tun. Er war anders; ihm war keine Arbeit zu viel. Er besaß Begeisterung, und er legte sie in seine Arbeit.

»Ihre Arbeit scheint Ihnen Freude zu machen«, bemerkte ich eines Tages zu ihm.

»Und wie! Dies ist ein großartiges Hotel. Ich liebe die erregende Atmosphäre im Speisesaal zur Essenszeit, wenn die Bedienung auf Hochtouren läuft und jeder an seinem Platz ist. Und unsere Gäste – das sind die nettesten Leute, die es gibt! Und unser Küchenchef – der ist ein wahrer Künstler!« Er fand kein Ende vor Begeisterung. Daß er der Unterste in der Rangordnung dieses Speisesaals war, kümmerte ihn überhaupt nicht. Aus jedem seiner Worte und aus jeder seiner Bewegungen sprach Begeisterung.

Ich unterhielt mich oft mit ihm, und so erfuhr ich, daß er ein Ziel hatte – nicht den undeutlichen, verschwommenen Wunsch, »es einmal zu etwas zu bringen«, sondern ein klares, festumrissenes Ziel. Er wollte Direktor eines großen Hotels werden. Und er wußte, daß seine Arbeit als Hilfskellner die erste Sprosse auf der Stufenleiter seiner Laufbahn war. Er wußte auch, wie wichtig es zur Erlangung seines Zieles war, alles, was man von ihm verlangte, gewissenhaft und freundlich zu tun. Sein Einsatz und seine Begeisterung waren nicht geheuchelt; er war wirklich mit Freude und Begeisterung bei der Arbeit.

Hans wußte, daß zur Vervollkommnung seiner Ausbildung und zur Verwirklichung seines Zieles auch ein Aufenthalt in London gehörte. »Aber«, sagte er mir, »das wird noch lange nicht möglich sein, denn ich habe kein Geld.«

»Leere Taschen sind nie ein Hindernis«, entgegnete ich, »nur leere Köpfe und leere Herzen sind eines. Sie sind auf dem rechten Weg; Sie wissen genau, was Sie wollen. Inzwischen tun Sie hier Ihre Arbeit, wie man sie besser nicht tun könnte. Glauben Sie mir, Sie werden Ihr Ziel erreichen! Doch halten Sie es unentwegt vor Augen; es muß sich in Ihrem Unterbewußtsein festsetzen, es muß von Ihnen Besitz ergreifen. Und halten Sie sich an Menschen, die ihre Arbeit gewissenhaft tun. Lernen Sie Leute kennen, schließen Sie Freundschaften. Achten und lieben Sie Ihre Mitmenschen. Denken Sie daran, daß es immer und überall – auch hier in diesem Speisesaal – unglückliche Menschen gibt, die schwer an ihren Sorgen, ihren Schwierigkeiten und ihrer Mutlosigkeit zu tragen haben. Solche Menschen bedürfen erst recht der Liebe; sie werden ihrerseits aber auch Sie liebgewinnen. Wer seine Mitmenschen lieb hat, der bringt es weit auf dieser Welt, glauben Sie mir.«

Ich gab ihm ein Exemplar meines Buches ›Die Kraft positiven Denkens‹ und sagte ihm dazu: »Sie denken zwar positiv, dennoch möchte ich, daß Sie dieses Buch lesen. Sie sollen lernen, wie man sein Leben in Gottes Hand legt, wie man sich von Ihm führen läßt und wie man sich von allem Negativen befreit.« In seiner Freizeit sah ich Hans nun immer über das Buch gebeugt, und oft kam er an unseren Tisch, um sich mit mir über das zu unterhalten, was er gelesen hatte.

Unsere Ferien gingen zu Ende, wir reisten ab, und mit der Zeit vergaß ich Hans. Einige Jahre vergingen. Eines Tages waren wir in London und gingen zum Abendessen in eines der wohlbekannten Restaurants. Der Oberkellner, in makelloser schwarzer Jacke und gestreifter Hose, erkundigte sich nach unseren Wünschen. Er verstand es, uns die verschiedenen Speisen so köstlich zu beschreiben, daß uns das Wasser im Munde zusammenlief. Seine ganze Art war außerordentlich freundlich und zuvorkommend, so daß wir uns wie zu Hause fühlten.

Einige seiner deutsch-englischen Ausdrücke waren schuld, daß ich ihn genauer ansah. Da sagte er mit einem Lächeln: »Ich übe mich immer noch im positiven Denken, Dr. Peale.«

»Hans!« rief ich aus. »Das ist ja Hans, unser ehemaliger Hilfskellner.«

»Der bin ich«, bestätigte er.

»Sie sind es, und Sie sind es doch nicht. Sie sind reifer geworden. Sie haben sich entwickelt. Nun haben Sie es also bis nach London gebracht! Und wie steht es mit Ihrem großen Ziel – haben Sie es immer noch?«

»Natürlich. Eines Tages will ich Direktor werden.«

»Und Sie sind nach wie vor gleich willig und gleich zuvorkommend, nicht wahr?«

»Darin habe ich mich nicht geändert.«

Wird Hans sein Ziel erreichen? Er kann es ja gar nicht verfehlen! Die Geschichte von Hans, der als Hilfskellner begann, ist ein lebendiger Beweis dafür, daß es nicht bestimmte Arbeiten sind, die langweilig und trübselig sind, sondern weit eher die Menschen, die diese Arbeiten verrichten. Geht ein Mensch hingegen mit Begeisterung an seine Arbeit, dann wird sie anregend und öffnet ungeahnte neue Möglichkeiten. So täte mancher vielleicht besser, mehr guten Willen und mehr Begeisterung in seine gegenwärtige Arbeit zu legen, als sich eine andere Beschäftigung zu suchen. Er sähe mit Erstaunen, welche Veränderungen mit seiner Arbeit und mit ihm selber vorgingen.

Wie Fred Hill lernte, begeistert zu sein

Was muß man aber tun, um sich für seine Arbeit begeistern zu können? Um diese Frage zu beantworten, wollen wir zu Fred Hill zurückkehren, den wir am Anfang dieses Buches kennenlernten. Fred besaß zwar die nötigen Kenntnisse und Fähigkeiten, aber es fehlte ihm an Begeisterung, und darum wollte ihn der Direktor der Personalabteilung nicht für eine mögliche Beförderung vorschlagen.

Er glaubte, es nur dann verantworten zu können, wenn es innerhalb von sechs Monaten gelang, aus Fred einen begeisterten Menschen zu machen. War das in der zur Verfügung stehenden Zeit möglich, und wie? Das war das Problem.

Ich dachte gründlich darüber nach, denn Fred Hills Zukunft und die seiner Familie stand auf dem Spiel. Der Personaldirektor gab mir die Erlaubnis, ganz offen mit Fred zu reden und ihm auch zu sagen, daß seine Zukunft in der Firma gefährdet sei.

Als ich eines Tages Fred zufälligerweise beim Mittagessen begegnete, bot sich die gute Gelegenheit. Wir plauderten eine Weile über belanglose Dinge, doch dann kam ich zur Sache: »Fred, Sie haben offenbar eine recht interessante Arbeit.«

»Wie kommen Sie auf diese Idee? Im Gegenteil – sie ist ausgesprochen langweilig«, tönte es verbittert zurück.

»Das erstaunt mich. Ich hätte gedacht, daß es faszinierend sein muß, Entscheidungen zu treffen und zu sehen, wie diese Entscheidungen in die Tat umgesetzt werden.«

Nun schien er es mit aller Macht darauf abgesehen zu haben, mir zu beweisen, wie unbedeutend ein leitender Angestellter in seiner Firma war. »Glauben Sie ja nicht, es sei einer jemand, nur weil er einen leitenden Posten hat«, brummte er. Und dann erklärte er mir ausführlich die Struktur eines Großbetriebes und daß niemand selbständig Entscheidungen treffe, nicht einmal der Generaldirektor. Fred beschrieb mir diesen als einen »hochbezahlten Laufburschen, der nicht einmal den Kauf einer Schachtel Bleistifte bewilligen darf, ohne vorher diesen oder jenen Ausschuß zu fragen.« Es war die bittere Analyse eines Großunternehmens, wo, wie Fred sagte, »der einzelne ein winziger Frosch in einem riesigen Teich voller anderer winziger Frösche ist.«

Und er fuhr fort: »Ich arbeite in einem Gebäude mit neuntausend Menschen, und alle quetschen wir uns Tag für Tag, jahraus, jahrein, in die Vorortszüge, die U-Bahn, die Aufzüge. Da spielt es keine Rolle, wie wichtig einer ist oder zu sein glaubt. Wenn man Tag für Tag in dieser Menschenmenge hin und her gestoßen wird, dann weiß man, daß man ein Nichts ist. Was meinen Sie also mit ›interessante Arbeit‹?«

Nun war mir klar, daß Freds Problem nicht nur Gleichgültigkeit war, sondern auch Unzufriedenheit, vielleicht sogar jene Art von Verdrossenheit, die manche langjährige Angestellte empfinden. Ich ging aufs Ganze und fragte ihn, was er davon hielte, wenn er nicht mehr befördert würde, wenn seine Laufbahn zu Ende wäre. »Ich glaube, das wäre mir egal«, sagte er zu meiner Überraschung. »Je höher man steigt, um so fader und eintöniger wird alles, und ein um so größerer Wichtigtuer wird man.« Später fand ich allerdings heraus, daß Fred sich doch Sorgen machte – und keine geringen.

Trotz der Gleichgültigkeit, die er an den Tag legte, kam ich zur Überzeugung, daß ich bei Fred mit offenen Karten spielen mußte, und so verabredete ich mich mit ihm zu einer Aussprache. Als wir uns trafen, schenkte ich ihm in bezug auf seine

Stellung in seiner Firma klaren Wein ein. Er wurde bleich. »Sie können mich doch nicht übergehen, nur weil ich kein Streber bin? Diese hinterhältigen Kerle!« machte er seiner Entrüstung Luft. Als er sich etwas beruhigt hatte, fragte er mich, was er tun könne, um ›sein Bild aufzupolieren‹. Jetzt, nachdem er sich Luft gemacht hatte, kam auch seine Aufrichtigkeit zum Vorschein, und es war eindeutig, daß er sich Sorgen machte. Er war außerordentlich betroffen, als er merkte, daß das, wovon ich sprach, ernstgemeint war, und er war nicht bereit, sang- und klanglos aufzugeben. »Wir werden den Weg finden, aus Ihnen einen begeisterten Menschen zu machen«, beruhigte ich ihn. »Gleich jetzt schon möchte ich Ihnen aber sagen, daß Unzufriedenheit und eine begeisterte Einstellung unvereinbar sind. Und darum bitte ich Sie, sich zuerst einmal allen aufgestauten Verdruß und Ärger von der Seele zu reden.« Er bestritt, verbittert zu sein, und sagte, sein Ausbruch hätte seine Ursache lediglich in einem schlechten Tag gehabt. Doch ich bestand darauf, daß er sich aussprach.

Mit der Zeit bekam ich ihn so weit, daß er von seiner Bitterkeit gegen die Menschen und gegen die heutigen Lebensformen befreit wurde. Aber dieser Reinigungsprozeß verlief nicht glatt. Manche Aussprache war erforderlich, ehe er sich der jahrealten Ansammlung von Groll und Bitternis ganz entledigt hatte. In seiner Firma sah man in ihm einen stillen und ruhigen Mann – zu ruhig vielleicht. Niemand ahnte, welche Stürme in ihm tobten. Ich hatte das bestimmte Gefühl, daß seine Erbitterung auch mit einer Unzufriedenheit mit sich selber zusammenhing. Das gab er auch zu; und damit waren wir bereit für den nächsten Schritt.

Sich selber die richtige ›Kur‹ verschreiben

Fred wußte, daß seine Zukunft auf dem Spiel stand, und so war er mit allem einverstanden, was ich verordnete. Nach einem Monat gestand er, daß ›ihn etwas packte‹. Daß dem so war, zeigte sich auch in seinem freiwilligen Entschluß, fortan seinen Mitmenschen gegenüber nicht mehr voreingenommen zu sein, sondern ihnen mit Wohlwollen zu begegnen. Er erkannte, daß seine Verdrossenheit ein Hindernis auf dem Weg zum begeisterten Leben bedeutete.

Ich empfahl Fred etwas, von dem ich wußte, daß es schon in unzähligen ähnlichen Fällen geholfen hatte. Er sollte allen Leuten, die mit ihm zusammen die Vorortszüge, die Untergrundbahn, die Aufzüge benutzten, insgeheim das Beste wünschen. Er sollte sie nicht länger als unerträgliche Masse ansehen, sondern als Einzelmenschen, die alle auf ihre Art nach einem sinnvollen Leben strebten. Diesen Vorschlag fand er zuerst reichlich absurd. Aber er versuchte es. Und je mehr er seine Menschenfeindlichkeit überwand, um so mehr veränderte er sich zu seinem Vorteil und um so glücklicher wurde er.

Die Folge war eine an ihm bisher nicht gekannte Lebhaftigkeit, die jedermann erstaunte. Die Wandlung, die mit ihm vorging, war für alle augenfällig, die ihn vorher gekannt hatten. Seine Begeisterungsfähigkeit begann sich auszuwirken.

Ich muß allerdings sagen, daß diese Wandlung nicht von heute auf morgen erfolgte. Bei einem schwächeren Menschen hätte es wohl noch länger gedauert. Aber Freds Anlagen waren gut; er war ein Mensch, der sich nicht mehr beirren ließ, nachdem er einmal entschlossen war, sich zu ändern. Er meinte es ernst. Aber niemand darf schließlich eine Änderung seines Innersten über Nacht erwarten, obwohl sie manchmal schneller kommt, als man glaubt. Fred Hills Fall ist ein Beispiel, wie man die Kraft der Begeisterung im Beruf wirksam werden lassen kann. Darum wollen wir es kurz zusammenfassen.

1. Er mußte lernen, Begeisterung zu entwickeln, oder seine Laufbahn wäre zu Ende gewesen.

2. Er mußte lernen, sich so zu sehen, wie er tatsächlich war – mit guten Anlagen, aber ohne die Kraft der Begeisterung.

3. Er mußte den angehäuften Berg an Unlustgefühlen loswerden, denn diese hatten die Begeisterung, die er so nötig brauchte, an der Entfaltung gehindert.

4. Er mußte tiefgreifende geistige Einkehr halten.

Freds Persönlichkeit begann sich nun voll zu entwickeln, und seine Beziehungen zu den Mitmenschen entfalteten sich prächtig. Als Folge davon gewann er Begeisterung und neue Lebenskraft. Auch sein beruflicher Aufstieg war einmalig. Er wurde zur Beförderung vorgeschlagen, doch – welche Ironie! – er verzichtete darauf. Von seiner noch nie gekannten Begeisterung angefeuert, beschloß er, sich selbständig zu machen, und sein wiedergefundenes Vertrauen gab ihm die Kraft dazu. »Was ich im Sinn habe, ist einmalig«, sagte er stolz, »und ich weiß, daß ich damit Erfolg haben werde.« Und Fred hatte Erfolg, wie jeder, der von dem, was er tut, begeistert ist.

Unter anderen wirksamen Methoden zur Entfaltung von Begeisterung für die Arbeit kenne ich eine meines verstorbenen guten Freundes Dale Carnegie. Dale schrieb einen der größten Bucherfolge aller Zeiten: ›Wie man Freunde gewinnt‹. Er rief auch die Dale-Carnegie-Redekurse ins Leben. Durch seine Bücher und Kurse half er sehr wahrscheinlich mehr Frauen und Männern, ihre Fähigkeiten zu entfalten, als irgend jemand unserer Zeit. Er stammte aus ärmlichen und unglücklichen Verhältnissen, und seine harte Jugend machte ihn besessen vom Willen, anderen Menschen zu helfen, vorwärtszukommen, es besser zu haben. Tausende verdanken ihre Erfolge den Ratschlägen und dem Vorbild dieses Mannes.

Wie alle wahrhaft gebildeten Menschen war Dale Carnegie sehr feinfühlend, und darum durchlebte er des öfteren Zeiten tiefer Entmutigung und Niedergeschlagenheit. »Aber«, erzählte er strahlend, »ich fand einen Kniff heraus, meine natürliche Begeisterung für das Leben und für meine Arbeit jeweils rasch wieder zurückzugewinnen. Ich stellte mir vor, ich hätte alles verloren: Arbeit, Besitz, Ruf, Familie, einfach alles, was mir etwas bedeutete, und ich säße in tiefster Düsternis. Dann zählte ich zusammen, was ich tatsächlich nicht verloren hatte: die ganze Liste von rückwärts, und im Nu war die alte Begeisterung wieder da. Probieren Sie es aus, es hilft!« Ich habe es ausprobiert – es hilft tatsächlich.

Was würde ein schöpferischer Mensch aus unserer Arbeit machen?

Ich kenne noch eine andere wirksame Methode, die mit Erfolg bei Arbeiten angewandt wird, für die wir nur wenig Begeisterung empfinden oder die uns vielleicht unangenehm und todlangweilig vorkommen.

Wir fragen uns, was ein anderer an unserer Stelle täte. Lassen wir unserer Vorstellungskraft freien Lauf, wie er unsere Arbeit wohl anpackte. Vielleicht denken wir dabei an einen in seinem Beruf besonders erfolgreichen Menschen. Versuchen wir, uns vorzustellen, wie er vorginge, wenn er plötzlich unsere Arbeit übernähme. Mit welchem neuen und schöpferischen Geist würde er sich hinter die Arbeit machen, die wir als eintönig empfinden? Dann notieren wir uns, was nach unserer Ansicht der andere täte, wenn er vor unserer Aufgabe stünde. Und an diese Richtlinien halten wir uns, wobei uns natürlich noch unsere Erfahrung und unsere Kenntnisse und Fähigkeiten, die unserem Vorbild allenfalls mangeln, zugute kommen. Es gibt immer wieder neue Wege, wie wir eine gewohnte, ja routinehafte Arbeit lebhafter machen können. Und das schenkt uns frische Kraft und Begeisterung für unsere Tätigkeit.

Der Verkaufsleiter eines Unternehmens des Lebensmittel-Großhandels erzählte mir einmal, was ein Mann dank der richtigen Einstellung aus einer als hoffnungslos bezeichneten Aufgabe machte. Das Unternehmen verkaufte seine Waren in vier Großstädten. Der Vertreter, der in Chicago arbeitete, erklärte immer wieder, in einer bestimmten Gegend dieser Stadt sei es unmöglich, etwas zu verkaufen. Er hatte diese fixe Idee von seinem Vorgänger übernommen, und sie war bei seiner ohnehin negativen Einstellung auf fruchtbaren Boden gefallen. Der Mann war daher felsenfest überzeugt, daß sich in dieser Gegend nichts verkaufen lasse. Er nahm sich daher gar nicht erst die Mühe, sie zu bearbeiten.

Nach einer gewissen Zeit wurde dieser Pessimist versetzt, und ein anderer Vertreter kam nach Chicago. Er war ein energischer Mann voller Tatendrang. Von den Vorurteilen seiner

Vorgänger wußte er nichts, und so besuchte er natürlich auch die Läden in jenem vernachlässigten Stadtteil. Er erzielte bedeutende Umsätze und sprach in seinen Tätigkeitsberichten begeistert von dem Neuland, das er entdeckt hatte und nun bearbeitete. Er konnte nicht verstehen, warum die früheren Vertreter diese Gegend vernachlässigt hatten.

Das mag uns allen eine Lehre sein. Wäre nicht denkbar, daß sich auch in unserem Tätigkeitsgebiet Neuland mit unausgeschöpften Möglichkeiten befindet? Wenn wir uns mit der nötigen Begeisterung auf die Suche nach solchen Möglichkeiten machen, dann werden wir sie auch finden, und das vermehrt umgekehrt wieder unsere Begeisterung.

Auch mein Beruf verlangt das. An der Marble Collegiate Church, wo ich seit fünfunddreißig Jahren Pfarrer bin, suchen wir ununterbrochen nach neuen Wegen, wie wir mit unserer Botschaft möglichst viele Menschen erreichen können.

Wesentlich ist nicht nur, daß wir das Rechte richtig tun, sondern daß wir es zur rechten Zeit tun. Und wer mit einer negativen Einstellung an eine Aufgabe geht, der verliert leicht das Empfinden für den richtigen Zeitpunkt. Wir wollen uns immer vor Augen halten, daß alles, was getan wird, auch wenn es noch so gut getan wird, dank schöpferischer Phantasie, Begeisterung und dem richtig gewählten Zeitpunkt noch besser getan werden kann.

Ständiges Suchen und die unausbleibliche Entdeckerfreude bringen Abwechslung und Leben in jede Arbeit. Keine Tätigkeit braucht eintönig und unersprießlich zu sein, wenn man sich die Mühe nimmt, die in ihr schlummernden Möglichkeiten aufzuspüren und zu entwickeln. Dies gilt für jede Tätigkeit, mag sie noch so unbedeutend erscheinen. Keine Arbeit ist belanglos, wenn wir uns mit Begeisterung daranmachen.

Der Dienstmann und die Begeisterung

Kürzlich erhielt ich einen Brief, in dem zu lesen stand: »Ich schrieb Ihnen vor einiger Zeit, daß ich meine Stelle, die ich siebzehn Jahre lang innehatte, verlor und daß ich als ungelernter

Arbeiter Schwierigkeiten habe, wieder Arbeit zu finden. Ich bewahrte, wie Sie mir empfahlen, mein Gottvertrauen und meine Zuversicht, und endlich fand ich Beschäftigung als Dienstmann. Monate vergingen, und immer wieder fragte ich in meinen Gebeten: ›Ist das nun der Überfluß, von dem Dr. Peale sprach? Herr, ich habe eine Tochter, die auf die Universität, und zwei Söhne, die auf das Gymnasium möchten. Kann ich das verantworten? Wie kann ich als Dienstmann denn für alles aufkommen, was sie brauchen werden!‹«

Sein Vertrauen geriet manchmal etwas ins Wanken, doch er hielt an dem Ziel, das er sich für seine Kinder gesteckt hatte, fest und beendigte jedes Gebet mit den Worten: »Ich weiß, daß alles gut werden wird.« Endlich, nach sechs Monaten bot sich ihm eine Stelle als Handlanger in einem Zentralheizungsgeschäft. Er nahm sie an, und sein Verdienst stieg auf 78 Dollar in der Woche. In seinen Gebeten sagte er nun: »Es geht schon etwas besser; wir kommen langsam voran.«

Nun begann er, regelmäßig die öffentlichen Bibliotheken zu besuchen und alles zu lesen, was es über Ölfeuerungen gab. Was er sich vorgenommen hatte, war nicht leicht, doch eines Tages meldete er sich für die Prüfung zur Erlangung der Lizenz an, die ein Monteur von Ölbrennern benötigt. Er bestand sie. Zwei Wochen später fragte ihn sein Chef, ob er den Hausmeisterposten in einem Schulhausneubau übernehmen wolle. Er bat Gott um Rat und Beistand.

»Mit Gott übernahm ich die Stelle«, fuhr er in seinem Brief fort. »Und so wußte ich, daß es keine Mühe bereiten konnte, in diesem Schulhaus nach dem Rechten zu sehen. Ich verdiene nun 145 Dollar in der Woche; meine Arbeit befriedigt mich.

Das ist aber nicht das Ende. Eines Tages werde ich mit Gottes Hilfe die Verantwortung für eine ganze Reihe von Häusern übernehmen und gut über sie wachen. Der eine meiner beiden Söhne erhielt ein Bankdarlehen, um aufs Gymnasium gehen zu können, der andere ein Stipendium von viertausend Dollar. Meine Tochter gewann einen Freiplatz zum Besuch der Universität. Es ist falsch, Dr. Peale, wenn Sie sagen, Gott gibt im Überfluß. Sie sollten sagen, Gott gibt mehr als im Überfluß.«

Hier ist ein bescheidener Mann ohne große Bildung, der sich abmühen muß. Aber er hat eine der bedeutendsten Wahrheiten erkannt, nämlich, daß ein gläubiger, zuversichtlicher Mensch, der bereit ist, zu arbeiten und sich weiterzubilden, erstaunliche Erfolge erzielen kann.

Die Begeisterung des Mannes, der mir diesen Brief schrieb, ist so grenzenlos wie sein Gottvertrauen. Darum liegt so viel Segen auf seinem Leben und dem seiner Familie. Und er straft jene Menschen Lügen, die für ihren Mißerfolg immer nur die Umstände verantwortlich machen.

Ich habe wiederholt gesehen, daß Menschen, die von etwas begeistert sind und die positiv denken, in jeder Lebenslage ihren Weg finden. Solange die Begeisterung anhält, erschließen sich ihnen immer wieder neue Wege und Möglichkeiten.

Begeisterung über ein Stück Kuchen

Eines Abends sprach ich in Indiana anläßlich des Jahresessens eines großen Verbandes. Neben mir saß dessen Präsident, ein außerordentlich interessanter Mann. Wir unterhielten uns angeregt über mancherlei, und seine lebhafte und liebenswürdige Art beeindruckte mich sehr. Hier war einmal ein Mann, der das Leben durch und durch zu lieben schien. Er erzählte mir, er betreibe das großartigste Geschäft der Welt. Das interessierte mich natürlich, und ich fragte ihn: »Und was ist das, das großartigste Geschäft der Welt?«

»Ich backe Kuchen«, sagte er lachend, »und es besteht eine enorme Nachfrage nach guten Kuchen, so wie ich sie mache.«

Ich fragte weiter und fand heraus, daß er früher Vertreter gewesen war. Obwohl er sich Mühe gab, war er nicht besonders erfolgreich. Da geschah eines Tages etwas, das ihm eine neue Laufbahn erschloß. Er aß ein Stück Kuchen.

Es war in einem einfachen Restaurant in einer Kleinstadt, in dem er zu Mittag aß. Noch nie zuvor hatte er so köstlichen Kuchen bekommen. In der folgenden Woche ging er nochmals hin; der Kuchen war wieder ausgezeichnet. Von nun an ging er jede Woche einmal hin, und immer war der Kuchen gleich hervorragend. Eines Tages jedoch war es aus damit, der Kuchen war wie überall – fade und ohne besonderen Geschmack. Er erkundigte sich beim Besitzer des Restaurants, was geschehen sei, und dieser erzählte ihm, die Frau, welche die Kuchen gebacken hatte, sei krank geworden und könne nicht mehr arbeiten.

Diese Mitteilung war ein Schlag für meinen Tischnachbarn. Nie mehr solch herrliche Kuchen! Das beschäftigte ihn auf dem Weg nach Hause unaufhörlich, und plötzlich dachte er daran, daß seine Frau ja eine ausgezeichnete Köchin sei und auch großartig backen könne. Allerdings hatte sie seit langem nie mehr selber gebacken.

Mein unternehmungslustiger Freund brachte seine Frau dazu, ein halbes Dutzend verschiedene Kuchen zu backen. Er versuchte einen – und der war hervorragend. Er packte alle in eine Schachtel, ging in ein nahegelegenes Restaurant und lud den Besitzer ein, sie zu kosten. Der kaufte alle sechs und bestellte gleich weitere. In den Konditoreien wurden Kuchen damals zu 39 Cents verkauft, doch mein Bekannter verlangte für die seinen 75 Cents, weil er fand, sie seien diesen Preis wert. Das schien dem Inhaber des Restaurants recht teuer, und es war ihm etwas bange, was seine Gäste wohl sagen würden. Die selbstgebackenen Kuchen aber waren vom ersten Tag an ein Erfolg, und nach kurzer Zeit faßten die Eheleute den mutigen Entschluß, sich ganz dem Kuchenbacken zu widmen. Das Geschäft entwickelte sich so schnell, daß sie bald Personal einstellen mußten. Und heute besitzen die beiden eine moderne Großbäckerei, die jeden Morgen überallhin unzählige Sorten frischer Kuchen liefert.

Der Mann strahlte. Mit Stolz und Freude in der Stimme erzählte er mir von der einmaligen Qualität seiner Kuchen, die sie aus allen übrigen hervorhebe. Er geriet ins Schwärmen, und da auch ich ein geborener Kuchenliebhaber bin, schwärmte ich mit ihm. Als ich am Abend in mein Hotel zurückkehrte, waren dort zwei Kuchen abgegeben worden; eine Apfeltorte und eine Kirschtorte, und beide waren so köstlich, wie ich sie mir vorgestellt hatte.

Hier haben wir einen Mann, der mit Begeisterung an eine Aufgabe geht und es dadurch zu Erfolg bringt. Von gemeinsamen Bekannten hörte ich, daß seine durch ein Stück Kuchen entfachte Begeisterung ihm auch in seiner Gemeinde zu hohem Ansehen verholfen hat und daß er dort sehr beliebt sei. Auch dieser Mann gibt uns ein Beispiel, was Begeisterung vermag.

Begeisterung schafft gute Tage

Echte religiöse Überzeugung kann eine Quelle der Begeisterung sein, die uns hilft, im nicht immer leichten Lebenskampf zu bestehen. Aber nicht alle sogenannt religiösen Menschen sind auch begeistert – weit entfernt sogar! Einige scheinen sogar eher zu glauben, Trübsinn und Pessimismus seien das Wahrzeichen der christlichen Lehre. Das ist eine Verdrehung der Botschaft Jesu Christi, der sagte: »Das habe ich euch gesagt, auf daß eure Freude in euch bleibe und ganz sei«, und der auch sagte: »Freut euch des Herrn und frohlockt!« Die christliche Lehre will die Menschen mit Freude und Begeisterung erfüllen, damit sie auf dieser Welt bestehen können.

Ich kenne einen Mann, der darauf vertraut und der es zu einem der erfolgreichsten Kaufleute im Außendienst in ganz Amerika gebracht hat. Manche der heute in der Industrie meistgebrauchten Güter hat er eingeführt und groß gemacht.

Er ist ein klar denkender, tatkräftiger Mann, der sein Wissen und seine Erfahrung auch der Öffentlichkeit zur Verfügung stellt. Er brachte es von bescheidenen Anfängen zu einer bedeutenden Stellung, und immer hat er ein offenes Ohr, wenn es darum geht, weniger glücklichen Mitmenschen zu helfen. Ich fragte ihn, was er von der Zukunft halte, und er war überzeugt, daß sie nicht anders als gut sein könne.

Er meinte: »Gott hat uns Macht und Gewalt gegeben über jeden Tag, und es liegt nur an uns, ob ein Tag gut oder schlecht wird. Wir haben es jeden Morgen in der Hand, wie der neue Tag werden soll. Ich für meinen Teil entscheide mich jeden Morgen dafür, daß es mit Gottes Hilfe ein guter Tag werden soll. Und darum sind meine Tage, wenn auch nicht immer leicht, doch immer gut.« Der Mann glaubte fest daran, daß wir aus jedem Tag einen guten Tag machen können. Er sagte mir weiter, er besitze ein narrensicheres Rezept für gute Tage. Und ich halte dafür, daß seine sechs Punkte tatsächlich jedermann helfen können, aus jedem Tag das Beste zu machen.

Sechs Punkte, wie man aus jedem Tag das Beste macht

1. *Erwarte einen guten Tag.* Von deiner inneren Bereitschaft hängt es ab, ob ein Tag gut wird. Zweifle nicht daran, und mache keine Vorbehalte. Dein Denken bestimmt dein Handeln und beeinflußt den Gang der Ereignisse. Erwarte daher einen guten Tag, und er wird gut werden.

2. *Danke für einen guten Tag.* Danke im voraus für den kommenden Tag. Wenn du für einen guten Tag dankst, wird er auch gut werden.

3. *Plane einen guten Tag.* Wisse, wie du den kommenden Tag nützen willst. Plane deine Arbeit, und arbeite nach deinem Plan.

4. *Lege Gutes in den Tag.* Wenn du schlechte Gedanken, eine schlechte Einstellung, schlechte Taten in einen Tag hineinlegst, dann muß er zwangsläufig schlecht werden. Legst du gute Gedanken, eine gute Einstellung, gute Taten in einen Tag hinein, dann wird er zwangsläufig gut werden.

5. *Bete für einen guten Tag.* Beginne jeden Tag mit der machtvollen Verheißung aus Psalm 118, 24: »Dies ist der Tag, den der Herr gemacht hat; laßt uns frohlocken und seiner uns freuen!« Beginne und beende jeden Tag mit einem Gebet; so ist es ein guter Tag, auch wenn er Unerfreuliches bringt.

6. *Begeistere dich für jeden neuen Tag.* Gib dem Tag alles, was du hast, und er wird dir alles geben, was er hat – und das ist viel. Begeisterung vermag aus jedem Tag einen guten Tag zu machen.

Der Mann, dem ich dieses Rezept verdanke, sagte mir noch lachend: »Ich habe einmal einen Ausspruch gehört, der, glaube ich, auch in diese Richtung geht: ›Wer von Begeisterung für seine Arbeit angefeuert ist, der wird nicht gefeuert.‹«

Das erinnerte mich an einen Geschäftsmann, der mir einmal sagte, er sei im Begriff, einen Angestellten aus seinem Betrieb zu feuern. Ich fragte ihn: »Warum feuern Sie ihn nicht hinein? Versuchen Sie doch, ihn dazu zu bringen, daß er sich für seine Arbeit begeistert.« Er versuchte es, und der betreffende Angestellte wurde einer seiner besten Mitarbeiter. Er wurde wohl gefeuert, aber nicht hinaus-, sondern angefeuert. Begeisterung brachte ihm neues Interesse an seiner Arbeit. Er wurde ein anderer Mensch: schöpferisch, erfolgreich, glücklich. Wer mit Begeisterung an seine Arbeit geht, der bringt es weit.

6

Begeisterung löst Nervosität und Spannungen

Wir saßen miteinander am Rednertisch und blickten auf die etwa fünfzehnhundert Menschen, die den großen Saal füllten. Der Mann neben mir, der die einleitenden Worte zu sprechen hatte, war der nervöseste Mensch, den ich je gesehen hatte. Ständig netzte er seine ausgetrockneten Lippen; seine Hände zitterten wie Espenlaub und fühlten sich an wie Eiszapfen.

»Sie scheinen etwas aufgeregt zu sein«, bemerkte ich zu ihm.

»Wenn Sie dieses Verhalten aufgeregt nennen, dann hätten Sie mich vor sechs Monaten sehen sollen«, antwortete er zu meiner Verblüffung.

»Ja, waren Sie vor sechs Monaten denn noch nervöser als heute?«

»Und wie! Wenn ich Sie nun einführe, werden Sie gleich selber sehen, welche Fortschritte ich gemacht habe.«

Er stand auf, seine Knie zitterten, und sagte mit unsicherer Stimme: »Liebe Freunde und Mitbürger! Heute abend möchte ich Ihnen einen Mann vorstellen, dem ich unendlich viel zu verdanken habe. Vor einiger Zeit, ich war vollständig überarbeitet und verkrampft, befand ich mich am Rande eines Nervenzusammenbruchs. Da sandte mir ein Freund ein Buch unseres heutigen Redners. Ich nahm es mit ins Bett, und, Sie mögen es nun glauben oder nicht, ehe ich drei Seiten gelesen hatte, verfiel ich in einen gesunden Schlaf.«

Diese Einleitung war wohlgemeint, doch die Zuhörer schüttelten sich vor Lachen, was natürlich nicht dazu beitrug, die Nervosität des Ansagers zu mindern. Später fragte er mich, ob er mit mir unter vier Augen reden könne. Als wir allein waren, sagte ich zu ihm: »Ich zweifle nicht daran, daß Sie Fortschritte gemacht haben, aber wir wollen uns doch klar sein, daß Sie mit Ihrer Nervosität noch nicht über dem Berg sind.« Ich erklärte ihm, daß es zweierlei Arten von Spannungen gibt: eine positive Art, die einen Menschen unmittelbar mit Schwung erfüllt, und eine negative Art, die einen Menschen zerbricht. Und Begeisterung verhilft uns zur positiven Art. Denn Begeisterung besitzt die Kraft, unser Denken zu ändern und uns aus dem Zustand der Ichbezogenheit und Überempfindlichkeit, in den uns die Spannungen treiben können, herauszureißen. Je weniger ichbezogen wir sind, um so schwächer ist die Wirkung der Spannungen auf uns.

Wenn die Begeisterungsfähigkeit nachläßt, wachsen die Spannungen. Dann wird es Zeit zu handeln. Immer wenn ich ein Nachlassen meiner Begeisterungsfähigkeit spüre, beobachte ich meinen Spannungszustand und versuche dann, sofern es möglich ist – und wäre es auch nur für kurze Zeit –, meinen Lebensrhythmus zu wechseln und in eine andere Umgebung zu kommen, die meine Spannungen mildert. Für gewöhnlich fahre ich auf meine Farm in Dutchess County.

Nach einem besonders anstrengenden Winter hatte ich einmal das Bedürfnis, weit weg zu gehen. Ich flog in die Schweiz und fuhr ins Engadin, jenes ruhige und friedliche Hochgebirgstal, das oft das Dach Europas genannt wird. Drei bedeutende Bergpässe, der Julier-, der Maloja- und der Berninapaß, sind die einzigen Zugänge zum Tal. Diese Abgeschiedenheit wirkt wohltuend. Sie löst die aufgestauten Spannungen, und das erleichtert nach der Rückkehr die Bewältigung der täglichen Arbeit. Zur Entspannung ist aber nicht immer eine weite Reise nötig; oft tut es ein nächtlicher Spaziergang die Straße entlang unter dem leuchtenden Sternenhimmel genausogut – und obendrein wesentlich billiger.

St. Moritz ist ein herrlich gelegener, ringsum von Bergen umgebener Ort auf etwa achtzehnhundert Meter Höhe. Die frische Luft ist prickelnd und belebend. Die berühmte Engadiner Sonne wärmt einen untertags, und kaum ist das unwahrscheinlich schöne Abendrot erloschen, funkeln strahlende Sterne über uns. Die Nächte sind kühl, und behaglich kuschelt man sich in die warmen Bettdecken und schläft zufrieden ein.

Das Palace Hotel, wo ich jeweils wohne, gehört meinem Freund Andrea Badrutt, einem der liebevollsten Gastgeber, die ich kenne. Die Sonne und die Wasser des Oberengadins haben schon an unzähligen überanstrengten Menschen Wunder vollbracht, und Andrea Badrutt sagt dazu: »Alle Spannungen lösen sich in der beruhigenden Atmosphäre dieses Tals, wo die Menschen seit uralten Zeiten Heilung finden.«

Die vielen Spannungen des modernen Lebens machen es nötig, daß man sich hin und wieder von der Welt zurückzieht, um nachher wieder um so tatkräftiger in der Welt leben zu können. Der Gouverneur eines amerikanischen Staates erzählte mir einmal, daß er sich jedes Jahr mit einigen ebenfalls vielbeschäftigten Männern in die Abgeschiedenheit begebe, wo in religiöser Atmosphäre achtundvierzig Stunden absolutes Stillschweigen geübt werde.

Ich mußte ihn deshalb fragen: »Wie kann ein Politiker zwei Tage ohne zu reden aushalten?«

»Das gehört eben mit zur Therapie«, gab er lachend zurück. »Diese Selbstbeherrschung ist äußerst wertvoll. Einerseits hilft sie, Spannungen rascher zu lösen, und andererseits findet man in der Stille wieder zu sich selbst, zu Gott und zu tieferen Einsichten.« Er zitierte Thomas Carlyles weisen Ausspruch: »In der Stille entstehen die großen Dinge.« Und ich dachte an Jesaja 30, 15: »In Umkehr und Ruhe liegt euer Heil; in Stillehalten und Vertrauen besteht eure Stärke.«

Dieser Text enthält übrigens eine interessante logische Folgerung. Stille führt zu Vertrauen, und Vertrauen gibt Kraft. Und Stille, Vertrauen und Kraft lassen uns begeisterter, zielbewußter und glücklicher werden.

Nun, im Engadin ließen meine Spannungen bald nach. Dunkle Wälder grüßen von den breiten Bergflanken, und der tiefblaue Himmel läßt das nahe Italien ahnen. Die Luft ist dünner als im Unterland und zusammen mit dem kräftigen Sonnenschein von heilender Wirkung, und auch die Mineral- und Moorbäder tragen zum Wohlbefinden bei.

Um Spannungen zu lösen, braucht es allerdings mehr als Sonne, Luft und Wasser. Das Wesentliche ist die richtige geistige Einstellung, die oft eng mit dem religiösen Empfinden verknüpft ist. In St. Moritz erzählte mir einmal ein reicher, nicht mehr ganz junger Playboy, er besitze nichts außer Zeit und Geld. Er litt unter einem ständigen Juckreiz und war schon beinahe in allen Bädern Europas zur Kur gewesen, aber nirgends hatte er Linderung gefunden. »Werde ich dieses elende Jucken denn nie loswerden?« fragte er mich bekümmert. Ich erzählte ihm von einer Frau, die jahrelang unter einem Juckreiz gelitten hatte. Ihr Arzt schickte sie zu mir, weil er der Ansicht war, daß das Leiden eine seelische Ursache hatte. Die Frau war außerordentlich nervös. Unser Gespräch deckte einen alten, bitteren Haß gegen ihre Schwester wegen ihres Vaters Testament auf. Und dieser Haß war ohne Zweifel, wie ihr Arzt richtig vermutet hatte, die wahre Ursache ihres körperlichen Leidens. Ich konnte ihr helfen, diesen Haß abzulegen, und im gleichen Maße, wie sich in der Folge ihre seelischen Spannungen verloren, verschwand ihr Juckreiz.

Auch in unserer hektischen Zeit brauchen wir nicht unter Nervosität und Spannungen zu leiden. Ein erprobtes Hilfsmittel ist unsere Begeisterungsfähigkeit.

Nervosität kann ganz oder teilweise medizinisch bedingt sein. Dann ist eine ärztliche Behandlung am Platz. Sie kann aber auch psychische Ursachen haben. In diesem Fall möchte ich empfehlen, dieses Kapitel zu Ende zu lesen.

Ein Geschäftsmann wird von seiner Nervosität geheilt

Einen bekannten Geschäftsmann konnte ich durch die Kraft der Begeisterung von seiner Nervosität befreien. Sie hatte ernsthafte Formen angenommen, und er bat mich verzweifelt um Hilfe. Ich konnte ihm helfen, weil er meine Vorschriften genau befolgte. Jedem Menschen kann geholfen werden, wenn er es wirklich will und wenn er bereit ist, die Ratschläge zu befolgen, die schon vielen in ähnlichen Fällen geholfen haben.

Joe, so war der Vorname des Mannes, begann meine Predigten zu besuchen in der Hoffnung, dies könne ihn von seiner Nervosität befreien. Bald vereinbarte er auch eine Unterredung mit mir. Er beschrieb mir seinen Zustand, und dabei zeigte sich als hervorstechendes Symptom die Unfähigkeit, sich zu entscheiden. Immer wenn er eine Entscheidung treffen sollte, brach ihm kalter Schweiß aus, und er fühlte sich einer Ohnmacht nahe. Dieser Zustand war ein sehr ernsthaftes Problem, denn in seinem Geschäft hatte er täglich wichtige Entscheidungen zu treffen.

Früher hatte ihn das überhaupt nicht berührt. Er war gewohnt gewesen, immer die richtige Entscheidung zu treffen, sonst hätte er es auch nicht zu seiner jetzigen Stellung gebracht. Die Ärzte gaben zu hohem Blutdruck, der von unbewußten Angstgefühlen herrührte, die Schuld an seinem Leiden. Sie verschrieben ihm Arzneimittel; und jedesmal, wenn er eine wichtige Entscheidung zu treffen hatte, nahm er eine Pille. »Aber«, klagte er, »ich kann doch nicht für den Rest meines Lebens jedesmal eine Pille nehmen, wenn ich eine Entscheidung treffen muß. Wenn ich nicht wirklich bald von diesen Spannungen erlöst werde, dann muß ich mich vom Geschäft zurückziehen, und dann hat mein Leben keinen Sinn mehr.«

Er schwieg einen Augenblick, um dann in beinahe rührender Weise zu sagen: »Ich glaube, Gott kann mir helfen. Ja, er kann mir helfen.«

»Wenn Sie das wirklich glauben, aufrichtig und unerschütterlich glauben, dann hat die Heilung bereits eingesetzt.« Ich wies auf die unermeßliche Kraft des Vertrauens hin, daß das Neue Testament voll ist von Zeugnissen der Heilung und wie wichtig bei jedem die Kraft schlichten Glaubens sei, zum Beispiel bei der kranken Frau, die ihre Hand schüchtern aus der Menge streckte und den Saum des Gewandes Jesu berührte. Sie sprach kein Wort; sie glaubte einfach, daß sie geheilt werde, wenn sie Sein Gewand berühre. Und so geschah es auch.

»Obwohl Sie ein einflußreicher Mann sind, Joe«, sagte ich zu ihm, »scheinen Sie sich die köstliche Gabe des kindlichen Vertrauens bewahrt zu haben. Und darum zweifle ich nicht daran, daß Sie von Ihren Spannungen geheilt werden. Denn in der Bibel steht: ›Wenn du Vertrauen hast, wie ein Senfkorn…, dann wird dir nichts unmöglich sein.‹«

»Ich habe Vertrauen«, rief er aus. »Ich habe wirklich Vertrauen. Was muß ich tun?«

»Überhaupt nichts, außer weiterhin unbeirrbar und zuversichtlich zu vertrauen. Danken Sie Gott für Seine heilende Gnade. Bitten Sie Ihn nicht darum, sondern danken Sie Ihm, daß Er Sie ihrer schon teilhaftig werden läßt. Bezeugen Sie durch Ihren Dank, daß Sie Seine Gnade empfangen haben. Und noch etwas. Streichen Sie jede Stelle, die Ihr Vertrauen stärkt, im Neuen Testament an, und lernen Sie so viele Texte auswendig, wie Sie können, damit Ihr Denken durch und durch von Vertrauen erfüllt wird. Widmen Sie dem jeden Tag fünfzehn Minuten, und es wird Wunder wirken. Wir wollen Ihr Vertrauen stärken, und Ihr Vertrauen wird Sie heilen, rascher und gründlicher als jede Tätigkeit.«

Die Heilkraft begeisterten Vertrauens

Der Mann begann sich zu entspannen, und mit der Entspannung kam auch die Begeisterung – so merklich, daß er mich zum Beispiel von Zeit zu Zeit anrief: »Das müssen Sie gehört haben! Ist das nicht großartig?« Und dann las er mir eine Bibelstelle vor, die von Vertrauen oder Heilung oder Versöhnung handelte. »Es tut mir leid, wenn ich Sie gestört habe, aber ich mußte Ihnen das einfach vorlesen. Ist es nicht wundervoll? Auf Wiedersehen!«

Männer vom Schlage Joes sind selten. Alles, was sie tun, tun sie ganz; und wenn sie glauben, dann glauben sie wahrhaftig.

Joe hatte sein ganzes Leben gewußt, was er wollte. Und wenn er nun entschlossen war, zu glauben und zu vertrauen, dann war er auch innerlich bereit dazu. Außerdem besaß er die Tugend der Bescheidenheit; er war überlegen genug, um trotz seiner geschäftlichen Erfolge einfach zu bleiben. Zielstrebigkeit und Bescheidenheit sind zwei wesentliche Bausteine zur positiven Entwicklung der Persönlichkeit.

Vielleicht dachte Jesus Christus an Menschen wie Joe, als Er sagte: »... und wer das Königreich Gottes nicht annimmt wie ein Kind, der wird nicht hineinkommen.« Sind wir einfach, bescheiden, aufrichtig, und besitzen wir den kindlichen Glauben, daß nichts zu schön ist, um wahr zu sein, dann können wir der größten Segnungen dieses Lebens teilhaftig werden. Joe jedenfalls entwickelte eine Begeisterung, die ihn von Grund auf veränderte.

Etwas anderes, was ich Joe beibrachte, war, sich der Allgegenwart Gottes bewußt zu werden. Es steht geschrieben: »Jesus Christus ist der gleiche, gestern und heute und ewiglich.« Darum dürfen wir gewiß sein, daß Er auch heute noch ähnliche Heilungen vollbringt wie zur Zeit Seines Erdenwandelns. Und wenn unser Empfinden für die Allgegenwart Gottes mächtig genug ist, dann werden wir von derselben Heilkraft umflutet wie die Menschen, von deren Genesung in der Heiligen Schrift die Rede ist.

Joes Spannungen lösten sich immer mehr, je stärker sein Glaube an die göttliche Heilkraft wurde. Je weiter seine Genesung fortschritt, um so mehr brach sich die Begeisterung Bahn. Und als Vertrauen und der Glaube an die Allgegenwart Gottes von ihm ganz Besitz ergriffen hatten, verschwanden seine Spannungen vollends und machten einer kraftvollen Begeisterung Platz. Joe wurde von neuer Lebenskraft beseelt, und sie hat bis heute nicht nachgelassen.

Ein Freund und Mitarbeiter, den Joe einweihte, bemerkte dazu: »Ich hätte diesen wunderbaren Wandel nie für möglich gehalten. Nur Gott konnte das vollbringen.«

Das stimmt. Nur Gott konnte das vollbringen. Und Gott vollbrachte es. Warum auch nicht; heißt es doch: »In ihm war das Leben, und das Leben ist das Licht der Menschen«, was bedeutet, daß wir wahrhaft leben, wenn Gott uns neue Lebenskraft schenkt. Tolstoi drückte es überzeugend aus: »Gott zu kennen heißt leben.«

Ich riet Joe, seinen neuerwachten Glauben und sein neugewonnenes Vertrauen im täglichen Gespräch mit Gott zu stärken. Ich empfahl ihm, sich jeden Morgen nach dem Erwachen

›mit Gott zu unterhalten‹, Ihm für den erholsamen Schlaf und für alles, was Er ihm schenkt, zu danken. Dann sollte er den neuen Tag in Gottes Hand legen, im unumstößlichen Vertrauen darauf, daß Gott ihn bei allem, was er tat, leitete. Sein Vertrauen sollte er in die Worte fassen: »Herr, ich habe heute wichtige Entscheidungen zu treffen. Da Du mich führst, kann ich nicht fehlgehen.« Ich wies ihn ferner an, jeden Morgen einen Spaziergang zu machen oder Gymnastik zu treiben und dabei für sich zu wiederholen: »Gott schenkt mir diesen Tag – ich will ihn freudig nutzen.«

In seinem Büro, ehe er mit der Arbeit begann, sollte er beten: »Herr, steh mir bei und hilf mir bei meiner Arbeit. Ich danke Dir dafür.« Ich erzählte ihm von einem Wort, das mein verstorbener Freund, der berühmte Schriftsteller Fulton Cursler, an seiner Tür angebracht hatte, so daß er es immer sah, wenn er das Haus verließ: »Herr, ich habe heute viel zu tun. Ich mag Dich vielleicht vergessen, aber vergiß Du mich bitte nicht.« Ich glaube nicht, daß Fulton Gott in Wirklichkeit je vergaß, und darum war er wohl auch einer der begeistertsten Menschen, die ich je kennenlernte. Ich hielt Joe an, auch im Laufe des Tages immer wieder kurz zu beten. Hatte er zum Beispiel ein wichtiges Telefongespräch zu führen, so sollte er beten: »Herr, führe mich bei diesem Gespräch. Ich danke Dir.« Auch wenn er einen wichtigen Brief zu diktieren hatte, sollte er Gott um seinen Beistand bitten. Solche ›Kurzgebete‹ lassen uns die Allgegenwart Gottes stärker bewußt werden; sie helfen uns, Gott nicht als ein unbestimmtes Wesen hoch oben im Himmel zu sehen, sondern als teilnehmenden Freund, der uns zur Seite steht und uns leitet und führt.

Vor dem Einschlafen, endlich, sollte Joe beten: »Herr, ich danke Dir, daß Du den ganzen Tag mich begleitet hast. Segne mich nun noch mit einem friedlichen Schlaf. Gute Nacht.«

Joe hielt sich gewissenhaft und vertrauensvoll an diese Richtlinien, und es fiel ihm zusehends leichter, Entscheidungen zu fällen, bis er eines Tages ganz aufgeregt zu mir kam: »Nun habe ich wieder gelernt, Entscheidungen zu treffen und nachher nicht mehr daran zu denken. Ich habe aufgehört, mich durch unnützes Herumstudieren an Dingen, die nicht mehr zu ändern sind, selber nervös zu machen.« Je mehr er sich der steten Gegenwart Gottes bewußt wurde, um so kraftvoller wurde seine Begeisterung und um so mehr lösten sich seine nervösen Spannungen, bis er schließlich völlig geheilt war. Begeisterung hatte einmal mehr ihre Heilkraft bewiesen.

Ich wußte, daß er völlig geheilt war, als er aus eigenem Antrieb zu beten begann: »Herr, was kann ich für Dich tun?« Das war wesentlich, denn die Heilung ist nie vollkommen, solange man nur an sich selber denkt. Seneca sagte: »Der Geist ist nur in Ordnung, wenn er mit sich selber in Einklang ist.« Und der Geist kann nicht in Einklang sein, wenn man immer nur an sich selber denkt. Im Gegenteil! Je egozentrischer ein Mensch ist, um so anfälliger ist er für Spannungen. Denn Nervosität hat ihre Ursache nicht so sehr in Überanstrengung, wie man so oft meint, als vielmehr in einer zu ausgeprägten Ichbezogenheit.

Wer sich vergißt, den vergißt die Nervosität

Ein Mann kam zu mir und beklagte sich, daß ihn seine Nervosität beinahe verrückt mache. Und tatsächlich grenzte sein Zustand an Hysterie. Er sagte, das aufreibende Leben in New York sei daran schuld und er sei unfähig, den Lärm, die dauernde Belastung und das ewige Hin und Her länger zu ertragen. Wenn er doch nur auf dem Land leben könnte, inmitten von Hügeln, Wiesen und plätschernden Bächen …

»John, ein Umzug aufs Land würde Ihnen rein gar nichts helfen«, zerstörte ich seinen schönen Traum von Ruhe und Frieden. »Dort wären Sie ebenso nervös. Ihr Problem ist nicht die Stadt, sondern Ihre falsche Einstellung.« Ich erzählte ihm von dem Mann, den ich einmal in New York auf der Straße getroffen hatte und der mir auf meine gewohnheitsmäßige Frage nach seiner Gesundheit einen langen Vortrag hielt, wie nervös er sei. Er beschrieb mit seiner Hand einen Kreis, wie wenn er ganz New York einschließen wollte, und sagte: »Sogar die Luft dieser Stadt ist mit Nervosität geladen.« Ich mußte ihm widersprechen: »Wenn Sie diese Luft in einem Laboratorium untersuchen ließen, dann fände sich darin gewiß sehr viel Schmutz, aber nicht ein Stäubchen Nervosität. Nicht in der Luft befinden sich die Spannungen, sondern im Geist der Menschen, welche die Luft einatmen.«

Nachdem ich ihm dieses Erlebnis erzählt hatte, ermunterte ich John zu einer begeisterten Einstellung, um so seiner Ichbezogenheit zu begegnen, welche die Ursache seiner nervösen Spannungen war. »Begeisterung«, schnaubte er verächtlich, »davon halte ich nicht das geringste!«

»Das ist ein Fehler. Jetzt wollen wir gemeinsam versuchen, ob Ihnen Begeisterung nicht doch etwas zu geben vermag.«

»Na schön«, stimmte er widerwillig zu, »Sie sind der Arzt. Aber wie?«

»Wenn ich schon der Arzt sein soll, dann verschreibe ich Ihnen ein Mittel, das Sie mit heilsamer Begeisterung erfüllen wird.«

Ich kannte den Mann gut. Ich kannte seine übermäßige Selbstsucht und seine übertriebene Sorge um sein persönliches Wohlergehen. Ich wußte auch, wie geizig er war und daß er für niemanden weder Geld noch Zeit übrig hatte. Dennoch hatte er manchen netten und liebenswerten Zug an sich.

Ich war mir klar, daß seine Nervosität wirklich krankhaft war und daß daran, neben dem hektischen Großstadtleben, hauptsächlich seine starke Ichbezogenheit die Schuld trug. Ihm zu helfen erforderte radikale Maßnahmen.

»John«, fragte ich ihn daher, »können Sie eine Stunde opfern, um etwas für mich zu tun?« Er war erst etwas überrascht, glaubte es dann aber einrichten zu können.

»Vielen Dank. Ich möchte, daß Sie zu Dick gehen, einem meiner Freunde, der eine Menge Sorgen hat. Sein Sohn geriet in schlechte Gesellschaft. Er lehnt sich gegen alles und jeden auf, angefangen bei seinem Vater bis zu den Behörden. Er geriet in Streit mit seinem Chef und nannte ihn einen vollgefressenen Kapitalisten, worauf er hinausgeworfen wurde. Seitdem geht es mit ihm immer mehr bergab. Er liegt seinem Vater auf der Tasche, dessen Geschäft nicht besonders gut geht.

Vor kurzem aber traf den Vater ein noch weit schwererer Schlag. Der Arzt hat ihm eröffnet, daß seine Frau unheilbar krank ist. Es besteht keinerlei Hoffnung mehr für sie. Ich habe dem Mann zugesprochen, so gut ich konnte, aber er ist völlig verzweifelt.«

»Der arme Kerl tut mir leid. Aber hat er denn kein Gottvertrauen? Das ist es, was er nötig braucht.« Diese Antwort hatte ich von John nicht erwartet. Im übrigen beteuerte er, daß er dem schwergeprüften Mann leider auch nicht helfen könne; er sei ja zu mir gekommen, weil er selber Hilfe brauche. »Was könnte ich diesem Mann denn sagen oder für ihn tun, um ihm zu helfen?« fragte er immerhin noch.

Ich gab ihm zur Antwort, daß sich diese Frage auch mir recht oft stellt; daß ich dann jeweils Gott in einem kurzen Gebet um seinen Beistand bitte und hierauf das sage oder tue, was mir als richtig erscheint. »Versuchen Sie es«, ermunterte ich ihn. »Besuchen Sie den Mann, und berichten Sie mir, wie es geht.«

Er verabschiedete sich zweifelnd und zögernd. Mehrere Tage hörte ich nichts von ihm, und ich dachte schon, er habe versagt. Doch dann rief er an und berichtete mir ganz aufgeregt: »Ich habe es geschafft; es ist mir gelungen, Dick wieder aufzurichten! Ich habe ihm gesagt, daß keine Schwierigkeit zu groß ist, als daß wir sie im Vertrauen auf Gott nicht meistern können. Ich betete sogar mit ihm. Es war das erste Mal, daß ich mit jemandem betete. Gestern abend lud ich ihn zum Nachtessen ein. Und sein Sohn – der ist gar nicht so übel; er ist lediglich etwas durcheinander. Ich glaube sogar, daß manche seiner Vorurteile gegenüber unserer Gesellschaft nicht ganz unbegründet sind. Nun, wie auch immer, er geht jedenfalls heute abend mit mir essen. Ich bestand aber darauf, daß er eine Jacke und ein sauberes Hemd anziehe. Und da gab er mir zur Antwort, er habe ohnehin genug davon, wie ein Stromer auszusehen. Er scheint geradezu froh zu sein, daß ihm nun einmal ein Freund geraten hat, er möge sich wieder ordentlich kleiden.«

»Ihre Aufgabe scheint Ihnen ja regelrecht Spaß zu machen, John. Und wie steht es mit Ihrer Nervosität?«

»Meine Nervosität? Na, ich bin sie natürlich noch nicht ganz los, aber neben Dicks Problemen kommt sie mir lächerlich vor. Auf bald!«

Wir sahen uns allerdings nicht so bald wieder. John war mit Dick und dessen Sohn so sehr beschäftigt, daß er keine Zeit hatte, an seine eigenen Probleme zu denken.

Einige Monate später hielt ich die Trauerfeier für Dicks Frau. John saß neben Dick und dem Sohn. Es war offensichtlich, daß er in dieser schweren Stunde der beiden Trauernden Stütze war.

John bat mich noch manches Mal um Rat; allerdings nie mehr wegen seiner Nervosität. Sein begeisterter Einsatz für andere Menschen hatte sie weggefegt. Vor kurzem ist er aus New York weggezogen, in eine Stadt im Mittleren Westen. Dort beschäftigen ihn ebenfalls Spannungen – Rassenspannungen. Mit all seiner Kraft und all seinen Mitteln setzt er sich für die Lösung dieses großen sozialen Problems ein, und die Begeisterung, mit der er dieser selbstgestellten Aufgabe nachgeht, hat ihn vollkommen von seinen persönlichen Spannungen befreit.

Die Ärzte weisen immer wieder auf die Gefährlichkeit seelischer Spannungen bei körperlichen Krankheiten hin. Alles was zur Verminderung solcher Spannungen beiträgt, beschleunigt die Genesung. Darum ist echte Begeisterung ein so bewährtes natürliches Heilmittel. Dr. Hans Seelye sagte vor Jahren schon, daß seelische Spannungen eine der Wurzeln aller Krankheiten sind. Und ein berühmter Herzspezialist zeigte mir Röntgenaufnahmen der Herzen dreier Patienten, die gemacht worden waren, als jeder von ihnen fünfundsechzig Jahre alt war.

Er machte mich auf gewisse Merkmale aufmerksam und sagte: »Vom medizinischen Standpunkt aus sollten sie eigentlich gestorben sein. Aber alle drei sind heute über siebzig Jahre alt und ohne nennenswerte Beschwerden.« Er führte es darauf zurück, daß es ihnen gelungen war, ihre seelischen Spannungen zu meistern. Sie waren ihre Beklemmungen losgeworden, und an ihrer Stelle hatte gesunde Lebensfreude Platz gegriffen.

Begeisterung ist die beste Medizin

Der berühmte Psychiater Dr. Paul Tournier entwickelt in seinem Buch ›Krankheit und Lebensprobleme‹ die These, daß falsch gerichtetes Denken auch auf den Körper verheerende Auswirkungen haben kann. Er sagt: »Die meisten Krankheiten treten nicht, wie man gemeinhin glaubt, unversehens auf. Der Grund wird im Laufe vieler Jahre gelegt. Falsche Ernährung, Unmäßigkeit, Überarbeitung und seelische Konflikte nagen an der Lebenskraft der Menschen. Und wenn die Krankheit dann eines Tages ausbricht, wäre es eine oberflächliche Therapie, wenn man sie behandelte, ohne ihren weit zurückliegenden Ursachen nachzugehen.« Dr. Tournier fährt fort, indem er einen Kollegen zitiert: »Der Mensch stirbt nicht, er tötet sich selbst.«

Ein Arzt aus der Provinz schickte einen Patienten in unsere Klinik an der Marble Collegiate Church und schrieb uns: »Seine ständigen, ungewöhnlich starken Depressionen peinigen diesen Mann zu Tode. Ich kann ihm nicht mehr helfen. Geben Sie ihm neuen Lebensmut, oder er wird sterben.« Glücklicherweise gelang es uns, in ihm das Feuer der Begeisterung zu entfachen. Er blieb am Leben und überwand seine Depressionen vollkommen. Dr. Tournier führt weiter aus: »Gott hat einen Plan für unser Leben, wie er einen Plan für die Welt hat. Und wie die Welt heute krank ist, weil sie den Gesetzen Gottes nicht gehorcht, so sind auch die Menschen krank, weil sie nicht nach dem Plan Gottes leben. Jeder Ungehorsam gegen den Plan Gottes in leiblicher, seelischer oder sittlicher Beziehung ist ein Lebensfehler und zieht Folgen nach sich.« Und viele Ärzte, die, wie er, nicht in erster Linie die Krankheit, sondern den Patienten behandeln, unterstützen – obwohl sie vielleicht nicht so religiös eingestellt sind wie Dr. Tournier – seine Ansicht in bezug auf den Einfluß von Haß, Boshaftigkeit, Mißmut und Niedergeschlagenheit auf unsere Gesundheit.

Ein Arzt zum Beispiel, der erklärt, nie zur Kirche zu gehen und nie irgendeinen religiösen Ausdruck zu gebrauchen, erzählte mir von einem Patienten, der buchstäblich an Neid gestorben sei. Er schilderte mir die näheren Umstände und schloß mit einem Wort, das ich von diesem Mann nie zu hören erwartet hatte: »Der Sünde Lohn ist der Tod.«

Falsch gerichtetes Denken muß nicht immer zu schweren Erkrankungen führen. Hingegen ist es eine unumstößliche Tatsache, daß alles, was unseren Geist belebt und erfrischt – wie es Hoffnung, Zuversicht und Begeisterung vermögen –, unsere Gesundheit und unser Wohlbefinden fördert. Und darum kann Begeisterung, wenn wir nervös sind, für Abhilfe sorgen, wie sie das immer wieder bei unzähligen Menschen tut.

Entspannungskugeln, Beruhigungssteine und Figurenkritzeleien

Die hektische Lebensweise unserer Zeit hat heute anscheinend die ganze Menschheit angesteckt. Ich habe verschiedentlich den Mittleren Osten bereist, eine Gegend, die vom materialistischen Denken der westlichen Kultur noch einigermaßen unberührt ist, aber auch dort habe ich eine sich immer mehr abzeichnende Neigung zu Nervosität festgestellt.

Fromme Moslems tragen gewöhnlich eine Kugelschnur mit sich, und ihre Finger gehen ruhelos von einer zur andern der dreißig Kugeln, von denen jede den Namen einer Gottheit verkörpert. Sie werden als ›Entspannungskugeln‹ gebraucht und dienen dazu, Spannungen und Beklemmungen zu lösen.

Man könnte leicht in Versuchung geraten, diesen Brauch als Aberglauben abzutun. Ich möchte daher von meinem Besuch in einem eleganten Laden in der Fifth Avenue berichten, wo mir der Inhaber sein riesiges Lager an Jade-Sachen zeigte. Unter anderem erweckte besonders ein flacher Jade-Stein meine Aufmerksamkeit. Er war etwa fünf Zentimeter breit, etwa sechs bis acht Zentimeter lang und besaß eine sanfte Einbuchtung in Form und Größe eines Daumens. Der Geschäftsmann nannte ihn ›Beruhigungsstein‹ und erzählte mir, daß er davon jährlich beachtliche Mengen an seine New Yorker Kunden verkaufe. Liebenswürdigerweise schenkte er mir einen zum Abschied.

Der Stein wurde in ein Etui aus feinem Leder gelegt, zusammen mit einem kleinen Prospekt, auf welchem stand: »Entspannen Sie sich! Nervosität und Spannungen verschwinden, sobald Ihre Finger langsam über die besänftigende Oberfläche des Beruhigungssteines gleiten. Er ist aus Jade, handgearbeitet und wie eigens für Sie gemacht; daher werden Sie ihn gern überallhin mitnehmen. Seit Jahrhunderten verdanken die Orientalen ihre Ruhe und Ausgeglichenheit dem Spiel ihrer Finger mit solchen Jade-Steinen. Sie sehen darin die Ursache für alles Gute, das ihnen widerfährt, und für alles Böse, vor dem sie behütet werden.«

Es scheint also, daß sich die aufgeklärten Amerikaner genauso wie die vermeintlich ›Abergläubischen‹ an die Hoffnung klammern, das Spielen mit einem Stück Jade besitze eine magisch-beruhigende Wirkung. Möglicherweise bremst tatsächlich ruheloses Herumfingern oder Herumkritzeln die Unruhe, wenn auch nur vorübergehend. Tausende von Figuren aller Art, die von nervösen Geschäftsleuten Tag für Tag auf Papier gekritzelt werden, scheinen es zu bestätigen. Es ist jedenfalls eindeutig, daß Entspannungskugeln, Beruhigungssteine und Kritzeleien Zeichen eines unbewußten Verlangens nach Entspannung sind. Aber die Nutzlosigkeit solchen Tuns ist offensichtlich, denn wirkliche Heilung kann nicht von einem aufgeregten Herumfingern kommen, sondern nur von der bewußt geförderten richtigen geistigen Einstellung. Nur sie schenkt uns wahre Seelenruhe.

Schluß mit den Spannungen!

Die Behandlung seelischer Probleme besteht heute gewöhnlich in einer Tiefenanalyse und in unterstützender psychiatrischer Hilfe. Beides ist sinnvoll und richtig. Tatsache ist aber auch, daß eine Menge Spannungen überwunden werden können, wenn ein Patient den festen Entschluß faßt, mit seinen Spannungen fertig zu werden. Natürlich ist das Erkennen der Ursachen notwendig, und dabei leisten psychiatrische Konsultationen eine große Hilfe. Aber einmal muß der Augenblick kommen, wo man sich dazu entschließt, an die Stelle einer unausgeglichenen Gemütsverfassung ein bewußtes Verhalten zu setzen. Nicht jeder hat vielleicht Kraft genug, sich dieser erzieherischen Maßnahme zu unterziehen; manche besitzen hingegen viel mehr Kraft, als sie wissen. Ungeachtet dessen, wie viele psychiatrische Beratungen jemandem zuteil werden, und ungeachtet der Beschaffenheit dieser Behandlung, wird immer ausschlaggebend sein, ob ein Patient von sich aus den festen Willen hat, den entscheidenden Schritt zu tun, der ihn von seinen ungesunden geistigen Vorstellungen befreit.

Vor einigen Jahren saß ich mit einigen Freunden im Dachrestaurant des Hotels Danieli in Venedig beim Abendessen. Es war eine milde Vollmondnacht, und über das silberglänzende Wasser der Kanäle tönten die Lieder der Gondolieri. Unsere Unterhaltung drehte sich um die Schönheit des Abends und um den wohltuenden Einfluß der Umgebung auf hart arbeitende Menschen, wie diejenigen unserer Tischrunde – ein Geschäftsmann aus New York, ein Filmproduzent aus Hollywood, ein internationaler Börsenmakler und ihre Gattinnen.

Der Filmproduzent brachte das Gespräch auf die heutigen Behandlungsmethoden für seelische Krankheiten und war der Ansicht, daß man mehr Gewicht auf das legen sollte, was er ›disziplinierte Entschlossenheit‹ nannte. Er bekräftigte seine Meinung durch ein Erlebnis seines Vaters: »Mein Vater«, begann er, »war der disziplinierteste Mensch, den ich kenne. Er hatte jede seiner seelischen Regungen unter absoluter Kontrolle. Und dennoch war er, wie man nach dieser Beschreibung vielleicht glauben könnte, kein kalter Mensch. Im Gegenteil, er war warmherzig, begeisterungsfähig und ein Mann voll tiefen Empfindens. Aber die Kontrolle über seine seelischen Regungen schrieb er groß.

Das war allerdings nicht immer so gewesen. Lange Zeit war sein Temperament wild und zügellos. Er konnte in grenzenlose Wut geraten und plötzlich in tiefste Niedergeschlagenheit versinken. In meiner Jugend wurde ich oft Zeuge seines heftigen und undisziplinierten Benehmens. Aber mit etwa vierzig Jahren wurde er unvermutet Herr über sich selber. Er änderte sich vollkommen, und nie mehr sah ich ihn in Wut geraten oder in Niedergeschlagenheit verfallen. Von nun an hatte er sich ständig in der Hand, und er wurde ein begeisterter und glücklicher Mensch. Er war seelisch vollkommen ausgeglichen.

Jahre später«, fuhr der Mann aus Hollywood fort, »fragte ich meinen Vater, was die Ursache dieser überraschenden und vollständigen Änderung gewesen sei. Seine Antwort war aufschlußreich: ›Mein Junge, ich hatte einfach genug davon, so zu sein, wie ich war. Und da ich an Gott und an die Kraft des Gebetes glaube, betete ich zu Gott und sagte Ihm, daß ich es satt habe, und bat Ihn, mich zu ändern. Ich glaubte daran, daß Gott das für mich tun würde, und Er tat es. Mein Gebet wurde erhört; das ist alles. Ich bat Gott, mich zu ändern, und Er tat es.‹ Mein Vater hatte offenbar nie daran gezweifelt, daß sein Gebet erhört würde.

Ich fragte ihn, ob er nun nie mehr in Versuchung gerate, zornig zu werden, und er gab mir zur Antwort: ›Wenn ich je Anlaß dazu habe, rette ich mich in die Ruhe anstatt wie früher in einen Wutausbruch.‹

Mein Vater sagte immer, daß ihn Gott, Zuversicht, Entschlossenheit und Begeisterung vor dem Zusammenbruch bewahrten. Vielleicht ist das auf einen etwas zu einfachen Nenner gebracht, aber sinngemäß ist es gewiß richtig.«

Wann immer ich seither Menschen begegne, die steif und fest behaupten, es sei ihnen einfach nicht möglich, ihre Spannungen zu überwinden, muß ich an jene Unterhaltung in Venedig zurückdenken. Warum wissen so viele Menschen nicht, was der ernsthafte Wille zur Selbsterziehung vermag? Die Geschichte von einem Geschäftsmann, der einen Nervenzusammenbruch erlitt, entbehrt nicht einer gewissen Komik. Er überließ die Leitung seines Geschäftes einem Stab jüngerer Mitarbeiter und begab sich an einen berühmten Kurort zur Behandlung. Der Mann glaubte, Arbeitsüberlastung sei die Ursache seines Nervenzusammenbruchs gewesen; vielleicht wäre es aber richtiger gewesen, zu sagen, er habe ihn sich herbeigewünscht. Nun, er war sehr reich und konnte sich einen Nervenzusammenbruch leisten.

Während er zur Kur weilte, gerieten seine Mitarbeiter in Schwierigkeiten, und sie baten ihn dringend, zurückzukehren. Er nahm sich aller Probleme, die sich angesammelt hatten, mit großem Interesse an, und die Folge war, daß er sich bald bedeutend besser fühlte. Da er wußte, daß seine Anwesenheit im Geschäft nur vorübergehend war, fühlte er sich auch nicht so sehr unter Druck wie früher. Ja, er empfand diese sechs Monate, die er brauchte, um alles wieder in Ordnung zu bringen, im Grunde genommen als eine großartige Zeit. Dann, als es für ihn nichts mehr zu tun gab, sagte er: »Meine Anwesenheit hier ist nicht mehr nötig. Ich fahre jetzt in die Klinik zurück, um meinen Nervenzusammenbruch zu kurieren.«

Diese Geschichte erinnert mich an die arme Frau, die ständig mit Schwierigkeiten zu kämpfen hatte und dabei doch immer ruhig und gelassen blieb. Nach dem Geheimnis ihres unerschütterlichen Gleichmuts gefragt, antwortete sie: »Nun, ich nehme jede Schwierigkeit, wie sie kommt; und wenn zwei miteinander kommen, dann kümmere ich mich eben um beide. Ich muß ja, es bleibt mir gar nichts anderes übrig. Wenn ich eine reiche Frau wäre, ja, dann würde ich mir natürlich einen Nervenzusammenbruch leisten.«

Ich will Spannungszustände nicht bagatellisieren; ich kenne ihre Gefahren sehr wohl. Und ebensowenig will ich Begeisterung lediglich als eine belebende Kraft darstellen. Denn in ihrer tieferen Bedeutung ist Begeisterung eine gelassene und sachliche Geisteshaltung, die Selbstkontrolle bedingt.

Ich kannte einen Mann, der auch im größten Gehetze seine Ruhe bewahrte. Obwohl er ungewöhnlich begeisterungsfähig und lebhaft war, hatte er sich ständig unter Kontrolle. Früher einmal war er sehr nervös gewesen, aber er hatte die nötige Geduld aufgebracht, seine Nervosität zu bekämpfen. Und Geduld ist dazu erforderlich! Dieser Mann stützte sich auf folgende vier Punkte:

1. Begeisterung
2. Dankbarkeit
3. Gelassenheit
4. Gleichmut

Er sagte dazu: »Ich lebe begeistert. Ich bin dankbar für alles, was ich empfangen darf. Ich bin Mißerfolgen gegenüber gelassen, und ich verhalte mich gegenüber allem, was kommt, gleichmütig.« Diese vier Punkte haben bestimmt etwas für sich. Sie haben diesem Mann geholfen, mögen sie auch andern helfen!

Ein Wort zum Schluß

Ich will mit diesem Kapitel nicht sagen, daß Spannungen ganz und gar unerwünscht seien. Als Triebkraft sind sie sogar absolut sinnvoll. Spannungen sind manchmal auch nötig, um unsere schöpferischen Kräfte zu aktivieren, was zur Erzielung überdurchschnittlicher Leistungen von Zeit zu Zeit erforderlich ist. Wie vergleichsweise Stahl ohne Spannungen von minderer Qualität ist, so ist auch ein Mensch ohne Spannungen lahm und kraftlos. Worauf es ankommt, ist, daß wir es verstehen, Spannungen für uns statt gegen uns wirken zu lassen.

Aber auch ohne Spannungen kann man von verhaltener Kraft erfüllt sein. Und verhaltene Kraft ist eines der Geheimnisse eines erfolgreichen Lebens. Einer, der sich darin übte, ist John M. Fox, der Präsident der United Fruit Company. Vor Jahren hörte ich John Fox, der als erster gefrorenen Orangensaft auf den Markt brachte, über seinen Kampf mit seinen Spannungen reden. In einem Vortrag im New Yorker Rotary Club erzählte er, wie seine Begeisterung sein Leben verändert hatte, obwohl er, wie so manche andere auch, zuerst mit seinen Spannungen fertig werden mußte, um zu einer begeisterten Lebenseinstellung zu gelangen.

Unter anderem sagte er: »Ich möchte von einem Erlebnis erzählen, das ich kurz nach der Gründung unserer Gesellschaft hatte. Es war im Winter 1947. Unsere Schwierigkeiten schienen damals unüberwindbar; nirgends schien sich ein Weg aufzutun. Unser Betriebskapital war nahezu aufgebraucht. Aufträge gingen nicht ein, die gesamte Gefrierprodukte-Industrie befand sich am Rande des Ruins.

Zu dem Zeitpunkt fand in Atlantic City die Jahresversammlung der Konserven-Fabrikanten statt, und ich beschloß, daran teilzunehmen. Das war ein Fehler. Denn meine düstere Stimmung war nur ein Abklatsch des Trübsinns, den ich von den Gesichtern der übrigen Teilnehmer ablas. Es heißt, Not liebe Gesellschaft – dort fand sie sie im Übermaß.

Ich war regelrecht krank vor Sorge. Ich machte mir Sorgen um unser Aktienkapital, das von vertrauensvollen Leuten einbezahlt worden war. Ich machte mir Sorgen um unsere Angestellten, die wir überredet hatten, ihre sicheren, gut bezahlten Stellungen aufzugeben und zu uns zu kommen. Ich fand keinen Schlaf mehr und machte mir auch deswegen Sorgen.

Glücklicherweise wohnten meine Eltern in Atlantic City, so daß ich bei ihnen wohnen und die Kosten für ein Hotel sparen konnte. Eines Tages fragte mich mein Vater, ob ich ihn zum Mittagessen des Rotary Club begleiten wolle. Ich hatte zwar keine große Lust dazu, aber ich spürte, daß ich ihn verletzte, wenn ich seine Einladung nicht annahm.

Meine Unlust wuchs noch, als ich erfuhr, daß ein Pfarrer reden sollte. Mir war nicht danach zumute, eine Predigt anzuhören. Der Pfarrer war Dr. Norman Vincent Peale. Als Thema kündigte er an: ›Nervosität – die Krankheit, welche die amerikanischen Geschäftsleute aufzehrt‹.

Vom ersten Wort an war mir, als ob er nur zu mir spreche. Ich wußte, daß ich von allen Zuhörern derjenige war, der am stärksten unter nervösen Spannungen litt. Es war ein großartiger Vortrag; Dr. Peale hielt ihn übrigens in unzähligen Städten unseres Landes. Ich möchte gern sein Rezept zur Entspannung und zur Überwindung von Sorgen wiedergeben:

1. *Entspanne deinen Körper!* Lege dich auf das Bett, oder mach es dir in einem Sessel bequem. Konzentriere dich systematisch und bewußt darauf, jeden Teil deines Körpers zu entspannen. Beginne bei der Kopfhaut, dann entspanne das Gesicht, den Hals, die Schultern und so weiter, bis der ganze Körper völlig entspannt ist.

2. *Entspanne deinen Geist!* Rufe dir etwas Erfreuliches in Erinnerung – schöne Ferientage, eine schöne Reise, ein Erlebnis, ein gutes Buch, irgend etwas, das deinem Geist angenehm ist.

3. *Entspanne deine Seele!* Das fällt dir vielleicht etwas schwerer. Doch es wird dir gelingen, wenn du dein Gottvertrauen erneuerst. Mit Gott gehst du immer richtig. Er steht dir in deinen Ängsten und Sorgen bei. Mit Seiner Hilfe erreichst du, was dir allein nicht gelingt.

Bete jeden Abend, und bitte Gott um einen ruhigen und erholsamen Schlaf – du wirst des Morgens neu gestärkt erwachen!‹

Es war mir klar, daß Dr. Peale recht hatte. Am Abend nach seinem Vortrag befolgte ich seinen Rat, und am nächsten Morgen erwachte ich gestärkt und mit der Gewißheit, daß wir unsere Schwierigkeiten überwinden würden – und wir überwanden sie.«

Das ist das Zeugnis eines erfolgreichen Geschäftsmannes, der meine Anregungen erprobte und ihre positive Wirkung bestätigt fand.

7
Begeisterung wirkt Wunder

Zehn Wörter vermögen jedes Leben von Grund auf zu verändern. Hier sind sie: *Jedes Problem trägt den Keim zu seiner Lösung in sich.*

Dieser Grundsatz, ein Meisterstück an wahrhafter Einsicht, stammt von Stanley Arnold, den die vielen Wirtschaftsführer, die seine Dienste schon beanspruchten, als einen der fähigsten Betriebsberater ganz Amerikas bezeichnen.

Stanley Arnold hat seine Organisation für Betriebsberatung zu einem Millionen-Unternehmen entwickelt. Wo andere nichts sehen als Schwierigkeiten und Mißerfolge, erkennt er verblüffende neue Möglichkeiten. Er entdeckte und baut auf die von so manchen übersehene Tatsache, daß jedes Problem etwas Gutes in sich birgt. Aber seine eigene, schon fast klassisch gewordene Formulierung drückte es weit besser aus: Jedes Problem trägt den Keim zu seiner Lösung in sich.

Stanley Arnold hat sein ganzes Leben dem Lösen von Problemen und Schwierigkeiten – eigenen und fremden – gewidmet. Seine Arbeit besteht aus Nachdenken und Überlegen. Und das lernte er schon früh in seinem Leben. In einem Buch über ihn las ich kürzlich folgendes:

»Der dreizehnjährige Stanley Arnold lehnte sich gegen einen Baum im Hinterhof und brütete über die Tatsache, daß er wohl der schlechteste sämtlicher Schüler von ganz Cleveland im Weitsprung war. ›Wenn ich schon im üblichen Vorwärts-Weitsprung schlecht bin‹, sann er, ›könnte ich vielleicht lernen, ohne Anlauf rückwärts zu springen?‹ Stanley richtete sich auf, versuchte es und fiel prompt hin. Er versuchte es noch einmal, und diesmal strauchelte er nicht. Verbissen übte er weiter, und bald gelang ihm jedes Mal ein sauberer Weitsprung rückwärts.

Als er dem Turnlehrer davon erzählte und ihm den Vorschlag machte, man könnte unter der Klasse doch einmal einen Wettkampf im Rückwärtsspringen veranstalten, blickte der auf seinen spindeldürren Schüler und sagte: ›Das wäre vielleicht ganz lustig.‹ In der nächsten Turnstunde kündigte er an: ›Heute messen wir uns zur Abwechslung einmal im Weitsprung rückwärts.‹

Einer nach dem andern machten sich alle die guten Turner der Klasse bereit, sprangen rückwärts und landeten nach einem lächerlich kurzen Sprung längelang im Gras. Als Stanley an die Reihe kam, beugten sich seine Kameraden belustigt vor. Sie freuten sich schon auf seine übliche tölpelhafte Vorstellung. Stanley kauerte nieder, schnellte wie eine plötzlich losgelassene Feder rückwärts und landete sauber auf den Füßen. Den Mitschülern blieb einen Moment die Sprache weg, doch dann klopften sie Stanley begeistert auf die Schulter; seine Leistung war das Tagesgespräch der ganzen Schule.«

Seither vollführte Stanley Arnold manche Sprünge, die ihn noch viel weiter brachten, und sie riefen bei seinen Klienten dieselbe Begeisterung hervor wie seinerzeit seine Weitsprünge rückwärts bei seinen Schulkameraden.

Wenn wir uns unbeirrbar an Stanley Arnolds Grundsatz halten, wonach jedes Problem den Keim zu seiner Lösung in sich trägt, werden wir erleben, welche Wunder er wirken kann.

Begeisterung meistert jedes Problem

Begeisterung ist mehr als eine zufällige optimistische Lebenseinstellung. Sie ist eine feste und unerschütterliche geistige Haltung, die nicht leicht zu erreichen und manchmal auch nicht leicht aufrechtzuerhalten ist, die aber unendlich machtvoll sein kann.

Enthusiasmus, das sinnverwandte Wort für Begeisterung, stammt vom altgriechischen Wort ›entheos‹ ab, und das bedeutet ›Gott in uns‹ oder ›erfüllt von Gott‹. Unsere berechtigte Erwartung, daß Begeisterung Wunder vollbringen könne, ist also nichts anderes als die Erwartung, Gott möge uns die Klugheit, den Mut und die Zuversicht geben, die nötig sind, um unseren Schwierigkeiten erfolgreich zu begegnen. An uns liegt es dann, herauszufinden, wie wir unsere Tatkraft, unsere Begeisterung und unser Denken bei der Lösung unserer Probleme einsetzen müssen.

Ich hatte mit verschiedenen Fällen zu tun, die sich im Grunde genommen alle recht ähnlich waren. Einer davon war der jener Frau aus San Francisco, die mich anrief, als ich mich auf einer Vortragsreise in ihrer Heimatstadt befand. Sie war völlig niedergeschlagen, weil ihr Mann sie wegen eines dreiundzwanzigjährigen Mädchens verlassen hatte; er hatte ihr gesagt, er sei restlos vernarrt in dieses Mädchen. Als ich mit der Sache zu tun bekam, machte es ganz den Anschein, als ob das Mädchen genau wüßte, wie es den Mann, an dessen Geld es offenbar auch nicht uninteressiert war, nehmen mußte. Sie führte einen kleinen Laden für exklusive Kosmetikprodukte; das Geschäft schien nicht besonders gut zu gehen. Sie hatte den Mann um Rat gefragt, und die Rolle des väterlichen Beraters erhielt bald einen romantischen ›touch‹. Der Mann erklärte seiner Frau, daß er, obwohl er sie immer noch liebe, nicht anders könne, als dem Ruf seines Herzens zu folgen. Und die Frau hatte ihn, wie eine nachsichtige Mutter, ziehen lassen, wobei sie ihm noch unter Tränen versicherte, daß sie geduldig auf ihn warten werde. »Aber was soll ich tun?« fragte sie mich bittend. »Ich will mich nicht aufopfern; ich leide zu sehr darunter.«

Trotz ihrem reichlich naiven Verhalten wurde ich gewahr, daß ich es mit einer intelligenten und selbstbewußten Frau zu tun hatte, die, obwohl sie sich Mühe gab, ›modern‹ zu sein, zutiefst erschüttert war. »Nun«, versuchte ich sie zu trösten, »wir wollen mit schöpferischer Begeisterung an das Problem herangehen.«

»Begeisterung!« rief sie höhnisch aus, »was in aller Welt soll da Begeisterung nützen?«

»Begeisterung legt enorme Kräfte frei, die für Sie wirken und Ihre zerrüttete Ehe wieder in Ordnung bringen können!«

Ich beschrieb die eigentümliche Frau/Mutter/Liebhaber-Beziehung, die manchmal zwischen einem Ehemann und seiner

Frau besteht, wie ein Mann seine Frau tatsächlich lieben und sich trotzdem in eine andere vernarren kann. Daß er ihr seinen Zustand so offen geschildert hatte, zeugte davon, daß er in ihr weniger die Frau sah als vielmehr eine Mutter, die ihn alles nehmen ließ, wonach er verlangte. Und wenn er genug davon hatte, kam er wieder heim zu seiner ›Mutter‹, die er ja immer noch liebte. ›Heim‹ bedeutete für ihn verständnisvolle Zuneigung, und dazu gehörte seinem Empfinden nach auch nachsichtiges Verzeihen. So verlor er seinen Seelenfrieden nicht und brauchte auch keine Schuldgefühle zu haben. Diese Einstellung ließ allerdings außer acht, daß seine ›Mutter‹-Frau trotz allem Verständnis in erster Linie eben doch eine Frau war, die einen Mann wollte und nicht ein verwöhntes Kind. Und daß er ihre echte Liebe um einer physischen Verblendung willen verraten hatte, war eine schwere Verletzung ihres weiblichen Stolzes.

»Wir wollen vor allem versuchen, die Situation zu verstehen«, sagte ich zu ihr. »Männer im Alter Ihres Mannes verlieben sich ziemlich oft in jüngere Frauen. Das hängt mit ihrer Furcht vor dem Altwerden zusammen. Vielleicht sind Sie sich aber auch über die physischen Faktoren in der Beziehung zwischen Ihnen und Ihrem Mann zu wenig im klaren.«

Ich empfahl der Frau, ihr Verhalten zu ändern. Ihr Mann war ihrer zu sicher. Diese Sicherheit durfte ruhig etwas ins Wanken geraten. »Versetzen Sie ihn in Bestürzung«, riet ich ihr. »Gehen Sie irgendwohin, wo er Sie nicht finden kann. Wenn seine verständnisvolle ›Mutter‹, die bis jetzt immer für ihn da war, plötzlich nicht mehr da ist, gehen ihm vielleicht die Augen auf. Hören Sie auf, die sanfte, verstehende und vergebende Frau zu sein, die ergeben auf die Rückkehr ihres Mannes wartet. Verlassen Sie ihn; er soll Sie suchen.«

Sie fand diesen Vorschlag abscheulich, aber schließlich stimmte sie doch zu. Sie sagte, sie werde nach Japan gehen. »Allerhand«, gab ich überrascht zurück. »Japan ist nicht schlecht. Die große Distanz kann nur ein weiterer Vorteil sein; sie eröffnet vielleicht ganz neue Perspektiven. Überdies ist Japan bestimmt der letzte Ort, wo er Sie suchen wird, nicht wahr?«

»Vielleicht«, antwortete sie verschmitzt. »Wir haben zwar immer gesagt, daß wir, wenn unsere Liebe einmal nachlassen sollte, zur Zeit der Kirschblüte nach Japan zurückkehren würden. Wissen Sie, dort haben wir uns kennengelernt. Unsere Eltern waren Missionare in Japan.«

»Kluges Mädchen«, dachte ich für mich. Ich machte sie darauf aufmerksam, daß mein Vorschlag nicht völlig gefahrlos sei, aber irgendwie hatte ich das Gefühl, daß er seine Wirkung haben werde. Dann sagte ich zu ihr: »Gehen Sie nach Japan, und richten Sie sich dort für einen längeren Aufenthalt ein. Es mag immerhin eine gewisse Zeit dauern, bis der Junge Verlangen nach seiner ›Mutter‹ bekommt.«

Ich legte ihr auch nahe, inzwischen darüber nachzudenken, wieweit sie an den fehlgeleiteten romantischen Neigungen ihres Mannes vielleicht selber schuld war. War sie dem eigentlich biologischen Grund jeder Ehe gegenüber gleichgültig geworden? Bedeutete ihr die Kunst der Liebe nichts mehr? Fand sie für zwei in mittleren Jahren stehende Menschen den Gedanken an Sex lächerlich? Glaubte sie, ihre Beziehungen sollten sich auf der Ebene bloßer Kameradschaft abwickeln? Hatte sie ihren Mann durch irgend etwas außer Haus getrieben?

Sie gab zu, daß es nicht das erste Mal war, daß er vom rechten Weg abgekommen war. »Aber auch wenn er solche Dinge tut, kann er mich doch nicht einfach im Stiche lassen«, fügte sie bestürzt hinzu.

»Und wenn er jeweils zu Ihnen zurückkam, haben Sie ihm dann etwas erzählt?« fragte ich sie.

»Und ob! Ich habe ihm ordentlich den Kopf zurechtgesetzt.«

»Und geschlechtlich«, fragte ich sie weiter, »war er dann nahezu, wenn nicht überhaupt völlig impotent, nicht wahr?«

»Das stimmt. Aber wieso wissen Sie das?«

»Nun, das ist einfach. Tief in seinem Unterbewußtsein handelte es sich für ihn doch um eine Beziehung zu einer ihn scheltenden, ihn strafenden Muttergestalt.«

»Sie können von mir doch nicht erwarten, daß ich vor Liebenswürdigkeit hätte überfließen sollen, wenn ich genau wußte, daß er von einem anderen Mädchen kam.«

»Durchaus nicht. Aber nützen Sie doch, um Himmels willen, was Gott Ihnen gab: Ihre Weiblichkeit! Sie können so reizvoll und anziehend sein wie nur irgendeine Frau. Machen Sie sich hübsch. Gehen Sie zum besten Friseur in der Stadt. Staffieren Sie sich mit den elegantesten Kleidern aus, und lassen Sie die Rechnung an ihn schicken.«

Wie ein Mann zur Vernunft kommt

»Denken Sie doch, was Sie alles auf Ihrer Seite haben«, fuhr ich fort: »Jugendliebe, Familienbande, ehrbare Heirat und Vertrauen auf Gott. Vergleichen Sie das mit dem, was auf der Seite jener Mädchen steht: heimlicher Umgang, Sorge vor Krankheit, Furcht vor Schmach und Schande. Was zählt wohl mehr?

Machen Sie diese Reise. Gehen Sie in sich, und geben Sie sich Mühe, sich, wo es nötig ist, zu ändern. Versuchen Sie, wieder so zu werden wie damals, als er sich zum ersten Mal in Sie verliebte. Sie haben doch alles, was es braucht, um dieses Mädchen auszustechen. Ich bin überzeugt, daß er bald wieder zu seiner ›Mutter‹ gelaufen kommt. Doch diesmal soll er nicht eine ›Mutter‹ vorfinden, die er gar nicht braucht, sondern eine anziehende Frau, die er begehrt. Geben Sie Ihrem gemeinsamen Leben einen neuen Sinn. Gehen Sie mit Begeisterung daran, und es kann nicht schiefgehen!«

Sie fuhr nach Japan, und die Monate vergingen. Es war Frühling, als mich ein Mann aus San Francisco anrief: »Dr. Peale, wissen Sie, wo meine Frau ist? Ich muß sie finden. Ich wollte sie suchen lassen, aber sie hinterließ eine Notiz, daß alles in Ordnung sei, daß sie jedoch für immer weggehe. Jemand sagte mir, sie habe mit Ihnen gesprochen. Haben Sie eine Ahnung, wo sie sein kann?«

»Wie geht es Ihrem süßen jungen Ding?«

»Ach, ich habe so genug von ihr, daß ich ihr gesagt habe, sie soll zur Hölle gehen.«

»Das übliche Ende! Aber fühlen nicht vielmehr Sie sich wie in der Hölle?«

»Und wie!« antwortete er zerknirscht.

»Wollen Sie eigentlich eine Frau, oder wollen Sie eine Mutter?« fragte ich weiter.

»Ich will meine Frau«, schluchzte er.

»Dann ist es in Ordnung. Kirschblüte ist das Stichwort.«

»Kirschblüte?« wiederholte er verwirrt. »Ach so, Kirschblüte! Ich glaube, ich habe begriffen.«

»Ich habe Ihrer Frau geraten, im Steingarten von Kyoto darüber nachzudenken, wie sie eine bessere Ehefrau werden könne.«

»Auf Wiedersehen!« schrie er ins Telefon. »Und vielen Dank!«

Er findet eine neue Frau

Lange Zeit danach erhielt ich wieder einen Anruf aus San Francisco. »Viel verstehen Sie gerade nicht von Frauen«, sagte der Mann am anderen Ende des Drahtes. »Ich fand sie keineswegs in Gedanken versunken im Steingarten von Kyoto. Wissen Sie, wo ich sie fand? Nun, ich will es Ihnen sagen. Ich fand sie, wie sie, zehn Jahre jünger aussehend – ein Traum von einem Mädchen! –, mit irgendeinem Engländer im Miyako Hotel tanzte. Sie schien nicht gerade das zu sein, was man hingerissen nennt, als sie mich sah. Aber ich machte ihr klar, daß es für mich auf der ganzen Welt nie mehr eine andere Frau geben wird als sie.«

»Ich gratuliere«, antwortete ich leise lächelnd, »Sie verstehen etwas von Frauen.«

Er erfuhr nie, daß ich seiner Frau ein Telegramm geschickt hatte, daß er unterwegs nach Japan sei. Es gibt verschiedene Wege, ein Problem zu lösen. Aber die richtige Taktik, Begeisterung und Gebet lösen jedes Problem, auch das schwierigste. Ja, für dieses Dreigespann gibt es überhaupt keine schwierigen Probleme!

Sind Probleme immer negativ?

Begeisterung, die solche Wunder vollbringen kann, setzt eine gesunde, vernünftige Lebensanschauung voraus. Ich glaube, es ist eine Tatsache, daß Probleme überall als etwas Negatives angesehen werden, dem man am besten aus dem Weg geht. Die meisten Menschen würden Probleme am liebsten weit von sich wegschieben. Aber ist ein Problem wirklich etwas Negatives, kann es nicht im Gegenteil etwas sehr Positives sein?

Ich will versuchen, diese Frage mit der Wiedergabe eines Erlebnisses zu beantworten. Eines Tages begegnete ich auf der Fifth Avenue meinem Freund Graham. Schon an seiner trübsinnigen Miene sah ich, daß etwas mit ihm nicht in Ordnung war. Seine offensichtliche Niedergeschlagenheit weckte mein Mitgefühl, und ich fragte ihn: »Was ist los mit Ihnen, Graham?«

Er erzählte mir fünfzehn Minuten lang, wie elend er sich fühle und wie ihm alles verleidet sei, aber nachher war ich so klug wie zuvor. Ich wußte nicht, was ihm eigentlich fehlte, und darum fragte ich ihn noch einmal: »Sagen Sie mir, Graham, was Sie bedrückt, und ich will versuchen, Ihnen zu helfen, wenn ich es kann.«

»Es sind die vielen Probleme«, antwortete er. »Das Leben besteht aus nichts als aus Problemen. Ich habe genug davon; ich bin diese ewigen Probleme satt.« Er steigerte sich in eine solche Erregung, daß er zu vergessen schien, mit wem er sich unterhielt, und mit ungewöhnlicher Schärfe und in nicht sehr gewählten Ausdrücken sprach. Das hatte immerhin den Vorteil, daß ich am Schluß genau wußte, was er meinte.

»Und was kann ich für Sie tun, Graham?« erkundigte ich mich.

»Befreien Sie mich von meinen Problemen! Das können Sie für mich tun! Wissen Sie was? Befreien Sie mich davon, und ich gebe Ihnen tausend Dollar für irgendeinen wohltätigen Zweck.«

Nun, ich bin nicht der Mann, der ein solches Angebot ablehnt. Ich dachte nach, und dann machte ich Graham einen Vorschlag, der ihm aber offenbar nicht zusagte, denn ich warte noch heute auf die versprochenen tausend Dollar.

»Sie möchten also nie mehr mit irgendeinem Problem belastet sein?« fragte ich ihn.

»Genau das will ich«, antwortete er mit Nachdruck.

»Schön, das ist einfach. Erst vor ein paar Tagen hatte ich beruflich an einem Ort zu tun, wo über hunderttausend Menschen waren, von denen nicht einer ein Problem hatte.«

Zum ersten Mal leuchtete in seinen Augen ein Schimmer von Begeisterung auf. »Junge, das ist es! Führen Sie mich gleich hin!«

»Nun gut, wenn Sie es wünschen, aber ich zweifle, ob es Ihnen dort gefallen wird. Es ist der Woodlawn-Friedhof.«

Die Toten auf diesem oder irgendeinem andern Friedhof haben keine Probleme. Für die, welche dort sind, ist das Auf und Ab des Lebens vorüber. Sie ruhen von ihren Anstrengungen aus; sie kennen keine Probleme mehr.

Probleme sind ein Teil des Lebens. Und vielleicht ist man um so lebendiger, je mehr Probleme man hat. Wer zehn ausgewachsene Probleme hat, steht sehr wahrscheinlich zweimal so fest im Leben wie der, welcher nur fünf Probleme hat. Und wer überhaupt keine Probleme hat, der ist in Tat und Wahrheit gefährdet, ist auf dem absteigenden Ast und sollte beten: »Herr, vertraust Du mir nicht mehr? Ich bitte Dich um Probleme, damit ich mich bewähren kann.«

Ein Mensch mit einer vertieften Lebensanschauung sollte sich des Wertes bewußt sein, der Problemen innewohnt. Probleme werden heutzutage gerne als etwas an sich Negatives betrachtet. Manche Menschen sind der Ansicht, ihr Wohlergehen hänge davon ab, daß sie von Problemen möglichst verschont bleiben. Besser, als von Problemen verschont zu bleiben, ist aber auch heute noch, sich mit ihnen auseinanderzusetzen und sie zu meistern. Denn nur in der ständigen Auseinandersetzung mit den Problemen des Lebens entwickeln wir uns weiter.

Nicht ein Haar auf der Brust und nicht einen positiven Gedanken im Kopf

Bei einem Spaziergang in der Umgebung von San Francisco begegnete ich einem jungen Mann. Er trug sein schwarzes Hemd offen bis zum dritten Knopf, keine Jacke und kein Unterhemd. Offenbar wollte er damit den Eindruck besonderer

Männlichkeit erwecken. Mir allerdings imponierte sein unbehaarter Brustkorb nicht sehr. Seine Hose hatte wohl schon lange kein Bügeleisen mehr gesehen, und seine weißen Schuhe, die ehemals gewiß nicht billig gewesen waren, waren ausgetreten. Ich schloß daraus, daß er ein Gammler sei, der vermutlich unter den Brücken schlief, existentialistische Weisheiten verkündete und die Welt ganz allgemein durch eine dunkle Brille sah. Nun, der Bursche heftete seine gelangweilt blickenden Augen auf mich und sagte: »Ich freue mich, Sie kennenzulernen.« Ich bat Gott für meine Lüge um Vergebung und gab zur Antwort, daß auch ich mich freue, seine Bekanntschaft zu machen. Er fuhr fort: »Sie sind doch dieser ewig heitere, immer strahlende Kerl, der im Lande umherreist und über positives Denken faselt, nicht wahr?«

»Daß ich im Lande umherreise und über positives Denken spreche, stimmt. Nur bedeutet positives Denken nicht ewige Heiterkeit und ständiges Strahlen, wie Sie anzunehmen scheinen. Aber ich will Ihnen gerne Aufschluß geben, was man unter einem positiv denkenden Menschen versteht, vielleicht verhilft Ihnen das zu besserer Einsicht. Ein positiv denkender Mensch ist ein zäher, hartnäckiger Mensch, der die Schwierigkeiten sieht und den Tatsachen realistisch ins Auge blickt. Und was er sieht, entmutigt ihn nicht. Er weiß, daß das Gute im Leben das Schlechte überwiegt, und er ist überzeugt, daß alles Negative einen positiven Kern besitzt, den zu finden er sich bemüht.« Und vielleicht etwas boshafter als nötig fügte ich hinzu: »Aber positives Denken setzt eine gewisse Reife voraus, und das macht es manchen Menschen eben etwas schwer.«

Darauf gab er mir zur Antwort, und ich spürte genau, wie er glaubte, mich zu erwischen: »Wissen Sie denn nicht, daß die Welt voller Schwierigkeiten und Probleme ist?«

»Was Sie nicht sagen!« rief ich aus. »Glauben Sie denn, ich sei von gestern? Bei meiner Tätigkeit vernimmt man in fünf Minuten mehr über Schwierigkeiten und Probleme als Sie sehr wahrscheinlich in fünf Jahren. Und dann ist da noch ein wesentlicher Unterschied zwischen Ihnen und mir: Alle Schwierigkeiten dieser Welt können mich nicht erschüttern; ich weiß, daß jede Schwierigkeit unzählige schöpferische Möglichkeiten in sich birgt. Sie haben recht, die Welt ist voller Schwierigkeiten und Probleme, aber die Welt ist auch voll von Menschen, die wissen, wie man Schwierigkeiten löst und Hindernisse überwindet.«

Das verwirrte ihn, und kopfschüttelnd ging er davon.

Kampf gehört zum Leben

Natürlich ist die Welt voller drückender, drohender Schwierigkeiten und voller mühsamer, verzwickter Probleme. Das wird immer so sein. Es wäre unsinnig, zu glauben, alle Probleme könnten durch ein Universalmittel aus der Welt geschafft werden, wie manche Politiker und Prediger immer wieder verkünden. Das liegt nicht in der Natur der Weltordnung. Das Leben ist ein Existenzkampf, und jeder Kampf ist unweigerlich mit Schwierigkeiten verbunden, und oft genug mit Not und Entbehrung.

Die Bibel, die von Männern geschrieben wurde, welche über eine große Lebenserfahrung und über tiefe Einsichten verfügten, sagt: »Vielmehr der Mensch erzeugt das Leid, und die Söhne der Glut fliegen hoch« (Hiob 5, 7) und »In der Welt habt ihr Angst« (Johannes 16, 33). Die Bibel sagt aber auch: »Aber seid getrost, ich habe die Welt überwunden« (Johannes 16, 33), und das heißt nichts anderes, als daß auch wir im Vertrauen auf Gott alles überwinden können, was die Welt uns entgegenstellt. Die Religion verspricht uns nicht gütig eine Welt ohne Schwierigkeiten, ohne Probleme, ohne Armut, ohne Schmerzen, sondern Geist, Kraft, Begeisterung, die uns helfen, im Leben zu bestehen. Aber Schwierigkeiten und Probleme werden immer ein Teil unseres Lebens sein.

Ein Psychiater sagte einmal: »Die wichtigste Aufgabe eines Menschen besteht darin, das Leben zu erdulden.« Es stimmt, wir müssen im Leben manches erdulden. Es gibt Dinge, die unvermeidlich sind, denen wir nicht entfliehen können und die uns keine andere Wahl lassen. Wenn das Wort dieses Psychiaters in seiner ganzen Bedeutung treffend wäre, dann wäre das

Leben wahrhaft schrecklich und grausam. Das ist es aber nicht, und darum glaube ich, daß es richtiger ist, zu sagen, die wichtigste Aufgabe eines Menschen sei nicht, das Leben zu erdulden, sondern es zu meistern. Diese gesunde und positive Einstellung scheint mir wesentlich, um sich mit den Problemen des Lebens erfolgreich auseinanderzusetzen. Begeisterung in unserem Denken und Handeln wirkt bei der Überwindung von Schwierigkeiten Wunder. Begeisterung ist ein Teil unserer Geisteshaltung, und die richtige Geisteshaltung in einer schwierigen Situation ist der entscheidende Punkt bei ihrer Meisterung. In einem öffentlichen Vortrag erwähnte ich, daß unsere Einstellung wichtiger sei als alle Tatsachen. Ein Mann, der dies hörte, ließ den Satz auf einer Tafel in seinem Büro anbringen. Er sagte mir, erst durch meine Bemerkung sei ihm klargeworden, daß er sich bisher weniger durch Tatsachen selbst habe unterkriegen lassen als vielmehr durch seine ängstliche und negative Einstellung den Tatsachen gegenüber. Begeisterung läßt uns Dinge, vor denen wir uns fürchten, mit anderen Augen sehen und erfüllt uns mit der festen Gewißheit, daß es für jedes Problem eine Lösung gibt.

Der eine steht vor einem schwierigen Problem und sagt sich hoffnungslos: »Das sind die Tatsachen. Ich kann nichts anderes tun, als sie hinzunehmen.« Die Tatsachen haben ihn besiegt. Der andere, erfüllt von Begeisterung, steht vor demselben Problem und sagt sich: »Gut, das sind die Tatsachen. Sie wiegen zwar schwer, aber ich habe noch nie ein Problem gesehen, für das es keine Lösung gibt. Die Tatsachen kann ich wohl nicht ändern, aber vielleicht mein Verhalten ihnen gegenüber. Wir werden sehen!« Mit dieser Einstellung wird er sich nicht von den Tatsachen besiegen lassen, sondern er wird die Tatsachen besiegen.

Fragt man mich nach der praktischen Anwendbarkeit dieses Grundsatzes, dann erzähle ich am liebsten die Geschichte jenes Mannes, den ich bei einer Zusammenkunft traf, bei der ich einen Vortrag hielt. Er bemerkte zu mir: »Ich wünschte, ich hätte diese Zauberkraft der Zuversicht, von der Sie heute morgen sprachen. Wie finde ich sie?«

»Am besten suchen Sie den Ihnen gemäßen Weg dazu selber. So kommen Sie am schnellsten zum Ziel.«

Er suchte und fand einen Weg, der ihn zum Ziel führte.

Die Zauberkraft der Zuversicht

Wie manche Geschäftsleute hatte auch er auf seinem Schreibtisch ein Körbchen für eingehende und ein zweites für ausgehende Post. Er stellte ein drittes daneben, das er mit einer Aufschrift aus dem Matthäus-Evangelium (19, 26) versah: »Bei Gott sind alle Dinge möglich.« In dieses Körbchen legte er alles, worauf er noch keine Antwort wußte, auch alle Probleme, die noch der Lösung harrten. Und er umgab, um seine eigenen Worte zu wiederholen, »alles in diesem Körbchen mit der Zauberkraft der Zuversicht, und die Auswirkungen sind verblüffend«. Das ist die Aussage eines angesehenen Geschäftsmannes, der den Grundsatz, wonach Begeisterung und Zuversicht Wunder vermögen, selber in die Tat umgesetzt hat.

Die Erfahrung dieses Mannes lehrt aber noch etwas anderes, etwas, das mir zum ersten Mal durch meinen verstorbenen Freund Albert E. Cliffe bewußtgemacht worden war. Dr. Cliffe war ein hervorragender kanadischer Nahrungsmittel-Chemiker, und er schrieb in einem seiner Bücher: »Als Chemiker habe ich Vertrauen in die Wissenschaft; ich kann es jeden Tag unter Beweis stellen. Ich bin kein Theologe, und ich habe auch keine Lust, an einer Universität Theologie zu studieren. Ich glaube ganz einfach, daß Gott mein Vater ist und ich einer Seiner Söhne bin und daß mein Geist Teil Seines göttlichen Geistes ist. Und dank der Kraft dieses Glaubens bin ich jederzeit im Einklang mit Ihm, und darum finde ich auch eine Antwort auf jedes Problem, das mir entgegentritt.« Dr. Cliffe wurde zu Beginn seiner Laufbahn von einer schweren Krankheit befallen. Die Ärzte hatten ihn schon aufgegeben. Da las er in seinem Spitalbett die Bibelstelle: »Alles ist möglich dem, der glaubt!« (Markus 9, 23). Er spürte, daß diese Botschaft der Hoffnung für ihn bestimmt war, und er glaubte von dieser Stunde an unerschütterlich daran, daß Gott ihn heilen werde. Er wurde wieder gesund und war zeit seines Lebens der festen Überzeugung, daß sein Vertrauen auf Gott damals seine Genesung bewirkt hatte. In seinem Buch sagt er ferner: »Was uns die Religion geben kann, liegt nur an uns. Unser Glaube kann eine nie erlahmende Triebkraft sein oder eine matte Gewohnheit ohne jeden Schwung. Wir können jederzeit genesen, und alles Schwere kann jederzeit von uns genommen werden, wenn wir Gott an unserem Leben teilhaben lassen.«

Albert Cliffe war begeistert von der Zauberkraft der Zuversicht, und er glaubte unbeirrt daran. Er erzählte mir einmal, daß er während seiner schweren Krankheit, als der letzte Rest von Lebenskraft ihn verlassen wollte, plötzlich von einem wärmenden Gefühl der Zuversicht durchströmt wurde und daß das der Anfang seiner Genesung gewesen sei.

Die Bibel, dieses herrliche Buch der Zuversicht, ist eine unerschöpfliche Quelle der Kraft. Jesus sagt in der Apostelgeschichte (1, 8): »Aber ihr werdet Kraft empfangen...« Dieses Wort ist eine Botschaft und eine Verheißung der Kraft für alle vertrauenden Menschen. Gläubige Menschen erleben immer wieder, was die Kraft der Begeisterung vermag.

Ich habe oft beobachtet, daß Menschen, die Problemen positiv gegenüberstehen, viel leichter mit ihnen fertig werden. Vor einiger Zeit sprach ich bei einem Essen zu Ehren eines leitenden Industriellen. Der Mann stand seit fünfundzwanzig Jahren einem Großbetrieb vor, der in dieser Zeit einen ungeahnten Aufschwung genommen hatte. Er saß am selben Tisch wie ich, und ich fragte ihn: »Was hat Ihnen in diesen fünfundzwanzig Jahren am meisten Befriedigung gegeben?« Ich rechnete damit, daß er das rasche Wachstum und die gewaltige Entwicklung des Unternehmens nennen würde. Doch er antwortete mir: »Der Spaß, den mir die vielen Probleme bereiteten; und, glauben Sie mir, manche waren alles andere als einfach. Wenn man keine Probleme mehr hat, dann wird es gefährlich. Dann läßt die Begeisterung nach, und dann läßt man selber ebenfalls nach. Darum mag ich auch Feiern wie diese nicht besonders. Allzuleicht könnte man versucht sein, zu glauben, man habe keine Probleme mehr, man habe es geschafft. Ich will es aber nicht geschafft haben; ich liebe es, mich mit Problemen auseinanderzusetzen.«

Selbstermutigung hilft Probleme lösen

Ich bin stolz darauf, mit W. Clement Stone, dem Präsidenten der Combined Insurance Company of America, in unserer American Foundation of Religion and Psychiatry zusammenzuarbeiten. Stone ist ein Mann mit mehr echter, wahrhafter Begeisterung als irgend jemand, den ich kenne. Er läßt sich auch nie von irgend etwas unterkriegen. Ich fragte ihn einmal: »Welches ist das Geheimnis Ihrer Begeisterung, mit der Sie an jedes persönliche oder geschäftliche Problem herangehen?« Darauf gab er mir zur Antwort:

»Wie Sie wissen, haben unsere Gefühle einen starken Einfluß auf unser Denken und Handeln. Außerdem entsteht aus der ständigen Wiederholung desselben Gedankens oder derselben Handlung eine Gewohnheit, die mit der Zeit zu einem automatischen Reflex wird.

Aus diesem Grunde bin ich zur Selbstermutigung gekommen. Unter Selbstermutigung verstehe ich einen Aufruf an mich selbst, um mich zu einer wünschenswerten Handlung zu bewegen. Im Laufe von einer Woche oder zehn Tagen spreche ich einen solchen Aufruf fünfzigmal am Morgen und fünfzigmal am Abend vor mich hin, bis die Worte unauslöschlich in meinem Gedächtnis haften. Dabei fasse ich den festen Vorsatz, sie, wenn es die Lage erfordert, sofort in die Tat umzusetzen, sobald sie aus meinem Unterbewußtsein in mein Bewußtsein treten. So bin ich vorbereitet, und wenn ein Problem auftaucht, melden sich automatisch eine oder mehrere solcher Selbstermutigungen, wie zum Beispiel:

- Gott verläßt mich nie!
- Schon wieder ein Problem – gut so!
- In jedem Mißerfolg steckt der Samen zu einem entsprechend größeren Erfolg.
- Was mein Geist sich ausdenken kann, das kann ich auch ausführen.

– Suche einen gangbaren Weg – und geh ihn!
– Mach es gleich jetzt!
– Um begeistert zu sein – handle begeistert!

In der Art, wie ich an persönliche und wie ich an geschäftliche Probleme herangehe, besteht nur ein kleiner Unterschied. Aber es ist doch ein Unterschied. Bei einem persönlichen Problem, das mein Gefühlsleben berührt, wende ich gleich und unverzüglich des Menschen größte Kraft an – die Kraft des Gebets. Bei der Lösung geschäftlicher Probleme bete ich zwar ebenfalls um Beistand und Führung, aber nicht sogleich, erst denke ich darüber nach.«

Er konnte jedes Problem zerlegen und es wieder richtig zusammensetzen

Als junger Mann war ich mit Harlowe B. Andrews befreundet. Er war einer der Teilhaber von Andrews Brothers, einem angesehenen Lebensmittel-Großhandel, und er war es auch, der den ersten Supermarkt in den Vereinigten Staaten eröffnete. Er erfand außerdem die erste brauchbare Geschirrspülmaschine und verkaufte die Erfindung später an eine große Gesellschaft. Harlowe Andrews war sehr religiös und widmete sich, nachdem er es zu beachtlichem Wohlstand gebracht hatte, nur noch religiösen Aufgaben. Die Leitung seines Betriebes überließ er einem Bruder, der prompt alles verlor. So war Vater Andrews, wie Harlowe allgemein genannt wurde, gezwungen, wieder ins Geschäftsleben zurückzukehren. In kurzer Zeit erarbeitete er noch einmal ein Vermögen, doch diesmal sorgte er dafür, daß es nicht wieder zerrann.

Ein Bankier erzählte mir einmal, er habe nie jemanden mit einer solchen Begabung zum Geldverdienen gekannt. Wörtlich sagte er: »Vater Andrews braucht nur seine Hände auszustrekken, und schon sind sie voll Geld.« Ich war sehr oft mit Vater Andrews zusammen – doch diese Gabe erlernte ich leider nie.

Trotz seiner Religiosität besaß Vater Andrews ausgeprägte sportliche Neigungen. Er war ein begeisterter Rennreiter, und als die Autos aufkamen, war er unter den ersten, die Autorennen bestritten. Er verfügte auch über eine gehörige Dosis Humor, gepaart mit einem messerscharfen Verstand. Dieser alte Mann besaß so viel gesunden Menschenverstand, durchdringende Einsicht und klares Einfühlungsvermögen, daß er für mich eine ständige Quelle der Belehrung war. Ich kannte niemanden, der Probleme so sehr liebte wie er. Je verzwickter ein Problem war, um so mehr interessierte es ihn. Auch in den großen sozialen Problemen sah er etwas Positives. Die Begründung seiner Begeisterung, die er für Probleme empfand, die die Welt bewegten, war: »Schwierigkeiten auf der Erde sind ein Zeichen der Teilnahme des Himmels; und das bedeutet, daß große Dinge geschehen, daß es mit der Menschheit wieder einen Schritt vorangeht.« Ich hatte ein Problem, das mich sehr beschäftigte. Ich rang viele Tage damit, aber ich fand keine Lösung. Endlich vertraute ich mich Vater Andrews an: »Ich habe ein entsetzliches Problem.«

»Ich gratuliere!« rief er aus, »das ist wunderbar. Freuen Sie sich immer, wenn Sie ein schwieriges Problem haben. Das ist doch ein Zeichen, daß etwas vor sich geht, daß Sie nicht stillestehen.« Diese Antwort überraschte mich, denn ich muß gestehen, ich hätte nie daran gedacht, die Sache unter diesem Gesichtspunkt zu betrachten.

»Wissen Sie denn nicht«, fuhr er fort, »daß auch Gott Sinn für Humor hat? Er liebt es manchmal, Verstecken zu spielen. Wissen Sie, was Er macht, wenn Er einem Menschen etwas Kostbares geben will? Er verbirgt es in einem besonders schweren Problem und sagt: ›Nun will ich mal sehen, ob er findet, was ich da Kostbares versteckt habe.‹ Dann beobachtet Er uns, und wenn wir Seine wundervolle Gabe entdecken, ist niemand glücklicher als Er.

Aber nun, mein Sohn, schildern Sie mir Ihr Problem. Wir wollen es hier auf dem Tisch vor uns ausbreiten und es genau betrachten.«

Punkt für Punkt legte ich ihm mein Problem dar – eine lange Kette von Schwierigkeiten. Endlich sagte ich: »So, ich glaube, das wäre alles. Ganz hübsch, nicht wahr?«

Er stand auf und kam um den Tisch herum auf mich zu, wobei er mit seinen Händen dergleichen tat, als richte er einen unsichtbaren Stapel auf. »Ich schichte Ihr Problem schön sorgfältig zusammen, mein Junge, es ist ein herrliches Problem!« Seine Augen strahlten.

»Nun, mein Sohn«, er nannte mich immer Sohn, und ich fand es ganz in Ordnung, war er doch wirklich wie ein Vater zu mir, »wollen wir zuerst einmal beten. Was versteht unser beschränkter Verstand denn schon davon? Bitten wir daher Gott um Seinen Beistand.«

Wir beteten, jeder still in sich gekehrt, und nach einer Weile sagte Vater Andrews: »Gott ist mit uns; jetzt wollen wir nachdenken. Aber erst muß noch dieser traurige Zug auf Ihrem Gesicht verschwinden. Seien Sie begeistert, freuen Sie sich, denn etwas Herrliches ist im Begriff, sich zu ereignen.«

Wieder begann er, um den Tisch herumzugehen, wobei er mit seinem rechten Zeigefinger ständig auf den unsichtbaren Stapel mit meinem Problem deutete. Vater Andrews hatte Arthritis in seinen Fingern, und sie waren daher immer leicht gekrümmt. Aber dennoch war seine Geste eindrucksvoller, als wenn sie irgend jemand mit einem gesunden, geraden Zeigefinger gemacht hätte.

Er blieb stehen und tat dergleichen, wie wenn er seinen Finger in ein Loch in meinem Problem steckte. Plötzlich begann er zu kichern: »Ha, ha, mein Sohn, kommen Sie hierher. Was habe ich Ihnen gesagt? Jedes Problem hat eine schwache Stelle.« Dann begann er, das Problem zu zerlegen und es mit Geschick und Einfühlungsvermögen wieder zusammenzusetzen, wie ich so etwas noch nie erlebt hatte und seither auch nie mehr erlebte. »Junge, welche Möglichkeiten bieten sich Ihnen da! Die einzige Frage ist, ob Sie es schaffen werden. Doch, Sie werden es schaffen, denn Gott hilft Ihnen! Und ich helfe Ihnen auch, wenn Sie mich nötig haben.«

Mit Gott und Vater Andrews – wie konnte da etwas mißlingen?

Durch die sternklare, vom Mond erhellte Nacht fuhr ich nach Hause. Ich war erregt bis in die Fingerspitzen. Ich hatte etwas Wundervolles gelernt. Ich hatte gelernt, wie Begeisterung mit einem Problem fertig wird.

Hier sind acht Grundregeln für jeden, der es ebenfalls lernen möchte:

1. *Gerate nicht in Panik!* Bewahre deine Ruhe und einen klaren Kopf. Jetzt brauchst du all deinen Verstand.

2. *Laß dich von deinem Problem nicht überwältigen!* Dramatisiere es nicht, sondern sage dir vertrauensvoll: »Gott und ich werden damit fertig.«

3. *Laß dich nicht verwirren!* Ein Problem stiftet in der Regel Verwirrung. Löse diese Verwirrung. Nimm Papier und Bleistift, und schreibe dein Problem Punkt für Punkt auf.

4. *Vergiß, was war!* Sage nicht: »Warum habe ich dies so gemacht? Warum habe ich jenes nicht getan?« Betrachte das Problem, wie es sich heute stellt.

5. *Suche eine Teillösung!* Suche nicht nach einer Lösung für das ganze Problem, sondern immer nur für den nächsten Schritt. Jeder Schritt führt zum nächsten und so zur Lösung des Ganzen.

6. *Höre auf deine innere Stimme!* Sammle dich, überdenke dein Problem, und höre auf die Antwort in deinem Innern.

7. *Frage dich, was in deiner Lage zu tun richtig ist!* Wenn das, was du tust, nicht richtig ist, dann ist es falsch – und was falsch ist, kann nie und nimmer richtig sein. Darum tue das Richtige.

8. *Bete! Denke nach! Glaube!* Und halte deine Begeisterung stets wach, denn sie wirkt Wunder bei der Lösung von Problemen!

8
Begeisterung bringt Ziele näher

Dieses Kapitel handelt von Menschen, in deren Leben Begeisterung Unwahrscheinliches vollbrachte. Es macht mich immer glücklich, solche Menschen kennenzulernen oder von ihnen zu hören. Denn ich finde es einfach wunderbar, wie Begeisterung, diese unerschöpfliche Leistungsreserve, manche Menschen über sich selbst hinauswachsen und sie aus ihrem Leben viel mehr machen läßt, als sie je für möglich hielten. Diese Erkenntnis war es auch, die mich bewog, dieses Buch zu schreiben und von möglichst vielen dieser Menschen zu erzählen, die erlebt haben, welche Möglichkeiten in unserem Leben stecken und was Begeisterung vermag.

Mary B. Crowe war eines von neun Kindern. Ihr Vater arbeitete in einem Stahlwerk in Ohio und verdiente knapp das Nötigste, um seine große Familie durchzubringen.

Es gehörte zu Marys Aufgaben, ihres Vaters schmutzige Arbeitsanzüge zu waschen – und sie waren schmutzig! Zu jener Zeit wußte man noch nichts von den wunderwirkenden Waschmitteln, die man heute kennt, und Mary mußte sich regelmäßig abplagen, um die Anzüge immer wieder sauber zu bekommen. Dann geschah etwas Erstaunliches, und es setzte sich in Marys Gedankenwelt fest, dort, wo alle großen Dinge ihren Ursprung haben. Etwas, von dem sie noch nie gehört hatte, begann sich in ihr zu regen, nämlich positives Denken.

Es war die magische Kraft der geistigen Vorstellung, die ihr, während sie sich mit den schmutzigen Anzügen plagte, ein atemberaubendes Bild vor Augen führte: die Universität! Sie sah sich selbst in Mütze und Talar, wie sie zum Podium schritt und vor einer großen Menschenmenge aus den Händen des

Rektors ihr Diplom in Empfang nahm. Mary Crowe mit einem Universitätsdiplom? Ach, das war doch Unsinn! Kein Geld, keine Hilfe, keine Beziehungen, keinerlei Möglichkeiten! Niemand aus ihrer Familie hatte je eine Universität besucht. Es war einfach undenkbar; am besten vergaß sie es gleich wieder. Doch sie vergaß es nicht mehr, denn ihre Begeisterung war geweckt worden und damit auch jene Triebkraft, die das Unmögliche möglich macht.

Mary wusch weiter die Arbeitsanzüge ihres Vaters, aber inzwischen war sie bereits in der Mittelschule. Der Tag der Abschlußprüfung kam, und Mary bestand sie mit Auszeichnung. Sie wurde ins Büro des Schulvorstehers gerufen, und dort zog dieser einen Briefumschlag aus seiner Schreibtischschublade, den er vier Jahre lang gehütet hatte. Er enthielt ein Stipendium für das Springs College. Der Schulvorsteher hatte mit der Verleihung dieses wertvollen Stipendiums gewartet, bis eine seiner Schülerinnen es durch ihre Leistung wirklich verdiente. Er hatte Marys Lerneifer und ihre Fortschritte beobachtet, und so kam es, daß ein Mädchen dieses Stipendium erhielt, das zwar noch nie vom Springs College gehört, das aber unentwegt und voller Begeisterung auf ein Ziel hin gearbeitet hatte, während es daneben die unvermeidlichen Überkleider wusch.

Und mit derselben Begeisterung besuchte sie die Universität. In ihrer Freizeit arbeitete sie abwechslungsweise als Kellnerin, Hausmädchen, Köchin und als alles mögliche, um sich ihren Lebensunterhalt zu verdienen. Es war nicht immer leicht, und in ihrem letzten Universitätsjahr sah es sogar so aus, als ob sie aufgeben müßte. Doch ein Bekannter, der von ihrer Energie und ihrer Tüchtigkeit beeindruckt war, lieh ihr auf eine Lebensversicherung mit einem Rückkaufswert von zwanzig Dollar dreihundert Dollar. Diese reichten bis zur Diplomprüfung, und auch diese bestand sie wieder mit Auszeichnung.

Das Darlehen hatte aber noch etwas Gutes; Mary Crowe begann, sich mehr für Lebensversicherungen zu interessieren. Ihre Laufbahn war durch eine Lebensversicherung gerettet worden. Konnte eine Lebensversicherung nicht auch für andere Wunder wirken? Sie studierte alles, was sie über Versicherungen finden konnte, und eines Tages bewarb sie sich bei einem Versicherungsbüro um die Stelle eines Agenten. Doch der Inhaber wies sie ab: »Was verstehen Sie schon von Versicherungen oder vom Verkaufen? Außerdem«, und das war sein entscheidendes Argument, »sind Sie eine Frau. Kommt nicht in Frage!«

Aber Mary ließ nicht locker. Tag für Tag sprach sie bei dem Mann vor, und endlich sagte er verzweifelt, wahrscheinlich um sie endlich loszuwerden: »Gut, hier haben Sie einen Prämientarif und eine Anzahl Antragsformulare. Aber Sie bekommen keinen Vorschuß, und rechnen Sie auch nicht mit meiner Unterstützung. Von mir aus können Sie verhungern.« Mary tat ihm diesen Gefallen natürlich nicht, vielmehr kam sie bereits nach ein paar Tagen mit ihrem ersten Abschluß.

Fünfundzwanzig Jahre nachdem sie nur widerwillig eingestellt worden war, gab man ihr zu Ehren ein Essen, und in jeder der Ansprachen rühmte man sie als die erfolgreichste Mitarbeiterin. Worin lag dieser Erfolg begründet? In nichts anderem als in ihrer positiven Zuversicht, ihrem Vertrauen und ihrer Begeisterung. Mary Crowe bewies, daß Begeisterung eine unerhörte Kraft ist, die, vereint mit Zuversicht und Vertrauen, alle Hindernisse überwindet und zum Erfolg führt.

»Man kann sein Denken und dadurch sein Leben ändern«, sagt Mary Crowe. »Man muß lediglich alle negativen Gedanken aus seinem Denken verbannen und sie durch positive Vorstellungen ersetzen. Wir entwickeln uns ständig weiter, und unser Denken, unsere Vorstellungswelt bestimmt die Art dieser Weiterentwicklung. Zur positiven Einstellung gehört auch das Wissen um die Allgegenwart Gottes. So werden wir jedem Problem, das sich uns stellt, mit dem unerschütterlichen Vertrauen begegnen, daß Gott uns den Mut und die Kraft gibt, ihm standzuhalten, und daß Er uns bei der Lösung zur Seite steht. Wir brauchen nur darum zu bitten – und daran zu glauben!«

Mary Crowes Geschichte beweist wieder einmal mehr, daß Begeisterung die mächtige Triebkraft ist, die sogar das Unmögliche möglich macht – nicht nur für Mary, sondern für jeden Menschen.

Gute Verlierer sind ständige Verlierer

Schöpferisches Denken gehört auch zur erfolgreichen Lebenseinstellung eines der bekanntesten Sportler Amerikas.

»Wie wurden Sie der erfolgreiche Fußballer, der Sie sind?« fragte man Fran Tarkenton, den berühmten Verteidiger der New York Giants!

»Trage immer die Vorstellung des Sieges in deinem Herzen!« antwortete Fran, ohne sich zu besinnen. »Unsere heutige Gesellschaft neigt zu Extremen. Lange Zeit lag aller Nachdruck auf der Bedeutung des Siegens, und zwar bis hinunter zu den Schülermannschaften. Dann setzte eine Gegenbewegung ein. Intelligente Eltern begannen zu argumentieren: ›Wir sind nicht realistisch. Unsere Kinder müssen lernen zu verlieren. Denn ist nicht auch die Niederlage Teil unseres Lebens?‹ Diese Überlegung ist wohl richtig«, fuhr Fran Tarkenton fort, »Siegen kann überbewertet werden, und wir sollten auch wissen, wie man würdig verliert. Sie führte aber zum anderen Extrem. Kinder, die zu sehr darauf bedacht sind, gute Verlierer zu sein, vergessen, daß der Sinn des sportlichen Wettkampfs, und auch des Lebens, im erfolgreichen Bestehen liegt. Und wer das vergißt, wird vielleicht ein guter, aber ein ständiger Verlierer.«

Der berühmte Fußballer erzählte auch, wie seine Spielstärke einst so bedenklich nachgelassen hatte, daß er sich überlegte, ob er den Sport nicht besser aufgeben solle. »Aber«, so sagte er, »tief in meinem Herzen bewahrte ich immer noch die herrliche Erinnerung an meinen ersten großen Sieg. Und ich gab den Gedanken nicht auf, daß es mir wieder möglich sein sollte, zu spielen wie in jenen Tagen. Harte Arbeit und Entbehrungen waren nötig, aber eines Tages war es wieder soweit. Doch ohne meinen Glauben an den Sieg, der wieder einmal kommen mußte, hätte ich die vielen Niederlagen nicht überwunden, sondern mich selbst aufgegeben.«

Diese Bestätigung, daß nicht nachlassende, tief verwurzelte Begeisterung die Dinge zum Guten wenden kann, ruft mir ein Wort des Ausbildungs-Fachmannes Bernard Haldane in Erinnerung: »Lerne aus deinen Erfolgen, nicht aus deinen Mißerfolgen!« Ich gebe zu, das ist eine Abkehr von der landläufigen Ansicht, aber hat sie nicht manches für sich? Ein Mißerfolg kann uns zwar zeigen, wie wir etwas nicht hätten machen sollen. Wem nützt es aber, zu wissen, wie man es nicht machen soll, wenn er wissen möchte, wie er etwas richtig machen kann? Und gerade das lernen wir am besten aus unseren bisherigen Erfolgen. Darum sollten wir uns jeweils fragen: »Warum ist mir das so gut gelungen?« Wir wollen nach einem Erfolg nicht auf den Lorbeeren ausruhen, sondern uns genau überlegen, wie es zu diesem Erfolg kam, und uns in Zukunft bewußt entsprechend verhalten.

Natürlich kann man auch aus seinen Mißerfolgen lernen. Von Edison erzählt man, er habe nach einem seiner Mißerfolge bei der Erfindung der Glühlampe trocken bemerkt: »Nun, jetzt kenne ich außer den bisherigen rund fünftausend einen weiteren Weg, wie es nicht geht.« Aber als er endlich doch Erfolg hatte, konstruierte er die weiteren Glühbirnen auf der Grundlage dessen, was er bei seinem Erfolg – nicht bei seinen Mißerfolgen – gelernt hatte. Darum wollen wir, wenn nötig, gute Verlierer sein, aber doch nicht so gute, daß wir aus dem Verlieren eine Tugend machen. Begeisterung für das Gelingen soll so tief in uns eindringen, daß sie zu einem mächtigen Impuls wird, unsere Sache recht zu machen.

Branch Richey bezeichnet in seinem Buch über die Geschichte des Baseball Ty Cobb als einen der beiden größten Baseball-Spieler aller Zeiten. Er sagt, Ty Cobb sei durch und durch eine Kämpfernatur gewesen und habe nur ein Ziel gekannt – zu gewinnen. Und er fährt fort: »Cobb besaß einen unbezähmbaren Siegeswillen. Während des Spiels kannte er keine Rücksichtnahme. Im Ringen um den Ball war er regelrecht besessen, und bei jeder Auseinandersetzung ging es ihm immer ums Ganze. Seine Devise lautete: ›Kämpfen oder untergehen.‹

Natürlich war Cobb voller Begeisterung, und darum brachte er es im Baseball, das sein Leben bedeutete, auch zu dieser überragenden Meisterschaft. Seine glühende Begeisterung war der ständige Antrieb zu seinen einmaligen Leistungen.«

Begeisterung sporntden ehrlichen Kämpfer an

Begeisterung ist eine unserer stärksten Waffen beim siegreichen Bestehen des Lebenskampfes. Der Mensch besitzt von Natur aus den schöpferischen Wunsch, sich und seine Kräfte zu messen. Nicht umsonst bleibt die Mahnung der liebenden, aber unnachsichtigen Mutter Abraham Lincolns unvergeßlich: »Abraham, werde jemand!« Doch wie haben sich die Zeiten geändert! Heute scheinen manche Menschen eher zu glauben, es gehöre zum guten Ton, ›niemand‹ zu sein. Nun, diese Auffassung wird nicht Bestand haben, da sie der menschlichen Natur zuwiderläuft. Genauso wie eine Pflanze der Sonne entgegenwächst, treibt es den Menschen seiner Veranlagung nach dazu, vorwärtszustreben. Und darum wurde dieses Buch bewußt und mit voller Absicht für diejenigen Menschen geschrieben, die vorwärtskommen wollen. Es soll sie anspornen, den Lebenskampf siegreich zu bestehen, mit anderen Worten: jemand zu werden. Es ist nicht für diejenigen bestimmt, die sich zur Auffassung verleiten lassen, es sei zeitgemäß, ›niemand‹ zu sein, sich nicht auszeichnen zu wollen.

Das Leben ist ein Kampf. Wenn wir eine Hürde genommen haben, steht schon wieder die nächste vor uns. Darum tun diejenigen, die ›jemand‹ werden, die es zu etwas bringen wollen, gut daran, diesem Umstand in ihrem Lebensplan Rechnung zu tragen. Und sie tun auch gut daran, sich zu erinnern, daß Begeisterung eine der stärksten Kräfte ist, um im Lebenskampf siegreich bestehen zu können. Die Schriftstellerin Donna Reed gibt eine aufrüttelnde Beschreibung von Menschen, denen die Begeisterung für ihre Heimat half, mit allen Schwierigkeiten fertig zu werden.

»Es war die Zeit der Depression. Wir lebten in Jowa. Meine Eltern waren noch richtige Pioniere, und wir Kinder hatten überall mit Hand anzulegen. Ich melkte die Kühe und fuhr mit dem Traktor, holte Wasser vom Brunnen und Holz und Kohle für den Ofen, auch das Brot hatte ich zu backen. Der wesentliche Unterschied zwischen meiner Kindheit und derjenigen meiner Kinder ist nicht, daß ich auf einer Farm aufwuchs, sondern daß meine Eltern damals bitter arm waren.

Ich bin nicht sicher, ob es in den frühen dreißiger Jahren in Amerika je Menschen gegeben hat, die mehr ertragen mußten als einige der Farmer im Mittleren Westen der frühen dreißiger Jahre. Diese Leute, unsere Freunde und Nachbarn, wurden von einer nicht abreißenden Kette von Heimsuchungen betroffen. Die Zeiten waren damals überall schlecht, und niemand hatte Geld. Bei diesen Leuten kam aber noch dazu, daß die Dürre ihre Ernten vernichtete und den Boden versengte, worauf der Wind den Rest besorgte und die Ackerkrume in großen, dunklen Wolken davontrug. Familie um Familie verlud ihre Habseligkeiten auf gebrechliche Wagen und verließ die Gegend.

Es ist schlimm, wenn uns Elend und Not widerfahren; noch schlimmer finde ich es aber, wenn wir ohnmächtig mitansehen müssen, wie andere darunter leiden. Die Schreie unserer Tiere, die am Verhungern und am Verdursten waren, tönen mir noch heute in den Ohren. Noch heute sehe ich das kleine Mädchen, meine Spielgefährtin, vor mir, wie es herzzerbrechend weinte, als es mir sagte, seine Familie ziehe nun auch weg. Sie wußten nicht, wohin sie gehen sollten; sie zogen weg, sie gaben auf.

Wenn ich an jene grausamen Zeiten zurückdenke, überkommt mich immer wieder die Qual, die ich erlitt, wenn ich sah, wie meine Eltern sich Tag für Tag ohne Unterlaß abmühten, vom frühen Morgen bis in die Nacht hinein. Wir hätten unsere Farm wohl ebenfalls verlassen, wenn Vater nicht gewesen wäre. Mein Vater war ein hartnäckiger Mann; er wollte nicht aufgeben. Stück für Stück mußten wir unser Vieh verkaufen, und immer wieder sagte mein Vater ruhig, doch mit jenem bestimmten Nachdruck, der in seinem Gottvertrauen verwurzelt war: ›Es wird nicht ewig so bleiben.‹

Ich fragte mich, wie Vater so zuversichtlich sein konnte, wo doch die meisten unserer Nachbarn es nicht waren. Am Sonntag jeweils dämmerte mir eine Ahnung, woher er seine Zuversicht nahm. Jeden Sonntag verfrachtete er Mutter und uns vier Kinder in das alte Auto, das wir seit mehr als fünfzehn Jahren fuhren, und wir ratterten los zur Methodistenkirche von Denison.

Allein schon neben Vater in der Kirche zu sitzen gab einem ein Gefühl von Sicherheit und Stärke. Während der Prediger aus der Bibel las, lehnte Vater sich leicht vornüber und hörte so aufmerksam zu, als ob jedes Wort eigens für ihn bestimmt sei. An seinem Gesichtsausdruck sah man, daß jedes Wort Nahrung für seinen Geist bedeutete, die ihm die Kraft gab, während der kommenden Woche durchzuhalten.

Unser Prediger las viel aus jenen Büchern der Bibel, die von Hoffnung erfüllt sind. Erst kürzlich blätterte ich in der Bibel, um zu sehen, ob ich nicht eine dieser vetrauten Stellen fände. Im Buch Jesaja stieß ich auf einige Verse, die mir die verdorrten Felder, die verlassenen Farmen und das ganze Elend jener Zeit so deutlich in Erinnerung zurückriefen, daß mir war, als säße ich wieder neben Vater auf der Kirchenbank. Die Verse lauten:

›Wenn die Elenden und Armen Wasser suchen und keines finden und ihre Zunge verdorrt vor Durst: Ich, der Herr, erhöre sie… ich mache die Wüste zum Wasserteich und dürres Land zu Wasserquellen.‹ (Jesaja 41, 17 – 18)

Unser von Vertrauen erfüllter Vater lebte nur für seine Familie. Sie bedeutete ihm alles, und er pflegte stets zu sagen: ›Gegen die Stärke einer Familie kann keine Krise etwas ausrichten.‹ Und die Krise ging denn auch vorüber – sie hat uns niemals untergekriegt.«

Dieser Vater war voller Liebe und Begeisterung für das Heim, das er seiner Familie mit seiner Hände Arbeit geschaffen hatte, und er besaß die Entschlossenheit und die Zuversicht, die nötig sind, um in schweren Zeiten durchzuhalten. Menschen, die mit Zuversicht, positiver Einstellung und Begeisterung erfüllt sind – das sind diejenigen, die nicht untergehen, sondern ihr Ziel erreichen.

Ein wahrhaft positiv denkender Mensch

Einen wahrhaft positiv denkenden Menschen lernte ich in der Wüste kennen, dort, wo vor langer Zeit Johannes der Täufer gepredigt hatte. Der Mann hieß Musa Alami, und er brachte die Wüste zum Blühen – diese Wüste, in der seit Bestehen der Erde noch nie etwas gewachsen war. Er erreichte sein Ziel, weil er an dessen Verwirklichung glaubte und nicht locker ließ, bis er es geschafft hatte.

Musa, ein junger Araber, hatte in Cambridge studiert und kam dann nach Palästina zurück, wo er ein wohlhabender Mann wurde. Doch bei einem politischen Umsturz verlor er sein Haus und seinen ganzen Besitz.

Er zog auf die andere Seite des Jordans und ließ sich in der Nähe Jerichos nieder. Nach beiden Seiten erstreckte sich die große, unfruchtbare und kahle Wüste des Jordantals, des niedrigsten Punktes der Erde – fast vierhundert Meter unter dem Meeresspiegel. In weiter Ferne, schimmernd im heißen Dunst, zeichnen sich die Berge Moabs und Judas ab.

Von einigen wenigen Oasen abgesehen, war in dieser glühenden Landschaft noch nie etwas gewachsen, und alle Fachleute waren sich einig, daß nichts gedeihen könne, weil das Wasser fehle. Die einzige Bewässerungsmöglichkeit sah man darin, den Jordan zu stauen, doch dieser Plan scheiterte an den hohen Kosten. »Und wie wäre es mit Grundwasser?« fragte Musa Alami. Er wurde laut und herzhaft ausgelacht. Hatte man je so etwas gehört? Unter dieser feurigen Wüste gab es ganz bestimmt nicht einen Tropfen Wasser. Diese sandige Einöde lag hier seit Erschaffung der Erde. Vor unendlichen Zeiten war sie zudem noch vom Toten Meer bedeckt gewesen – der Sand war heute noch salzhaltig, und das erhöhte die Unfruchtbarkeit noch mehr.

Musa wußte das natürlich auch, und er gab zu, daß diese Salzhaltigkeit tatsächlich ein Problem sei. Aber wozu waren denn Probleme da, wenn nicht, um gelöst zu werden?

Er hatte von der erstaunlichen Urbarmachung der kalifornischen Wüste durch Grundwasser gehört, und er war überzeugt, auch hier Wasser zu finden. Er war seiner Sache so sicher, daß er schon ein Gebäude plante, in dem er eine Schule für Flüchtlingskinder einrichten wollte. Die alten Beduinen-Scheiche, welche die Wüste durch und durch kannten, schüttelten den

Kopf, und auch die Behörden und alle die gewichtigen Wissenschaftler, die von Musas Plan hörten, hielten diesen für absolut undurchführbar. Hier gab es nun einmal einfach kein Wasser!

Doch Musa ließ sich nicht beirren. Er war überzeugt, daß Wasser vorhanden sein müsse. Ein paar Flüchtlinge aus dem nahen Lager von Jericho halfen ihm, als er zu graben begann. Mit einer guten Bohrausrüstung? Keine Rede davon – mit Pickel und Schaufel! Alles lachte über Musa und seine zerlumpten Freunde, wie sie Tag für Tag, Woche um Woche und Monat um Monat gruben und gruben. Sie kamen nur langsam tiefer in diesem Sand, in dem seit der Schöpfung noch nie ein Mensch nach Wasser gegraben hatte.

Sechs Monate lang gruben sie. Dann stießen sie eines Tages auf feuchten Sand, und endlich sprudelte Wasser hervor. Mitten im glühenden Sand hatten sie Wasser gefunden! Sie konnten nichts sagen, sie waren stumm vor Glück und Dankbarkeit. Sie lachten nicht, und sie jubelten nicht. Sie weinten.

Ein sehr alter Mann, der Scheich eines nahegelegenen Dorfes, vernahm die unwahrscheinliche Nachricht. Er kam herbei, um mit eigenen Augen zu sehen. »Musa«, fragte er, »hast du wirklich Wasser gefunden? Laß mich es sehen, anfühlen und kosten.«

Der Greis schöpfte eine Handvoll Wasser, goß sich davon über sein Gesicht und trank den Rest. »Es ist rein und klar; es ist gutes Wasser.« Dann legte er seine Hand auf Musa Alamis Schulter und sagte: »Danke Gott, Musa, jetzt kannst du ruhig sterben.« Das war die schlichte Achtungsbezeigung eines alten Wüstenbewohners einem positiv denkenden Menschen gegenüber, der als einziger fest an etwas geglaubt hatte.

Heute, viele Jahre später, versorgen eine große Zahl Brunnen Musa Alamis fünf Kilometer lange und drei Kilometer breite Ansiedlung. Er zieht dort Gemüse, Bananen, Feigen, Zitrusfrüchte – und Flüchtlingskinder. Diese wachsen in seiner Schule zu Staatsbürgern von morgen heran, sie werden Bauern, Techniker, Kaufleute. Musas Früchte und Gemüse werden jeden Tag nach Kuwait, Bahrain, Beirut geflogen, und ein Teil kommt im nahegelegenen Jerusalem auf den Markt. Andere haben es Musa nachgetan, und heute dehnen sich dort, wo ehedem nichts als Wüste war, riesige fruchtbare Pflanzungen.

Ich fragte den bewunderungswürdigen Mann, woher er die Kraft genommen habe, durchzuhalten, obwohl sich alle über ihn und seinen Plan lustig gemacht hatten. Er erwiderte: »Es gab für mich einfach nichts anderes; es mußte vollbracht werden. Und Gott half mir.«

Die untergehende Sonne tauchte die Berge Moabs und Judas in rötlichgoldenes Licht. Ich stand neben einem der zahlreichen Brunnen, und es war mir, als hörte ich das Wasser murmeln, während es in den tiefen, weiten Trog plätscherte: »Alles ist möglich; alles ist möglich.« Wir dürfen uns von Schwierigkeiten bloß nicht beirren lassen, und wir dürfen nicht auf das ›Das-ist-nicht-Möglich‹ der ewig Negativen hören. Statt dessen wollen wir uns lieber Musa Alami vor Augen halten, den positiv denkenden Mann aus der Wüste, und daran denken, daß Begeisterung uns unseren Zielen näherbringt. Begeisterung vermochte in der Öde einer Wüste Wunder zu vollbringen, und sie vermag es auch in der Öde des Lebens mancher Menschen.

Das Beglückende ist, daß es so viele Menschen mit der richtigen positiven Lebenseinstellung gibt, die bereit sind, alles zu geben, um das Ziel, für das sie sich begeistert haben, zu erreichen.

Ein Begeisterter bringt es fertig

Zu den Menschen, die sich durch nichts von ihrem Ziel abhalten lassen, gehört auch Legson Kayira, ein Negerjunge aus Ostafrika, der seine Geschichte unter dem Titel ›Barfuß nach Amerika‹ in der Zeitschrift ›Guideposts‹ erzählte.

»Meine Mutter wußte nicht, wo Amerika liegt. Als ich sie fragte: ›Mutter, ich möchte nach Amerika gehen, um dort die Schule zu besuchen, hast du nichts dagegen?‹, gab sie mir zur Antwort: ›Nein, geh ruhig. Wann willst du aufbrechen?‹

Ich fürchtete, sie könnte von jemandem erfahren, wie weit weg Amerika sei, und ihre Meinung ändern. So sagte ich: ›Morgen früh.‹

›Dann will ich dir noch ein Maisbrot backen für unterwegs.‹

Am folgenden Tag, es war der 14. Oktober 1958, verließ ich mein Heimatdorf Mpale im nördlichen Njassaland. Meine ganze Habe waren die Kleider, die ich an mir trug, ein Khakihemd und Shorts, eine Bibel und das Buch ›Pilgerreise zur seligen Ewigkeit‹ sowie das in Bananenblätter eingewickelte Maisbrot und eine Axt, um mich gegen wilde Tiere zu schützen.

Mein Ziel lag in unendlicher Ferne, doch ich zweifelte nicht daran, daß ich es erreichen würde. Ich hatte keine Ahnung, wie alt ich war. Solche Dinge sind unwichtig in einem Land, in dem die Zeit nichts bedeutet. Ich denke, ich muß etwa sechzehn oder achtzehn Jahre alt gewesen sein.

Mein Vater war gestorben, als ich noch sehr jung war. Meine Mutter besuchte die Versammlungen der Missionare der presbyterianischen Kirche, und 1952 wurde unsere ganze Familie christlich getauft. Die Missionare lehrten mich nicht nur Gott lieben, sie sagten mir auch, wie wichtig eine gute Schulbildung für mich sei, wenn ich meinem Dorf, meinem Volk, meinem Land einmal nützen wolle.

In Wenya, zehn Kilometer von Mpale entfernt, gab es eine von Missionaren geleitete Primarschule, und eines Tages begann ich, sie regelmäßig zu besuchen.

Dort lernte ich viel. Neben dem üblichen Schulwissen lernte ich, daß ich nicht, wie die meisten meiner Stammesangehörigen von sich glaubten, ein Opfer der Verhältnisse sein mußte, sondern Herr über sie sein konnte. Ich lernte auch, daß ich als Christ die Pflicht hatte, die mir von Gott geschenkten Gaben zu entfalten, um meinen Mitmenschen, wie mir selber, zu einem besseren Leben zu verhelfen.

Später hörte ich von Amerika. Ich las die Lebensgeschichte Abraham Lincolns und empfand Liebe und Verehrung für diesen Mann, der so viel gelitten hatte, um den versklavten Afrikanern in seinem Land zu helfen. Ich las auch von Booker T. Washington, der selber in der Sklaverei geboren worden war und der zu Ehren und Würden emporstieg und ein Wohltäter seines Volkes und seines Landes wurde.

Immer mehr gewann ich die Überzeugung, daß mir nur Amerika die Ausbildung und die Möglichkeiten bieten könne, die mir erlaubten, es solchen Männern in meinem Land gleichzutun – wie sie ein Führer, vielleicht gar Präsident meines Landes zu werden.

Mein Plan war, nach Kairo zu gelangen und mich dort auf einem Schiff, das nach Amerika fuhr, anheuern zu lassen. Kairo war mehr als fünftausend Kilometer entfernt – eine Distanz, von der ich mir keine Vorstellung machen konnte und die ich, albern wie ich war, glaubte, in vier oder fünf Tagen zurücklegen zu können. In vier oder fünf Tagen war ich jedoch noch keine fünfzig Kilometer weit gekommen. Ich hatte nichts mehr zu essen, kein Geld und wußte nicht, was tun, außer daß ich mein Ziel irgendwie erreichen müsse.

Da verfiel ich auf eine Art des Reisens, die über ein Jahr lang zu meinem Leben wurde. Die Dörfer lagen in der Regel etwa acht bis zehn Kilometer auseinander. Das bedeutete mehrere Stunden Marsch auf unwegsamen Urwaldpfaden. Ich kam jeweils gegen Mittag in einem Dorf an und fragte nach Arbeit. Als Entgelt erbat ich Nahrung, Wasser und eine bescheidene Schlafstelle. Hatte ich Glück, dann verbrachte ich die Nacht dort und machte mich am frühen Morgen wieder auf den Weg.

Immer war das aber nicht möglich. Die Sprache der Eingeborenen wechselt in Afrika oft alle paar Kilometer, und häufig befand ich mich unter Menschen, mit denen ich mich nicht verständigen konnte. Das machte mich für sie natürlich zu einem Fremden oder sogar zu einem Feind; sie ließen mich nicht in ihr Dorf, und ich mußte im Wald übernachten und mich von Kräutern und wildwachsenden Früchten ernähren.

Bald stellte ich fest, daß meine Axt den Eindruck erweckte, als führe ich Böses im Schilde, und so tauschte ich sie denn gegen ein Messer ein, das ich ungesehen mit mir tragen konnte. Nun war ich völlig wehrlos gegen die Tiere des Urwaldes, vor denen ich mich fürchtete. Aber obwohl ich sie des Nachts hörte, kam mir nie eines zu nahe. Moskitos hingegen waren meine ständigen Begleiter, und ich litt ihretwegen oft unter Malaria-Anfällen. Aber meine Bibel und die ›Pilgerreise‹ gaben mir Trost. Immer und immer wieder las ich in der Bibel, und ich fand Zuversicht in den Sprüchen (3, 5–6): ›Vertraue auf den

Herrn von ganzem Herzen, auf deine Klugheit aber verlaß dich nicht. Alsdann wirst du deinen Weg sicher gehen, und dein Fuß wird nicht anstoßen.‹

Gegen Ende des Jahres 1959 hatte ich etwa fünfzehnhundert Kilometer zurückgelegt. In Uganda fand ich bei einer Familie Unterkunft und gleichzeitig Arbeit in einer Ziegelfabrik. Ich blieb sechs Monate dort und sandte den Großteil meines Verdienstes nach Hause an meine Mutter.

In der ›Pilgerreise‹ las ich von den Christen, die auf der Suche nach Gott die Wüste durchwandert hatten, und ich verglich das mit meinem Streben nach dem Ziel, das, wie ich glaubte, Gott in mein Herz gelegt hatte. Und wie diese Christen nicht aufgegeben hatten, so wollte auch ich nicht aufgeben.

Eines Nachmittags stieß ich in der Bibliothek von Kampala auf ein Verzeichnis der amerikanischen Schulen. Ich öffnete es wahllos, und mein Blick blieb auf dem Namen des Skagit Valley College in Mount Vernon haften. Ich hatte einmal gehört, daß amerikanische Schulen mitunter Stipendien gewähren, und so schrieb ich an Dekan George Hodson. Ich war mir bewußt, daß nur eine kleine Hoffnung bestand, doch das entmutigte mich nicht. Bekäme ich eine Absage, dann würde ich eben an eine nach der andern der im Verzeichnis aufgeführten Schulen schreiben, bis ich eine fände, dir mir helfen würde.

Drei Wochen später traf Dekan Hodsons Antwort ein. Ich erhielt ein Stipendium zugesichert, und die Schule würde mir helfen, Freizeitarbeit zu finden. Überglücklich ging ich auf das amerikanische Konsulat. Aber dort vernahm ich, daß diese Zusage nicht genügte. Ich brauchte einen Reisepaß und das Geld für die Rückfahrt, um ein Visum zu bekommen.

Ich schrieb an die Behörden von Njassaland, erhielt aber keinen Paß, weil ich nicht sagen konnte, wann ich geboren war. So schrieb ich an die Missionare, bei denen ich zur Schule gegangen war, und durch ihre Vermittlung erhielt ich schließlich meinen Reisepaß. Aber das Visum konnte ich immer noch nicht bekommen, weil mir ja noch das Geld für die Rückreise fehlte.

Ich war noch immer entschlossen und setzte meine Reise nordwärts fort. Ja, meine Zuversicht war so groß, daß ich mein letztes Geld für mein erstes Paar Schuhe opferte. Ich konnte das Skagit Valley College doch nicht barfuß betreten! Um die Schuhe zu schonen, trug ich sie in der Hand. Im Sudan lagen die Dörfer weiter auseinander, und die Bewohner waren weniger entgegenkommend. Mitunter hatte ich dreißig oder vierzig Kilometer zu laufen, bis ich irgendwo übernachten und, um etwas Nahrung zu bekommen, arbeiten konnte. Endlich kam ich nach Khartum, und unverzüglich ging ich auf das amerikanische Konsulat. Vielleicht hatte ich hier mehr Glück?

Vizekonsul Emmet M. Coxson selbst erklärte mir die Einwanderungsbestimmungen, die ich bereits kannte. Mr. Coxson tat aber noch mehr. Er schrieb an das Skagit Valley College und schilderte meine Lage. Als Antwort auf seinen Brief kam ein Telegramm.

Die Schüler hatten, als sie von mir und meinem Ziel vernahmen, eine Wohltätigkeitsveranstaltung auf die Beine gestellt und 1700 Dollar zusammengebracht. Ich war überwältigt und überglücklich. Ich dankte Gott für seinen Beistand und gelobte, mein Leben von nun an ganz in Seinen Dienst zu stellen.

Die Nachricht, daß ich viertausend Kilometer zu Fuß zurückgelegt hatte, machte bald in ganz Khartum die Runde. Kommunisten kamen und boten mir an, mich auf eine Schule in einem Land des Ostblocks zu schicken. Sie würden alle Kosten, auch die Reisekosten, übernehmen und auch für meinen Unterhalt während meiner Schulzeit aufkommen.

›Ich bin Christ‹, war meine Antwort, ›und in einer gottlosen Schule würde ich nicht zu dem Mann erzogen, der ich einmal sein möchte.‹

Sie warnten mich, daß ich als Afrikaner in Amerika unter Rassendiskriminierung leiden müsse, aber auch das konnte mich nicht umstimmen.

Im Dezember 1960 betrat ich zum ersten Mal das Skagit Valley College. Unter dem Arm trug ich meine zwei Bücher, die mich von Mpale bis hierher begleitet hatten.

In meiner Dankesrede an meine Mitschüler erwähnte ich meinen Wunsch, einmal Premierminister oder Staatspräsident meines Landes zu werden. Ich bemerkte, wie einige lächelten, und ich fragte mich, ob ich wohl etwas allzu Naives gesagt habe. Ich glaube nicht.

Wenn Gott ein scheinbar unerreichbares Ziel in unser Herz legt, dann bedeutet das, daß Er uns auch helfen will, dieses Ziel zu erreichen. Wie wahr das ist, wurde mir so richtig deutlich, als ich, ein Junge aus dem afrikanischen Busch, an der University of Washington mein Abschlußdiplom entgegennahm. Und wenn Gott mir das Ziel gegeben hat, Präsident von Njassaland zu werden, dann werde ich es auch erreichen.

Wenn wir uns gegen Gott sträuben, bleiben wir ein Nichts. Wenn wir Gott annehmen, können wir es viel weiter bringen, als wir uns je träumen ließen.«

Diese ›völlig unmögliche‹ Geschichte beweist einmal mehr, was Begeisterung vermag. Ich frage mich, warum nicht jedermann sein Tun und Handeln auf die Tatsache gründet, daß Begeisterung die Triebkraft zu ungeahnten Leistungen ist. So viele könnten sich die Langeweile der Mittelmäßigkeit, die Enttäuschung des Versagens, den Verlust der Hoffnung ersparen, wenn sie die ihnen geschenkte Kraft der Begeisterung stärker entwickelten.

Manche Leute, die nicht im Bilde sind, betrachten die Arbeit eines Pfarrers als farblos, langweilig und eintönig. Dabei hat die Begeisterung als wesentlicher Faktor in diesem Beruf genauso seine Gültigkeit wie in jedem anderen.

Nehmen wir zum Beispiel Dr. Robert H. Schuller, den Autor des hervorragenden Buches ›Es gibt eine Lösung für jedes Problem‹*, der von seiner Kirche nach Orange County in Kalifornien gesandt wurde, um eine Kirchengemeinde ins Leben zu rufen. Dort, in dem am raschesten wachsenden Teil unseres Landes, besaß seine Kirche nicht ein einziges Mitglied. Dr. Schuller erhielt ein bescheidenes Gehalt und 500 Dollar für Unkosten. Doch Schuller war so begeistert von seiner Aufgabe, wie er knapp an Geld war. Im Geiste sah er schon eine große, moderne Kirche inmitten jenes bevölkerungsreichen Gebietes stehen.

---

* Oesch Verlag AG, Glattbrugg-Zürich

Vorerst mietete er ein Drive-in-Kino für die Sonntagmorgen-Gottesdienste, und langsam, aber stetig sammelte er eine Gemeinde um sich, die größtenteils aus Leuten bestand, die sich neu in Südkalifornien niederließen. Er führte diese Menschen zusammen, und er brachte ihnen das Evangelium. Nach einem Jahr sprach ich auf seine Einladung hin schon vor etwa tausend Gemeindemitgliedern. Und er selbst schilderte ihnen in begeisterten Worten die Kirche, die er bauen wolle. Ich war überzeugt, daß diese Kirche eines Tages gebaut würde, denn in seinem Geist stand sie bereits, und er besaß die Energie, den Durchhaltewillen und die Zuversicht, sie auch Wirklichkeit werden zu lassen.

Zehn Jahre später lud mich Dr. Schuller wiederum ein, in seiner Gemeinde zu predigen, doch dieses Mal in einem glänzenden Neubau inmitten eines riesigen, blumenübersäten Gartens. Seine Gemeinde zählte jetzt viertausend Mitglieder, die jeden Sonntagmorgen die Kirche bis auf den letzten Platz füllten. Ich half damals auch bei der Grundsteinlegung zum ›Turm der Hoffnung‹, einem zehngeschossigen Bau, in dem ausgebildete Fürsorger von Leid geplagten Mitmenschen helfen, ihren Seelenfrieden und den Weg zu einem erfüllten Leben wiederzufinden.

Als ich auf die große Gemeinde blickte, wurde mir von neuem bewußt, was Begeisterung vermag.

9
Begeisterung überwindet Schwierigkeiten

Nehmen wir an, wir stehen vor scheinbar unüberwindlichen Schwierigkeiten. Hat es in einer solchen Lage noch einen Sinn, Begeisterung zu entwickeln – ja, können wir es überhaupt noch? Welche Frage! Erst jetzt zeigt sich doch, was wahre Begeisterung wirklich vermag!

Ich will von einem Freund erzählen, der genügend Begeisterung, Zuversicht und Ausdauer besaß, um es mit zwei übergroßen Schwierigkeiten aufzunehmen – mit dem Alkohol und mit Krebs.

Mein Freund heißt J. Arch Avary und ist einer der bekanntesten und geachtetsten Bürger einer großen Stadt im Süden der Vereinigten Staaten. Seine Geschichte hat wohl kaum ihresgleichen in bezug auf Mut, Gottvertrauen und Begeisterung. Er überwand seine Schwierigkeiten durch die Kraft der Begeisterung, allerdings einer besonderen Begeisterung, nämlich der für Jesus Christus und für Gott. Es ist ein weiteres Beispiel dafür, was Begeisterung vermag.

Arch Avary gab mir die Erlaubnis, seine Geschichte zu erzählen. Er sagte mir: »Ihre Bücher haben mir unendlich geholfen, und ich bin glücklich, wenn meine Erfahrungen nun dazu beitragen können, anderen zu helfen.«

Avary war mit zwanzig Jahren schon Direktor des Florida Institute of Banking, und mit einundzwanzig wurde er zu dessen Präsident gewählt, was, so glaube ich wenigstens, in der Geschichte des amerikanischen Bankwesens einmalig ist. Sein Aufstieg war meteorhaft – mit siebenundzwanzig saß er schon im Verwaltungsrat der First National Bank. Auch beim Militär machte er eine ähnlich steile Karriere, brachte er es doch im

Zweiten Weltkrieg bis zum Obersten der Luftwaffe. Nach dem Krieg kehrte er wieder zur First National Bank zurück, aber 1956 wurde er ungeachtet seiner überragenden Fähigkeiten und seiner weltweiten Beziehungen wegen übermäßigen Trinkens entlassen.

Er war Knall und Fall am Ende

Sein Abstieg ging so rasch vor sich wie seinerzeit sein Aufstieg. In kürzester Zeit war er am Ende. Seine Frau beantragte die Scheidung; er besaß keinerlei Ersparnisse mehr; und jede Stelle, eine armseliger als die andere, verlor er innerhalb kurzer Zeit wieder wegen seiner Trunksucht.

Arch beschrieb seinen Abstieg selber mit den Worten: »Mein hoffnungsloser Zustand versetzte mich in die größten Ängste. An den Bars der beiden Clubs, in denen ich sozusagen meine ganze Freizeit verbrachte, traf ich jeden Tag viele einflußreiche Leute. Wenn mich nun einer von ihnen am Tag nach einer durchzechten Nacht in einer geschäftlichen Angelegenheit in der Bank besuchte und dabei etwas erwähnte, worüber wir am Vorabend gesprochen hatten und woran ich mich in keiner Weise mehr erinnerte, brach mir vor Angst der kalte Schweiß aus. Ich wußte nicht mehr, was ich gesagt hatte, und ich wußte nicht, was die Folgen sein könnten.

Je öfter sich dies wiederholte und je nervöser ich dadurch wurde, desto größere Mengen Alkohol brauchte ich, um mich wieder zu beruhigen, und um so unhaltbarer wurde der Zustand. Dennoch dauerte er fast zehn Jahre lang an, denn ich war die rechte Hand des Präsidenten der damals größten Bank im Südosten der Vereinigten Staaten, und dieser Mann litt an derselben Schwäche wie ich. Er wurde deswegen auch vorzeitig in den Ruhestand versetzt und nahm sich ein Jahr später das Leben. Das hätte mich eigentlich zur Vernunft bringen sollen, aber das war nicht der Fall. Zwei Jahre später wurde ich aus dem gleichen Grund ebenfalls entlassen.«

Bekannte aus Bankerkreisen erzählten mir, Avary habe alle Aussichten gehabt, Präsident einer der größten Banken des

Landes zu werden. Doch seine Schwäche machte alles zunichte, und statt dessen war er gezwungen, Freunde und frühere Mitarbeiter um Unterstützung zu bitten.

Er wußte, daß es so nicht weitergehen konnte, und bat um Aufnahme in eine staatliche Heilstätte für Alkoholkranke. Dort mußte er als erstes Teller waschen, aber selbst bei dieser einfachen Arbeit war er ein Versager. Nach dem ersten Mal fuhr ihn die Aufseherin an: »Arch Avary, mein Vater war Streckenarbeiter bei derselben Eisenbahngesellschaft, in deren Verwaltungsrat Sie saßen. Sie waren ein großer Herr, und Sie standen vorne auf der beflaggten Lokomotive des Extrazugs, der unter den Klängen einer Musikkapelle in West Point einfuhr, als die Atlanta and West Point Railroad das Jubiläum ihres hundertjährigen Bestehens feierte. Doch jetzt sind Sie Insasse dieser Anstalt und ein ganz gewöhnlicher Trinker wie die anderen auch. Also marsch, zurück zum Abwaschbecken, und sehen Sie zu, daß die Teller sauber werden!«

Ein Landstreicher, der sich auskennt

Dieses Erlebnis erschütterte Arch und hatte die erste heilsame Wirkung auf ihn. Einige Tage später, als er auf dem Anstaltsgelände Blätter zusammenkehren mußte, kam er mit einem anderen Insassen ins Gespräch, einem Landstreicher, der ihm gestand, oft ohne Fahrkarte auf seiner Eisenbahn gefahren zu sein. Dieser Landstreicher, ein nachdenklicher Bursche, wußte von Archs Mitarbeit im Vorstand der First Methodist Church und fragte ihn: »Ich glaube an keine Religion. Ich habe keine, und ich will auch keine. Aber ich möchte gern wissen, wieso du mit deiner Religion an einem Ort wie diesem gelandet bist – am selben Ort wie ich.«

»In dieser Nacht tat ich kein Auge zu«, erzählte Avary, »und es wurde mir klar, daß mit meiner religiösen Einstellung tatsächlich etwas nicht in Ordnung sein mußte, wenn das sogar ein Landstreicher fand. Ich sah, daß meine sogenannte Religion reine Schablone war, wie zum Beispiel meine Mitgliedschaft beim Automobil-Club und bei anderen Vereinen oder das Tragen eines grauen Flanellanzuges, des Kennzeichens des erfolgreichen Geschäftsmannes. Meine Religion war gar keine Religion; sie war Schein und Trug.«

Avary war fest entschlossen, eine wahre religiöse Einstellung zu suchen, und er setzte alles daran, sie zu finden. »Als ich durch das schwere Eisentor der Anstalt schritt, ging etwas mit mir – eine neue Kraft. Seither habe ich nie mehr auch nur die geringste Lust nach Alkohol verspürt.

Als ich unter dem Tor stand, blickte ich zurück und bat Gott, mir Mut und Kraft zu geben, ein neues Leben zu beginnen. Wenn Er das tat, dann wollte auch ich mein Teil dazu beitragen, und ich wollte meine Schuld durch aufbauenden Dienst im Weinberg des Herrn abtragen. Das tue ich seitdem unablässig. Ich bat Gott um Seinen Beistand, mein chaotisches Leben in Ordnung zu bringen, und seither bin ich auf dem rechten Weg.

Nach der Entlassung aus der Anstalt kehrte ich in meine Heimatstadt zurück. Ich war ruiniert; ich besaß nur noch wenige Freunde; und meine Frau hatte die Scheidung eingereicht. Während der folgenden sechs Monate ging ich nirgendwohin außer in die Kirche, die sich unmittelbar neben unserem Haus befand. Ich machte täglich den gleichen langen Spaziergang zum Fuß des Pine Mountain. Dort verweilte ich und setzte mich in die alte Brunnenstube, von deren Wasser ich schon als Junge getrunken hatte. Unterwegs las ich herabgefallene Zedernäste auf, und an diesen schnitzte ich in der Brunnenstube herum. Wenn ich so saß, konnte ich die Züge pfeifen hören, und ich dachte an den Landstreicher und seine Frage: ›Was für eine Religion hast du denn?‹«

Er hörte auf, vor sich selber zu fliehen

»Während der letzten fünfundzwanzig Jahre war ich ständig vor etwas auf der Flucht gewesen, am meisten vor mir selber. Man kann aber nichts entfliehen, am wenigsten sich selbst. Als ich die ersten zwei oder drei Tage dort saß, war ich nervös und gereizt, bis mir plötzlich ein Bibelvers in den Sinn kam: ›Sei getrost und wisse, daß ich Gott bin.‹ Meine Nervosität war auf einmal weg, und sie kehrte nie mehr zurück. Während dieser Tage des Schnitzens am Fuße des Pine Mountain machte ich die größte Entdeckung meines Lebens. Ich entdeckte einen Menschen namens Arch Avary, vor dem ich jahrelang geflohen war. Als ich ihn nun wirklich kennenlernte, fand ich heraus, daß er im Grunde genommen ein anständiger Mann war, der lediglich lange Zeit auf dem falschen Weg gewesen war.

In diesen sechs Monaten dachte ich über vieles nach. Jeden Tag unterhielt ich mich in der alten Brunnenstube mindestens eine Stunde lang mit mir selber. Beim Abwägen meiner Möglichkeiten der Rückkehr in das Geschäftsleben untersuchte ich auch meine Geistesverfassung. Ich hatte nicht viel Zuversicht, aber eines Tages erinnerte ich mich des Bibelverses: ›Wenn Gott mit uns ist, wer kann wider uns sein?‹ Das gab mir Mut. Je mehr ich darüber nachdachte, um so zuversichtlicher wurde ich, daß ich mit Gottes Hilfe alles erreichen könne. Und noch ein Bibeltext gab mir Mut: ›Übergib deine Wege dem Herrn; vertraue auf Ihn; und Er wird es zu Ende führen.‹

Etwa zehn Jahre vor jener Zeit hatte mir meine Mutter zwei Bücher von Dr. Norman Vincent Peale gegeben, ›Trotzdem Positiv‹* und ›Das Ja zum Leben‹*. Ich hatte sie nie aufgeschlagen. Jetzt aber las ich sie und fragte mich dabei, ob positives Denken und eine bejahende Lebenseinstellung nicht auch aus mir einen anderen Menschen machen könnten. Ich versuchte es – und ich hatte Erfolg.«

Eines ist sicher. Arch Avary fand Vertrauen; nicht ein unbestimmtes Vertrauen, sondern kraftvolles, sein Leben von Grund auf änderndes Vertrauen auf Jesus Christus. Er selbst drückte es überzeugend so aus: »Zuallererst wurde meine Seele gerettet. Ich bin vollkommen glücklich.« Ich habe in meinem Leben viele begeisterte Christen kennengelernt, aber keinen, der begeisterter war als er.

Arch Avary stieg von neuem die Leiter hinauf, und bald war er wieder einer der führenden Bankiers seiner Stadt. Eine ungeheure Leistung, wenn man bedenkt, daß man ihm prophezeit

* Oesch Verlag AG, Glattbrugg-Zürich

hatte, seine Möglichkeiten der Rückkehr ins Geschäftsleben ständen zehntausend zu eins, so sehr hatte er seinerzeit seine Karriere verpfuscht. Aber jetzt war er nüchtern, zurechnungsfähig und begeistert. Von allen Seiten wurde er gebeten, Vorträge zu halten und zu schildern, wie Gott unser Leben ändern kann, und er tat es mit überschäumender Begeisterung.

Nach dem Alkohol – Krebs

Dann kam der große Schlag. Arch hatte Magenkrebs. Vor Jahren war einer seiner Freunde daran erkrankt, und das hatte Arch so erschüttert, daß er sich geschworen hatte, er würde seinem Elend mit einer Kugel ein Ende setzen, falls er je von dieser Krankheit befallen würde. Die Nachricht mußte ihn niederschmettern; würde er wieder zur Flasche greifen? Nein, das tat er nicht, denn jetzt verfügte er über Gottvertrauen und Begeisterungsfähigkeit. Am selben Tag, als ihm sein Arzt die traurige Eröffnung machte, mußte er nach Sea Island fahren, wo er vor etwa tausend weiblichen Bankangestellten einen Vortrag zu halten hatte. Während dieser Tagung nahm er an mehreren Cocktail-Parties teil, und einige gedankenlose Leute drängten ihn, etwas zu nehmen, ›um den Schock zu überwinden‹. Aber er brauchte nichts außer seiner neuen inneren Kraft.

»Die Tatsache, daß ich selbst unter diesen Umständen kein Bedürfnis nach einem Glas Alkohol hatte, gab mir die Gewißheit, daß ich für alle Zeiten geheilt sei«, bemerkte er. Erstaunlich war auch, daß er nicht nur keine Furcht empfand, sondern sein neues Unglück gelassen annahm. Ja, er wußte aus seiner Krankheit, die er lapidar als ›Loch im Magen‹ bezeichnete, das Beste zu machen. Die anderthalb Stunden Zeit während der täglichen Spülungen verwendete er zum Lesen und zu Gebet und Meditation.

»Als man den Verband von meinem Bauch entfernte und einen Plastik-Behälter einsetzte, konnte ich das nicht mitansehen«, erzählte er. »Mein Arzt empfahl mir, diesen Behälter in Zukunft selber auszuwechseln, anstatt es die Krankenschwester tun zu lassen, denn je schneller ich mich daran gewöhnen würde, um so besser. Vier oder fünf Tage lang scheute ich davor zurück, doch dann überlegte ich mir, daß ich ja mit dem Ding leben müsse.

Als ich mich dazu entschloß, die Öffnung in meiner Seite zu betrachten und mich davon nicht in Schrecken versetzen zu lassen, errang ich einen neuen Sieg. Ich lernte, unangenehmen Dingen mutig zu begegnen, und das war ein neuer, sonniger Ausblick inmitten der übrigen, düsteren Aussichten.

Ich hatte nun einmal mit meiner Krankheit zu leben, und ich beschloß, daraus einen Segen zu machen statt einen Fluch. Ich erinnerte mich der Worte der Pfarrer über Paulus und seine Gebrechen. Ich sagte mir, daß wenn er sich seine Krankheiten zunutze machen und das vollbringen konnte, was er vollbrachte, auch mir meine Krankheit Anregung sein konnte. Ich verglich mich nicht mit Paulus, aber ich ging einig mit dem, was er den Philippern geschrieben hatte: ›Alles vermag ich durch den, der mich stark macht.‹

Unzählige Male hatte ich Norman Vincent Peales Buch ›Die Kraft positiven Denkens‹ schon gelesen. Ich las es wieder und erneuerte meine positive Einstellung und meinen Entschluß, jedem Beschwernis, und sei es noch so groß, mutig zu begegnen und es zu meistern.«

Arch Avary, das ehemalige Opfer des Alkohols und des Krebses – nun ein Besieger des Krebses –, war viele Jahre Präsident der staatlichen Krebsforschungs-Gesellschaft. Er ist ein begeisterter und überzeugender Redner, und er hat das Leben Hunderter gerettet, indem er sie von der Notwendigkeit rechtzeitiger ärztlicher Untersuchung überzeugte.

Die besten Menschen haben die größten Schwierigkeiten

Eugene Patterson, der Herausgeber des ›Atlanta Constitution‹, sagt von Arch Avary: »Ein Mensch wie er meistert alles. Vielleicht haben darum die besten Menschen mit den größten Schwierigkeiten zu kämpfen, weil sie auch fähig sind, mit ihnen fertig zu werden.«

Wir können jede Schwierigkeit, worin sie auch immer bestehe, meistern, Avary zeigt uns den Weg – wahres Gottvertrauen. Rein äußerlicher Glaube genügt nicht; unser Gottvertrauen muß tief in uns verwurzelt sein. Daraus schöpfen wir die echte Begeisterung und gewinnen wir die Kraft, Schwierigkeiten zu meistern. Niemals dürfen wir uns von Schwierigkeiten niederdrücken lassen. Wenn wir ihnen mutig und zuversichtlich entgegentreten und unsere Begeisterungsfähigkeit wirken lassen, dann überwinden wir mit Gottes Hilfe alle Schwierigkeiten und Probleme.

Wir wollen immer daran denken: Gott steht dem Begeisterten bei. Das ist wahr, und darum kann ein begeisterter Mensch nicht untergehen.

Nehmen wir zum Beispiel Ed Furgol, einen der berühmtesten Golfspieler in der Geschichte dieses beliebten Sportes. Als Ed zehn Jahre alt war, fiel er von einer Schaukel. Er schlug mit dem linken Ellbogen auf das harte Pflaster auf, und sein ganzer linker Arm wurde jämmerlich zugerichtet. Man transportierte Ed unverzüglich ins Spital und tat alles für ihn, was man nur tun konnte. Trotzdem war sein linker Arm von nun an zwanzig Zentimeter kürzer als sein rechter. Die durch diesen Unfall und seine Folgen hervorgerufene seelische Erschütterung war für den munteren, lebhaften zehnjährigen Knaben groß. Aber Ed besaß etwas, um damit fertig zu werden, nämlich Begeisterung. Seine ganze Begeisterung galt dem Golfspiel, und sein Ehrgeiz war, einmal amerikanischer Meister zu werden. Ein durchschnittlicher oder gar negativer Mensch hätte sich diesen Gedanken jetzt bestimmt aus dem Kopf geschlagen; mit einem verkrüppelten, verkürzten Arm war das einfach nicht mehr möglich.

Aber Ed Furgol war aus anderem Holz; er hatte eine ganze Anzahl Aktivposten aufzuweisen. Wenn er sie zusammenzählte, dann wogen sie seiner Ansicht nach den verkrüppelten Arm bei weitem auf. Was waren diese Aktivposten? Da war einmal ein Ziel, nicht ein verschwommenes, undeutliches – das in Wirklichkeit ja gar keines gewesen wäre –, sondern ein ganz bestimmtes, klar umrissenes, nämlich Golfmeister zu werden.

Zu kurzer Arm hin oder her, das war sein Ziel, und das wollte er erreichen. Er besaß Selbstvertrauen, und er war überzeugt, daß es ihm gelingen müsse, den Ball dorthin zu schlagen, wohin er gehörte. Und er wußte, daß jeder, der das fertig brachte, auch Golfmeister werden konnte.

›Wenn‹-Denker und ›Wie‹-Denker

Ein anderer sehr wichtiger Aktivposten war: Ed war kein ›Wenn‹-Denker, sondern ein ›Wie‹-Denker. Der ›Wenn‹-Denker sagt: »Wenn ich das und das nicht getan hätte... Wenn mir dieses und jenes nicht widerfahren wäre... Wenn ich nur mehr Glück gehabt hätte« – ein hoffnungsloses ›Wenn‹ nach dem andern.

Nun, dieser scheinbar benachteiligte Junge hielt nichts von ›Wenn‹, dafür um so mehr von ›Wie‹. Er fragte sich: »Wie gelingt es mir, den ganzen Körper in meinen Schlag zu legen? Wie werde ich Golfmeister?« Das zeigt, daß Ed die wahre Begeisterung besaß, die Hindernisse überwindet und mit Schwierigkeiten fertig wird.

Den Nachteil seines kurzen Armes wußte er beim Golf dadurch auszugleichen, daß er den ganzen Körper in seinen Schlag legte. Seine Bewegungen wirkten abgehackt, aber sein Körper erhielt den richtigen Schwung, um den Ball mit seinem ganzen Gewicht zu treffen. Leute, die Ed spielen sahen, sagen, es sei ein geradezu erbarmungswürdiger Anblick gewesen, Ed neben den athletischen Gestalten seiner Konkurrenten spielen zu sehen. Doch den Mann mit dem um zwanzig Zentimeter kürzeren linken Arm focht das nicht an.

Ed erzählte, in der Nacht vor der Meisterschaftsentscheidung sei er durch eine Stimme geweckt worden, die ihm ins Ohr zu flüstern schien: »Ed, morgen wirst du Meister werden.« Und am andern Tag wurde dieser ›Wie‹-Denker, dieser behinderte Mann mit seiner grenzenlosen Begeisterung, tatsächlich amerikanischer Golfmeister.

Haben wir nicht alle irgendwo einen ›um zwanzig Zentimeter zu kurzen Arm‹? Es muß nicht unbedingt eine körperliche

Behinderung sein, es kann auch eine Schwäche in unserer geistigen Einstellung oder ein Mangel an Vertrauen sein. Die meisten von uns unterschätzen die Kraft des Vertrauens. Mit Gottes Beispiel kann sich jeder von seinen Schwächen befreien, kann jeder zu einem erfüllten Leben finden, gleichgültig, wie viele Hindernisse es zu überwinden gilt.

Der Glaube an diese Tatsache ist eine der wesentlichen Voraussetzungen für jeden Menschen, der im Leben vorwärtskommen will. Es steht fest, daß Schwierigkeiten uns stärker und glücklicher machen, denn auf die Dauer kann niemand stark oder glücklich sein, dessen Unebenheiten nicht vom Leben selber abgeschliffen worden sind.

Das Leben ist eine Schleiftrommel

Wer weiß, was eine Schleiftrommel ist? Ich wußte es auch nicht, bis mein Freund Andrew van der Lyn, ein Fabrikant, mir davon erzählte. Sein Vergleich zwischen einer Schleiftrommel und unserem Leben schien mir so treffend, daß ich mich näher dafür interessierte.

Eine Schleiftrommel sieht aus wie ein sich drehender Zylinder und dient dazu, neugefertigte Metallteile zu glätten. Diese werden in die Trommel gelegt, und hinzu kommt das je nach Art und Härte der zu bearbeitenden Teile geeignete Schleifmittel: Diamantstaub, Sand, Hartgummistücke oder Stahlkugeln. Wenn die Schleiftrommel rotiert, geraten auch die Teile in ihrem Innern in Bewegung; sie reiben sich aneinander, bis die scharfen Kanten, Gußgräten und anderen Unebenheiten langsam verschwinden. Die Bewegung und das Schleifmittel geben ihnen die richtige, funktionsgerechte Form.

Das Leben ist nichts anderes als eine solche Schleiftrommel. Wir kommen gewissermaßen im Rohzustand zur Welt. Wenn wir älter werden, werden wir – wie die Metallteile in der Schleiftrommel – umhergeschleudert, wir reiben uns an den Problemen und Schwierigkeiten des Lebens. Das hat auf uns dieselbe Wirkung wie das Schleifmittel auf die rohen Metallteile – unsere Persönlichkeit wird reifer und abgerundeter.

Es gibt wohlmeinende Leute, die glauben, das Leben sei zu hart. Sie möchten die Welt so planen und einrichten, daß niemand mehr leiden müßte. Wie könnten wir uns aber ohne Kampf entwickeln, wie könnten wir abgerundet, reif und stark werden?

Wenn wir uns klar werden, daß Kummer und Leid nicht nur unvermeidbar sind, sondern darüber hinaus einen schöpferischen Sinn haben, dann erreicht unsere Lebensphilosophie eine höhere Stufe. Wir verlieren keine Zeit mehr damit, uns zu beklagen oder uns selbst zu bemitleiden, verdrossen zu werden oder uns entmutigen zu lassen. Wir lernen nach und nach, Schwierigkeiten als einen Teil des Reifeprozesses zu betrachten. Darum wollen wir, wenn es hart auf hart geht, uns gelassen verhalten, wissend, daß die Ecken und Kanten abgeschliffen werden müssen, damit wir richtig geformt werden.

Dieser Formungsprozeß schafft den Menschen. So hart und unangenehm Schwierigkeiten auch sein mögen, sie sind eine der Quellen unserer Entwicklung. Wenn wir ihr mit Zuversicht, positivem Denken und Begeisterung begegnen, dann meistern wir jede Schwierigkeit.

Eine Stewardeß blickt dem Tod ins Auge

Ich möchte von einem jungen Mädchen erzählen, das kräftig in der Schleiftrommel geschüttelt wurde. Seine tiefe Verbundenheit mit Gott gab ihm aber solche Stärke, daß selbst ein wahrhaft grauenhaftes Erlebnis es nicht wanken machen konnte.

Jackie Myers war Stewardeß. Als sie an jenem strahlenden Morgen über das Flugfeld schritt, konnte sie nicht ahnen, daß sich Augenblicke später das entsetzlichste Ereignis ihres Lebens abspielen werde. Kurz nach dem Abflug stand sie dem Tode gegenüber. Aber ihr Gottvertrauen war so groß, daß sie selbst in diesem Augenblick, der ihr letzter zu sein schien, keine Furcht empfand. »Elf Minuten nach dem Start«, erzählt Miß Myers selber, »begann unser wunderschönes, funkelndes Flugzeug Nase voran zu stürzen. 112 000 Kilogramm rasten ins Leere. Der Sturzflug setzte ein, als wir auf einer Höhe von 6000

Metern waren, und erst 40 Sekunden später – wir waren nur noch 1500 Meter über dem Erdboden, und in 8 Sekunden wäre das Flugzeug zerschellt – gelang es dem Piloten, den Riesen aufzufangen.

Im selben Moment riß sich eines der vier Triebwerke los und fiel zur Erde. Ein anderes hing nur noch an ein paar Schrauben. Wir verloren Öl aus dem Steuerungssystem, und auch der elektrische Strom fiel fast vollständig aus.

Es grenzt an ein Wunder, wie unser Flugkapitän den Riesenvogel auf einem Armee-Flugplatz zum Landen brachte – sanft, wie man mit einem Neugeborenen umgeht. Hätten rohe Eier die Rollbahn umsäumt – sie hätten wohl kaum Schaden genommen. Ja, es war wirklich ein Wunder.«

Jackie Myers berichtet von ihren Gefühlen und Gedanken während dieser lähmenden vierzig Sekunden des Sturzflugs. Man sagt, ein Mensch könne in ein paar wenigen Sekunden einen großen Teil seines Lebens nochmals durchleben. Hier ist ein Beispiel dafür:

»Als wir zu stürzen begannen, rannte ich unwillkürlich zu meinem Sitz im Heck des Flugzeugs. Ich konnte zuerst gar nicht fassen, was vor sich ging. Ich wußte, daß unsere Piloten hervorragend geschult waren, und ich war überzeugt, daß nichts passieren konnte.

Aber die Tatsache war unverkennbar – glatt und ruhig fielen wir ins Leere. Sowie ich mich damit abfand, fühlte ich mich Gott sehr nahe. Ich empfand keinerlei Furcht. Ich dachte an eine Tante, die ich sehr gerne habe und die jede Nacht für mich betet. Ich dachte daran, wie glücklich ich war, Teil meiner Kirchengemeinde zu sein. Ich dachte daran, daß ich positives Denken immer hochgehalten und auch immer einen einwandfreien Lebenswandel geführt hatte. Ich spürte überhaupt keine Angst. Ich war glücklich über mein bisheriges Leben, und ich sagte Gott, es gebe so vieles, was ich noch tun wolle. Ich wolle einmal heiraten und eine Familie haben; ich wolle noch eine Weile leben.

Aber immer noch rasten wir steil der Erde entgegen, und ich fand mich damit ab, daß ich den Aufprall nicht überleben würde. Ich schloß mein Zwiegespräch mit Gott mit dem Nachsatz: ›Herr, wenn Du es so willst, dann wird es richtig sein.‹ Da plötzlich fing sich das Flugzeug. Ich konnte meinen Sinnen kaum glauben, aber es war wahrhaftig so. Wir flogen wieder geradeaus, wie wenn nichts geschehen wäre.«

Später sagte sie: »Dieses schreckliche Erlebnis bewies mir, daß man durch tägliches zuversichtliches und positives Denken eine Geisteshaltung entwickeln kann, die einen in des Lebens schwersten Prüfungen aufrecht hält.«

Die bedeutungsvollsten Eigenschaften dieser Geisteshaltung sind Gottvertrauen und Begeisterung. Sie ändern die Menschen – und veränderte Menschen vermögen die Umstände zu ändern.

Ein Geschäftsmann hatte schwere Zeiten durchzumachen, und in düsterer Stimmung gestand er einem Freund, er wolle seinem Leben ein Ende setzen. Dieser Freund brachte den entmutigten Mann dazu, den Gottesdienst in der Marble Collegiate Church zu besuchen. Dort schöpfte er wieder Mut und Kraft. Seine wieder erwachte Begeisterung für sein Geschäft gab ihm neue, schöpferische Ideen. Seine Niedergeschlagenheit wich, und anstatt sein Leben zu verlieren, wurde es ihm neu geschenkt. Seine neue Geisteshaltung hatte ihm geholfen, mit seinen Schwierigkeiten fertig zu werden.

Das wahre Geheimnis, Probleme zu meistern, liegt in der richtigen Geisteshaltung. Jedermann kann seinen Geist durch Gedanken von Vertrauen, Mut, Begeisterung und Freude in die gewünschte Richtung lenken. Ich will die harten und mitunter grausamen Probleme, die uns das Leben stellt, nicht bagatellisieren. Aber wenn wir mit Gottvertrauen und der Gewißheit, sie meistern zu können, an sie herangehen, dann gewinnen wir Macht über sie. Ich möchte von zwei Menschen berichten, deren Leben diese Wahrheit deutlich macht.

Eine lebensfreudige, geistreiche Frau erlitt plötzlich einen Schlaganfall. Sie erholte sich davon nur so weit, daß sie mit größter Mühe ihre Glieder wieder gebrauchen konnte. Sie war sehr niedergeschlagen, doch schließlich nahm sie ihre Arbeit als Lehrerin wieder auf. Während ihrer Krankheit hatte sie mich gebeten: »Sagen Sie mir ein paar Worte, die mich trösten und die mir Mut geben.« Ich erzählte ihr von Dr. Paul Dubois, dem berühmten Wiener Psychotherapeuten, der die Heilwirkung der Worte lehrte. Er selber pflegte für sich immer das Wort ›nicht unterzukriegen‹ zu wiederholen. Ich erzählte ihr auch von jenem Arzt, der das Wort ›Demut‹ gebrauchte, und ich sagte ihr, daß mein bevorzugtes Wort, das ich oft für mich selber wiederhole, das Wort ›gelassen‹ sei. Sie schrieb mir: »Ich habe ein besseres Wort als alle diese, es heißt: ›stark‹. Ich sage immer wieder vor mich hin: ›Stark, stark, stark.‹ Nichts kann mich besiegen.« Die bedeutungsvollsten Worte, die wir uns einprägen können, sind jedoch die der Heiligen Schrift, wie:

»Wer kann uns von der Liebe Gottes trennen?«

»Alles vermag ich durch den, der mich stark macht, Christus.«

»Wenn Gott mit uns ist, wer kann wider uns sein?«

Immer wenn wir von Sorgen geplagt werden, sollten wir die Bibel aufschlagen, Worte wie diese heraussuchen und sie so lange wiederholen, bis sie fest in unserem Gedächtnis verankert sind. Unser Geist gibt uns das zurück, womit wir ihn genährt haben. Wenn wir ihn jedoch ständig mit negativen Gedanken nähren, dann beschert er seinerseits auch uns negative Gedanken. Nähren wir ihn hingegen mit Worten des Vertrauens und der Zuversicht, dann gibt er uns diese in großer Fülle wieder zurück.

Ein Bekannter von mir lag im Spital. Vor Jahren hatte er ein Bein verloren, und nun mußte man ihm auch das andere amputieren. Der Mann erzählte mir, er besäße einen ›Geister-Fuß‹. Obwohl sein Fuß fehlte, konnte er ihn immer noch fühlen und wollte er immer noch die Zehen bewegen. Wie leicht hätte dieser Zustand zu einem Nervenzusammenbruch führen können! Aber dieser Mann war so glücklich, so begeisterungsfähig, daß ihn nichts erschüttern konnte. Er war die Kraftquelle des ganzen Spitals.

Ich fragte ihn: »Jedermann erzählt, Sie seien der glücklichste Mensch im ganzen Spital. Sie täuschen das doch nicht etwa nur vor?«

»Aber nein, ich bin wirklich so glücklich, wie man nur sein kann.«

»Verraten Sie mir Ihr Geheimnis«, bat ich ihn.

»Sehen Sie das kleine Buch, das auf dem Tisch dort drüben liegt?« Es war die Bibel. »Das ist meine Medizin«, fuhr er fort. »Wenn ich gedrückter Stimmung bin, lese ich darin, und wenn ich ein paar dieser großartigen Worte gelesen habe, bin ich wieder glücklich.«

Ein angeheiterter Mann kam in das Spital, um einen Freund zu besuchen. Mit einem Blumenstrauß in der Hand schwankte er durch die Gänge. Endlich sagte er: »Ich kann meinen Freund nicht finden. Wenn ich in diesem Spital aber einen glücklichen Menschen antreffe, dann schenke ich ihm meine Blumen.«

Die Krankenschwestern wären den unwillkommenen Besucher gerne losgeworden, aber sie fürchteten sich vor ihm. Darum erlaubten sie ihm, umherzugehen und in jedes Zimmer zu schauen. Er betrachtete jeden Patienten mit prüfendem Blick und sagte nach einer Weile wegwerfend: »Ich habe noch nie einen solchen Haufen trauriger Menschen beisammen gesehen.« Dann kam er zu dem Mann ohne Beine, bückte sich zu ihm nieder und musterte ihn eingehend. Es war, als ob er plötzlich nüchtern würde, und in herzlichem Tone sagte er: »Sie gefallen mir, mein Freund; Sie haben, was ich suchte. Sie sind ein glücklicher Mensch – Sie sollen meine Blumen haben.«

10
Begeisterung steckt an

»Begeisterung ist ansteckend wie Masern, Mumps und Schnupfen«, sagt Emory Ward.

Aber im Gegensatz zu Masern, Mumps und Schnupfen ist Begeisterung wohltuend!

Kürzlich, ich schrieb schon an diesem Buch, begegnete ich zufällig meinem alten Freund Henry. Er erkundigte sich nach dem Titel meines neuen Buches. »Junge, Junge, das ist ein Titel!« rief er in seiner überschwenglichen Art aus. »Weißt du auch, warum er mir so besonders gut gefällt?« Natürlich wußte ich das, war ich doch nicht ganz unschuldig an der Veränderung, die seinerzeit Henrys Leben gerettet hatte. »Aber sei bitte so gut und verwässere nichts, was gesagt gehört«, ermahnte er mich. »Nicht Begeisterung im allgemeinen ist wichtig, sondern Begeisterung im besonderen – für Gott, für das Leben, für die Menschen. Sag deinen Lesern in meinem Namen, daß ich weiß, was Begeisterung vermag. Ich bin überzeugt, Begeisterung ist in höchstem Maße ansteckend.«

Es gab einen guten Grund für Henrys bestimmten Ton, war er doch beinahe das Opfer einer heute weitverbreiteten Krankheit geworden, der Angstneurose. Das erste Anzeichen seiner Schwierigkeiten bestand in einem Nachlassen seiner Leistungsfähigkeit. Wir können nur dann produktiv arbeiten, wenn unsere geistigen, seelischen und körperlichen Kräfte sich harmonisch ergänzen.

Nehmen wir, um das zu veranschaulichen, den Fall eines berühmten Baseball-Berufsspielers, der vor einigen Jahren eine übermäßig lange Krise durchmachte. Er war ein hervorragender Spieler gewesen, doch auf einmal versagte er ständig. Auf dem Höhepunkt seiner Karriere hatte man Zeitlupen-Filme von ihm aufgenommen, und das gleiche tat man jetzt wieder. So konnte man sehen, wie seine Bewegungen im Gegensatz zu früher unharmonisch, hölzern und nervös waren. Die Aussprache mit einem Psychiater brachte ernsthafte Familienprobleme zutage, deren schwierigstes die unumgängliche Notwendigkeit war, mehr zu verdienen. Der Mann gab sich die größte Mühe, besser zu spielen als je, um so die Lohnerhöhung, die er so notwendig brauchte, zu rechtfertigen. Aber gerade deswegen war er in seiner Spielweise nicht frei, sondern gehemmt, und der angestrebte Erfolg blieb aus. Er wollte etwas erzwingen, und die Folge war eine regelrechte Krise. Der Vereinsvorstand fand eine Lösung für seine finanziellen Probleme, und das brachte die notwendige Entspannung. Bald war er wieder der hervorragende Spieler wie ehedem.

Ähnlich verkrampft war auch Henry während langer Zeit gewesen. Er war dabei nervös und unglücklich geworden. Seine natürliche, schwungvolle Begeisterung war einer verbissenen Gangart gewichen, obwohl er die forsche und sorglose Haltung seiner glücklichen und erfolgreichen Tage beibehielt.

Dann geschah etwas, das seine eindringliche Mahnung wegen meines Buches verständlich macht. Henry war einer der erfolgreichsten Grundstücksmakler in seinem sich rasch ausbreitenden ›Jagdgebiet‹, das ihn selber fast zur Strecke brachte. Tatsächlich erlitt er einen leichten Herzanfall, eine ›Warnung‹, wie man ihm sagte. Das rüttelte ihn zwar für eine Weile auf, aber bald maß er ihr keine Bedeutung mehr bei und verfiel wieder in die alte, unsinnige Lebensweise; tagsüber anstrengende Geschäfte und abends Parties mit seinen Kunden und Geschäftsfreunden.

Resultat: ein neuer Herzanfall. Aber dieser zwang ihn nun zu mehreren Wochen absoluter Ruhe in einem verdunkelten Spitalzimmer. Da hatte er Gelegenheit nachzudenken. »Was bin ich doch für ein Dummkopf!« war die freimütige Erkenntnis dieses Nachdenkens. »Entweder komme ich zur Vernunft, oder dann liegt das einzige Grundstück, mit dem ich noch zu tun haben werden, zwei Meter unter der Erde.«

Im Grunde genommen war Henry natürlich kein Dummkopf. Er wußte, was not tat, und zudem besaß er im Grunde seines Herzens echten Glauben, obwohl er sich nie groß um Gott bekümmert hatte. Das bringt mir beiläufig einen Anschlag in Erinnerung, den mein Bruder Leonard Peale einmal an einem Bahnhof sah: »Gott ist nicht tot – nur in die Ecke gestellt!« Als ich auf einer Vortragsreise in seiner Heimatstadt war, kam Henry zu mir. »Was soll ich tun?« fragte er mich. »Ich will noch nicht sterben, und ich will auch noch nicht aufhören zu arbeiten. Ich will leben; wirklich leben, nicht dahinvegetieren. Wie kann ich das bei meiner angeschlagenen Gesundheit? Sag mir, was ich tun soll; ich werde dir ewig dankbar sein.«

»Gut«, antwortete ich, »ich will dir sagen, was du tun mußt. Komm mit Gott ins reine! Säubere dein Leben! Du bist besser, als du dich gibst. Überlaß dein Leben Gott. Oder klingt dir das zu fromm?«

»Ich habe dich gebeten, mir zu sagen, was ich tun müsse, und wenn du das nicht aufrichtig getan hättest, wäre ich von dir enttäuscht gewesen. Nimm also kein Blatt vor den Mund. Ich habe dich um deinen Rat gebeten, und ich werde ihn befolgen.« Er taute auf und redete sich den ganzen Unrat von der Seele.

Geistige Herz-Behandlung

»Und mein Herz?« fragte er nun wieder bekümmert.

»Schau, Henry«, gab ich ihm zur Antwort, »kannst du dich an die Worte Jesu erinnern: ›Euer Herz erschrecke nicht; glaubet an Gott und glaubet an mich‹?«

Er nickte. »Gut«, fuhr ich fort, »dann will ich dir sagen, was du tun mußt. Jeden Morgen und jeden Abend und manchmal auch zwischendurch lege deine Hand auf dein Herz und sprich diese Worte zu dir selber. Tue das, glaube fest daran; ich stehe für die Wirkung ein.« Er blickte mich verlegen an und schneuzte sich die Nase. Aber er konnte mich nicht täuschen; ich sah seine Tränen. Jedenfalls befolgte er meinen Rat, und seine Spannungen und seine Angstgefühle verloren sich. Er fand den inneren Frieden und mit ihm Heilung. Offenbar war es die richtige Behandlung, denn seither sind sieben Jahre vergangen, und Henry fühlt sich ausgezeichnet. Er ist gesund, und er erlebt ein erfülltes Leben. Er ist nicht mehr verkrampft, sondern hat jene Gabe der Harmonie des Körpers, des Geistes und der Seele wiedergewonnen, mit der wir alle geboren werden, die wir aber allzuoft wieder verlieren.

Und wie steht es mit Henrys Begeisterung? Sie ist ansteckend und wirkt belebend auf alle, die mit ihm zu tun haben. Wenige kennen die Ursache, aber alle spüren, daß seine Begeisterung einer vertieften Geisteshaltung entspringt. Diese ansteckende Begeisterung, diese überwältigende Lebensfreude sind ein bezeichnendes Merkmal solcher Menschen, die, wie Henry, grundlegende Wandlungen durchgemacht haben.

Ansteckende Begeisterung macht den guten Verkäufer

Nehmen wir zum Beispiel Charles Kennard, von dem ich schon in einem meiner Bücher, allerdings ohne dort seinen Namen zu nennen, erzählt habe, wie er vom Alkohol geheilt wurde. Charles Kennard ist einer der erfolgreichsten Verkäufer, die ich kenne, und ich habe an den vielen Tagungen, bei denen ich sprach, doch unzählige Verkäufer kennengelernt. Begeisterung hat seine Arbeitsweise und sein ganzes Leben gewaltig verändert.

Charles' lange Liste der Unternehmen, die er als Abonnenten für die erbauende Zeitschrift ›Guideposts‹ gewann, könnte den Neid jedes Verkäufers erwecken. Unzählige nüchterne und unsentimentale Geschäftsleute mit Verantwortungsbewußtsein haben bei ihm ›Guideposts‹ in großer Zahl für ihre Mitarbeiter abonniert. Charles Kennard ist überzeugt, daß das tiefe menschliche Verstehen, das aus den Lebensschilderungen spricht, die ›Guideposts‹ jeden Monat in rund zwei Millionen amerikanische Haushaltungen bringt, unendlich viel Gutes wirkt. Kennard ist von schrankenloser Hingabe an die Sache erfüllt, und seine ansteckende Begeisterung wirkt sich nicht nur im Verkauf positiv aus, sondern bildet für Hunderte von Menschen Anreiz zu ähnlicher Hingabe an ihre Tätigkeit. Er hat großen Anteil an einem der unglaublichsten Erfolge in der Geschichte des amerikanischen Verlagswesens, der Entwicklung von ›Guideposts‹ aus bescheidenen Anfängen zu einer der heute meistverbreiteten und einflußreichen Zeitschriften in den Vereinigten Staaten. Charles Kennards Geschichte zeigt wiederum, was ansteckende Begeisterung vermag.

Einer der begeistertsten Männer, die ich kenne, ist Elmer G. Leterman, der Autor der Bücher »Der Verkauf beginnt, wenn der Kunde ›nein‹ sagt« und »Verkaufen durch ›Showmanship‹«. Elmer ist einer der erfolgreichsten Verkäufer Amerikas und zugleich eine der interessantesten Persönlichkeiten. Seine Begeisterungsfähigkeit und sein Selbstvertrauen sind grenzenlos, und er verfügt über eine mächtige Dosis gesunden Menschenverstandes. Seine positive Einstellung kommt in den folgenden Worten aus seinem Buch »Verkaufen durch ›Showmanship‹« zum Ausdruck:

»Ich begreife die Menschen nicht, die immer nur nach der Uhr sehen, die ihre Arbeit nur als Mittel zum Zweck betrachten, um Geld zur Erfüllung ihrer Wünsche zu verdienen. Für sie muß jeder Arbeitstag eine chinesische Folter sein, ein ständiges monotones ›Drip, Drip, Drip‹, das sie auf die Dauer entmenschlicht.

Welch ein Jammer, daß diese Leute nicht lernen, daß der Beruf Freude bringt, daß er alle besseren Spiel- und Sportarten in sich vereinigt. Und das Schönste ist: Die Grundregeln verändern sich zu oft, als daß es je langweilig werden könnte.

Wenn ich auf meine Laufbahn zurückblicke, betrachte ich sie als eine einzige große Freude. Ich gehe jeden Tag immer noch mit ausgesprochenem Vergnügen zur Arbeit. Es macht mir Spaß, neue Verkaufsrekorde aufzustellen: mehr an einem Tag, mehr in einem Monat, mehr in einem Jahr! Ich begrüße die Herausforderung, wenn neue Konkurrenten auftreten, die meine alten Rekorde in Frage stellen und mich vor Selbstzufriedenheit bewahren. Für mich wäre ein materieller Erfolg ohne jede Freude überhaupt kein Erfolg.«

Kürzlich gaben verschiedene Zeitungen einen Überblick über das mit Aufgaben im Dienste der Allgemeinheit reich befrachtete Programm des früheren Gouverneurs Averell Harriman. Obwohl schon über fünfundsiebzig Jahre alt, bereiste er im Auftrag des Präsidenten immer noch die ganze Welt, sprühte er vor Begeisterung und Tatkraft. Als er einmal nach dem Geheimnis seiner trotz seines hohen Alters unverminderten Aktivität gefragt wurde, gab er lachend zur Antwort: »Man muß sich die richtigen Vorfahren auswählen, und man muß seine Begeisterung wachhalten.« Nun, in bezug auf unsere Vorfahren können wir wenig tun, aber wir können sehr viel tun, um die ansteckende Wirkung der Begeisterung wachzuhalten. Und es steht außer Frage, daß sie es ist, die uns jung erhält. Immer wieder habe ich gesehen, daß Menschen wie Averell Harriman, die auch mit zunehmendem Alter noch erfolgreich tätig waren, sich ihre Begeisterungsfähigkeit zu bewahren wußten.

Ein von ansteckender Begeisterung erfülltes Leben

Wenn ich an solche Menschen denke, kommt mir unwillkürlich immer Branch Rickey in den Sinn. Branch Rickey, der mit dreiundachtzig Jahren starb, war begeistert wie selten einer. Seine letzten Worte, die er zu einer großen Zuhörerschaft sprach, die zusammengekommen war, um ihn zu ehren und eine seiner einmaligen Ansprachen zu hören, waren: »Jetzt will ich eine Geschichte erzählen, die von religiösem Mut handelt...« Dann fiel er in eine Ohnmacht, aus der er nicht mehr erwachte.

Diese letzten Worte waren bezeichnend für Branch Rickey, besaß er doch selber religiöse Überzeugung in hohem Maße. Und er besaß auch den Mut, zu seiner Religion zu stehen. So führte er zum Beispiel einmal für seinen Baseball-Club Verhandlungen wegen eines Spieles in Ebbet Field. Es ging um eine Gage von mehreren tausend Dollar. Mitten in den Verhandlungen legte er seinen Bleistift nieder, schob seinen Stuhl zurück und sagte: »Lassen wir es bleiben!« Überrascht fragten seine Verhandlungspartner: »Ach, wieso denn? Wir sind uns doch sozusagen einig. Warum wollen Sie jetzt plötzlich nicht mehr?« »Weil«, antwortete Branch Rickey und blickte dabei einen von ihnen unter seinen buschigen Augenbrauen hervor scharf an, »Sie andauernd einen meiner Freunde im Munde führen, und das mag ich nicht.«

»Aber ich habe doch über gar niemanden gesprochen, geschweige denn über einen Ihrer Freunde.«

»Doch, das taten Sie«, erwiderte Rickey. »Fast in jedem Satz haben Sie ihn erwähnt.« Er spielte dabei auf des andern Flüche an, in die dieser ständig den Namen Jesu einflocht.

»Ich weiß, was Sie meinen«, antwortete sein Gegenüber langsam. »Ja, ich weiß, was Sie meinen. Ich werde es nicht mehr tun; Sie können sich darauf verlassen.« Es hätte Rickey eine Menge Geld gekostet, die Verhandlungen abzubrechen, aber seine ansteckende Begeisterung galt nicht dem Geld, sondern seiner Überzeugung.

Später besuchte ich Rickey einmal, als er krank war, und zufälligerweise war dieser selbe Mann ebenfalls bei ihm zu Besuch. Ich bat für Rickey um Genesung. Darauf ersuchte er seine Frau, diesen Mann und mich, die Hände zu falten. »Nun will ich beten«, sagte er. Ich werde dieses Gebet nie vergessen; es brachte uns alle Gott näher. Der Mann, den Rickey seinerzeit zurechtgewiesen hatte, konnte seine Tränen nicht zurückhalten. »Er ist der überragendste Mensch, den ich je kennengelernt habe«, sagte er mir hinterher.

Von dieser Art war der religiöse Mut, den Branch Rickey besaß und der ihn von seinen Mitmenschen auszeichnete. Dieser Mut und seine ansteckende religiöse Begeisterung hinterließen bei allen, die mit ihm in Berührung kamen, einen unauslöschlichen Eindruck.

Oftmals saß ich neben ihm auf der Tribüne von Ebbet Field in Brooklyn. Als sein Gast einem Wettspiel beizuwohnen, war ein einmaliges Erlebnis. Rickey kannte jeden einzelnen Spieler durch und durch. Er kannte ihren Charakter, ihre Familienverhältnisse, ihre Geschichte, einfach alles, was man über sie wissen konnte. Die Unterhaltung mit ihm war eine großartige Mischung von Baseball, Psychologie, Philosophie und Religion. Rickey war ein wahrhaft religiöser Mensch, ein standhafter, hingebungsvoller Christ.

Ein Sportler erhält Religionsunterricht

Rickey hat mir oft gesagt, er sehe den wahren Sinn des Sports nicht darin, Wettspiele zu gewinnen – obwohl er ein zäher Kämpfer war! –, sondern darin, die Spieler zu Männern zu erziehen. Sein Einsatz für die jungen Burschen kannte keine Grenzen, und er kümmerte sich in jeder Beziehung um sie. Einmal hatte er einen Spieler in seiner Mannschaft, der bei jeder Gelegenheit davonrannte und seine Frau anrief, um sich zu vergewissern, daß sie zu Hause sei. Rickey sagte zu mir: »Vielleicht sollte er einmal einen Psychiater aufsuchen.«

Ich erkundigte mich, was für eine Frau dieser Spieler hatte. »Man kann sich keine bessere Frau denken«, antwortete Rickey. »Lieb, sauber, rechtschaffen in jeder Beziehung. Vollkommen vertrauenswürdig und aufrichtig.« Und wenn Rickey das sagte, dann mußte es stimmen, denn er war ein hervorragender Menschenkenner.

Ich deutete an, ob es nicht sein könnte, daß vielleicht der junge Mann seine Frau betrüge und daß er seine eigene Untreue auf sie projiziere. Ich schlug vor, ihn hereinzurufen und ihm taktvoll auf den Zahn zu fühlen. Nun, Rickey rief ihn zu sich, aber er war nicht gerade das, was man hätte taktvoll nennen können. Frei heraus sagte er. »So, mein Junge, raus mit der Sprache! Mit wem ziehst du herum?«

Der Mann war in die Enge getrieben, und er wußte es. »Nun, Mr. Rickey, sehen Sie, das ist so. Sie wissen doch, wie es ist, wenn man ständig unterwegs ist. Da kommt man eben leicht in Versuchung…«

»So, und wo ist dein innerer Halt? Hättest du den, dann würdest du einen Mann aus dir machen, anstatt die Frau zu betrügen, mit der du verheiratet bist. Ich dulde solche Sachen in meiner Mannschaft nicht. Bring das schleunigst in Ordnung, sonst…«

Aber Branch Rickey bot dem unglücklichen jungen Mann auch Hilfe. »Schau, mein Junge, wenn du wirklich Ordnung in deinem Leben schaffen willst, dann gibt es jemanden, der dir helfen kann. Du weißt, wer es ist, denn du bist von gläubigen

Eltern erzogen worden.« Hierauf betete Branch Rickey für den jungen Mann.

Ich habe Branch Rickey mehrmals beten gehört, und jedesmal war ich tief beeindruckt. Seine religiöse Geisteshaltung war ansteckend und half vielen seiner Mitmenschen, wie diesem jungen Baseball-Spieler, wieder auf den rechten Weg.

Branch Rickey war ein einmaliger, unvergeßlicher Mann, der das Leben liebte. Seine Begeisterung wirkte auf viele unserer bekanntesten Sportsleute, aber auch auf andere Menschen lange Zeit ansteckend, und das Feuer, das er entfachte, brennt heute noch in vielen von ihnen, mich eingeschlossen.

Die Einstellung eines Menschen sich selbst gegenüber, das heißt, das Bild, das er sich von sich selber macht, ist von entscheidendem Einfluß auf seine Leistung und auf sein ganzes Leben. Leider, das habe ich immer wieder beobachtet, haben viele Menschen völlig unbegründet eine negative Meinung von sich selber. Sie neigen dazu, sich zu unterschätzen und ihre Fähigkeiten herabzumindern. Natürlich gibt es auch Menschen mit einem übertriebenen und oft ungerechtfertigten Selbstbewußtsein. Doch diese sind in der Minderheit, und in vielen solchen Fällen habe ich die Erfahrung gemacht, daß das, was als Überheblichkeit wirkte, in Wirklichkeit nichts anderes war als ein Deckmantel für innere Unsicherheit. Bei mangelndem Selbstvertrauen vermag Begeisterung Wunder zu wirken. Begeisterung für seine Arbeit und richtige, gesunde Selbsterkenntnis haben schon manchen verzagten Menschen von Grund auf geändert.

Begeisterung und das Selbstbildnis

Ein geradezu klassisches Beispiel für die Bedeutung eines positiven Selbstbildnisses gibt John Murphy in einem seiner Bücher:

»Der Verkaufsberater Elmer Wheeler wurde von einem Unternehmen zugezogen, um bei der Lösung eines Problems zu helfen. Ein bestimmter Vertreter kam Jahr für Jahr auf ein Einkommen von etwa 5000 Dollar, unabhängig von dem Gebiet, das man ihm zuwies, oder von der Höhe seiner Provisionen.

Weil er in einem relativ kleinen Gebiet gut gearbeitet hatte, hatte man ihm ein größeres und bedeutend besseres anvertraut. Aber am Ende des Jahres betrugen seine Einkünfte ungefähr gleich viel wie vorher im kleinen Gebiet – 5000 Dollar. Im nächsten Jahr erhöhte das Unternehmen die Provisionssätze für alle seine Vertreter, aber unser Mann brachte es trotzdem fertig, wieder nicht mehr als 5000 Dollar zu verdienen. Nun wies man ihm eines der kleinsten und armseligsten Gebiete zu – und wieder kam er auf die üblichen 5000 Dollar. Wheeler sprach mit dem Mann und fand heraus, daß das Problem nicht beim Gebiet lag, sondern bei der Selbsteinschätzung des Vertreters. Der Mann war in der Vorstellung befangen, er und seine Arbeit seien im Jahr etwa 5000 Dollar wert, und solange er an dieser Ansicht festhielt, war alles andere nicht von Bedeutung.

Als er ein kärgliches Gebiet hatte, arbeitete er hart, um seine 5000 Dollar zu verdienen. Als man ihm ein gutes Gebiet gab, fand er für sich selber unbewußt alle möglichen Entschuldigungen, um weniger zu arbeiten, sobald die 5000 Dollar in Sichtweite waren. Schließlich wurde er krank und konnte seiner Arbeit nicht mehr nachgehen, obwohl die Ärzte keinerlei Anzeichen einer Krankheit finden konnten.

Zu Beginn des neuen Jahres wurde er plötzlich wie durch ein Wunder wieder gesund. Während er im Bett lag, hatte er Zeit, über die Gründe seines Versagens nachzudenken. Als dem Mann klargeworden war, daß die Ursache seines Stehenbleibens in seiner Einstellung und nicht etwa in seiner mangelnden Verkaufskunst lag, nahm er seine Arbeit wieder auf, und seine Umsätze stiegen rapide an. Binnen kurzem hatte er sein Einkommen verdoppelt.«

Viele von uns tragen unbewußt dieselben Ketten mit sich herum wie dieser Mann. Manche müssen sich mit einer bescheidenen Stellung begnügen, nicht weil ihre Fähigkeiten ungenügend sind, sondern weil es ihnen an gesundem Selbstbewußtsein mangelt. Da tut eine Standortbestimmung not; und manche werden feststellen, daß sie sich bisher mit einer Leistung begnügten, mit der sie sich nicht begnügen müßten. Dann ist es höchste Zeit, sein Denken zu ändern, sein Verhalten zu überprüfen und nach dem zu zielen, was in unseren Möglichkeiten liegt. Besser schon heute als erst morgen – Begeisterung hilft uns dabei!

Ein elftes Gebot?

Ich erinnere mich an eine Anregung von Amos Parrish, einem der führenden Köpfe im amerikanischen Wirtschaftsleben. Er sagt, viele brauchten ein elftes Gebot, und schlägt vor: »Du sollst alle deine Gaben bis zum äußersten einsetzen!« Jesus selber forderte dies im Gleichnis von den Talenten, denn Er sagte, Er sei gekommen, den Gefangenen die Freiheit zu verkünden. Was für Gefangene? Meint Er damit Menschen hinter Mauern und Gittern? Nun, vielleicht auch; aber ganz entschieden meint Er Menschen, die in ihrer eigenen Angst, ihren Minderwertigkeitsgefühlen und ihren Zweifeln an sich selbst gefangen sind, Menschen, welche die Gefangenen ihrer eigenen falschen Vorstellungen sind.

Wenn das ansteckende, begeisterte Vertrauen in Gott und in uns selbst uns aus unserem selbsterrichteten geistigen Gefängnis erlöst, dann beginnen wir, uns zu ändern; und wenn wir uns ändern, ändert sich auch unser Leben.

Harold Robles, ein erfolgreicher Geschäftsmann, fand dies bestätigt. »Vor etwa zehn Jahren«, erzählte er, »errichtete ich mir selber die größten seelischen Hindernisse. Nervenanspannungen hatten mich durcheinandergebracht. Dann trat eine glückliche Wendung ein, die mein ganzes Leben ändern sollte. Nie werde ich den Tag vergessen, an dem ich Gelegenheit hatte, Norman Vincent Peale zu hören. Mein negativer und untätiger Geist wurde gepackt und aufgerüttelt. Gehoben und frei von bedrückenden und schädlichen Gedanken kehrte ich nach Hause zurück. Mein Geist wurde rege, gesund und stark, und bald entwickelte sich in mir eine positive Lebenseinstellung.« Harold Robles wurde ein dynamischer, tatkräftiger Mann mit einer unerschöpflichen Quelle der Begeisterungsfähigkeit.

Wenn ein Mensch nach einem Mißerfolg einen neuen Anlauf nimmt, zeigt sich besonders gut, was die ansteckende

Überzeugungskraft der Begeisterung vermag. Jedermann erleidet in seinem Leben früher oder später den einen oder anderen Mißerfolg; niemand ist davor gefeit. Die Frage ist nur, wie man damit fertig wird.

Wie verhalten wir uns bei einem Mißerfolg? Drückt er uns zu Boden, oder bedeutet er uns im Gegenteil eine positive Erfahrung, aus der wir neue Erkenntnisse und Einsichten schöpfen, die uns neue Möglichkeiten eröffnen? Wer an die Verheißung glaubt: »Durch Christus vermag ich alles«, wird sich von jedem Mißerfolg erholen und jede Situation mit Anstand meistern.

Bei einer Tagung in St. Louis kam ich mit einem Mann ins Gespräch, der kurz vorher von seiner Industriegruppe als erfolgreichster Fabrikant des Jahres geehrt worden war. Der Mann war außerordentlich gesprächig. »Ich will Ihnen was sagen«, begann er. »Ich bin wirklich auf Draht, das darf ich ruhig behaupten. Ich habe alle diese Bücher gelesen, die einem sagen, wie man es machen muß, um vorwärtszukommen. Ich bin heute der bedeutendste Fabrikant in meinem Industriezweig. Und ich bin daran, mein großes Ziel zu verwirklichen.«

»Welches ist denn Ihr großes Ziel?« fragte ich ihn.

»Ein Vermögen von zehn Millionen. Jawohl, mein Herr, das ist mein Lebensziel. Zehn Millionen Dollar!«

»Nun«, erlaubte ich mir zu bemerken, »Geld verdienen, auch viel Geld verdienen, ist ja recht und gut, aber setzen Sie sich das doch nicht als Ihr großes Lebensziel!«

»Kommen Sie mir nur nicht mit religiösem Zeug«, erwiderte er scharf. »Ich bringe es zu etwas, und ich halte mich dabei ans Geld.«

Die Vorstellungen und die Wertbegriffe dieses Mannes waren gewiß eigenartig, und doch nahm mich etwas an seiner Art für ihn ein. Nach jener Begegnung wurden wir recht gute Freunde, und er ließ immer wieder von sich hören. So schrieb er mir oft in seiner hochtrabenden Manier: »Ich habe das und das getan; ich habe dies erzielt; ich habe jenes erreicht.« Doch die Briefe verloren immer mehr von ihrer überschäumenden Lebhaftigkeit, und eines Tages schrieb er mir: »Ich weiß nicht, was mit mir los ist. Ich habe alles verpfuscht. Ich habe sehr viel

Geld verloren und bin weit entfernt von jenen zehn Millionen.« Und in einem Anfall von Selbstmitleid und Selbstbeschuldigung fuhr er fort: »Ich bin ein Versager; ich bringe es zu nichts. Ich bin dumm; ich bin ein richtiger Idiot.«

Es war mir klar, daß der Mann einen energischen Zuspruch nötig hatte, und so rief ich ihn unverzüglich an: »Wenn Sie Enttäuschungen und Rückschlägen erlauben, Sie niederzudrükken, machen Sie alles nur schlimmer. Wir wollen lieber sehen, wie Sie sich wieder auffangen können. Was halten Sie davon?« Hier sind die sieben Schritte, die ich ihm vorschlug.

Sieben Schritte, um sich wieder aufzufangen

1. Hör auf, dich selber herabzuwürdigen! Du bist jemand, und du kannst etwas. Du hast dieselben Fähigkeiten wie zuvor. Denke nicht immer an deine Fehler und Irrtümer, sondern gewinne wieder Achtung vor dir selbst.

2. Vermeide Selbstmitleid! Denke an das, was dir geblieben ist, und nicht an das, was du verloren hast. Erstelle eine Liste deiner geistigen und materiellen Aktivposten.

3. Denke nicht nur an dich! Versuche, andern zu helfen. Suche jemanden, der die Art Hilfe nötig hat, die du geben kannst, und gib sie ihm. Denn niemand kann zu dauerndem Wohlstand kommen, der immer nur an sich selber denkt.

4. Denke an die Auffassung Goethes: »Wer einen festen Willen hat, formt sich die Welt.« Nutze die Willenskraft, die Gott dir geschenkt hat.

5. Setze dir ein Ziel und plane, wie du es erreichen willst.

6. Vergeude deine Zeit nicht mit nutzlosen Gedanken an das, was war oder hätte sein können, sondern denke an das, was jetzt zu tun ist. Mein Freund W. Clement Stone rät: »Erstaunliches wird geschehen, wenn du aufbauend denkst.«

7. Sprich jeden Morgen und jeden Abend die Worte: »Alles vermag ich durch den, der mich stark macht, Christus.«

Meine Botschaft kam an, und der Mann wurde von aufrichtiger Begeisterung gepackt. Möglichst schnell zehn Millionen Dollar zu scheffeln war nun nicht mehr sein großes Ziel. Natürlich wollte er immer noch anständig verdienen, aber er hatte nun ein weit größeres Ziel, nämlich seinem Leben einen neuen Sinn zu geben und etwas für jene seiner Mitmenschen zu tun, die es im Leben schwer haben.

Neue große Ziele änderten das Leben dieses Mannes und geben ihm auch heute noch ständig neue Impulse. Sie eröffnen ihm neue Ausblicke, an die er früher nie gedacht hätte.

Ich möchte dieses Kapitel mit einem anderen wunderbaren Beispiel für die ansteckende Kraft der Begeisterung für große Ziele schließen. Es ist eine jener Erfolgsgeschichten, welche die Gewißheit auf ein glücklicheres Leben bestätigen.

Zuversicht und göttliche Führung

An einem Sonntag waren meine Frau und ich in eines der großen New Yorker Hotels zu einem Essen eingeladen. Es war das Jahresessen der über tausend Vertreter einer Kosmetikfirma, eines der blühendsten sich in Negerbesitz befindlichen Unternehmen im Lande.

Eine große Zahl Mitglieder unserer Kirchengemeinde arbeiten in der Vertriebsorganisation dieser Gesellschaft, und mir fiel die Ehre zu, die Begrüßungsworte zu sprechen. Danach durfte ich einem der großartigsten Redner zuhören, die ich je gehört habe. Der Mann, S. B. Fuller, besaß alles, um seine Ansprache für die Zuhörer zu einem unvergeßlichen Genuß zu machen: Redegabe, Humor, bodenständigen gesunden Menschenverstand, ungewöhnliche religiöse Kraft und Eingebung. Ich war regelrecht ergriffen von der Rede dieses Mannes, einem bedeutenden Unternehmer und lebendigen Christen.

Die ansteckende Begeisterung, die S. B. Fuller bei diesem Essen ausstrahlte, zeichnet auch seine ganze Lebensgeschichte.

S. B. Fullers Eltern lebten als Negerpächter einer kleinen Farm in Louisiana in bitterer Armut. Als Fünfjähriger mußte er schon zum Unterhalt der Familie beitragen. Mit neun Jahren hatte er es zum Maultiertreiber gebracht, und wohl niemand hätte erwartet, daß er es noch weiterbringen könne.

Aber S. B. Fuller besaß einen guten Stern, seine intelligente, wunderbare Mutter. Jedermann in der Gegend empfand Armut als von Gott gewollt; die Leute waren arm, weil Gott wollte, daß sie arm seien. Doch die Mutter des jungen Fuller sagte zu ihm: »Glaube nicht, daß Armut gottgewollt ist. Wenn das wahr wäre, warum hätte dann der Herr diese schöne Welt in so hohem Maße mit Reichtum und Freude versehen? Gott hat uns dazu bestimmt, alles in Fülle zu haben. Ich will dir sagen, warum wir arm sind: weil dein Vater immer glaubte, es sei ihm bestimmt, arm zu sein. Dein Vater ist ein wundervoller, lieber Mann, aber er lebt in der Vorstellung, wir seien nun einmal Gottes arme Kinder.« Und sie versuchte, ihrem Sohn klarzumachen, welch große Möglichkeiten in ihm schlummerten.

Ich kann mir den intelligenten kleinen Jungen gut vorstellen, wie er seiner Mutter mit weit offenen Augen, weit offenem Geist und weit offenem Herzen zuhörte. Er fing an, daran zu glauben, daß er nicht arm bleiben müsse. So entschloß er sich, eine bessere Arbeit zu finden, und begann in Chicago, Seife zu verkaufen. Zwölf Jahre lang verkaufte er Seife, verdiente dabei anständig Geld – und legte es auf die Seite. Dann hörte er, daß die Gesellschaft, die ihm seine Seife lieferte, sozusagen unter den Hammer komme und daß der Preis für die Übernahme hundertfünfzigtausend Dollar betrage. Mutig sah er hier seine Chance. Von seinem Verdienst hatte er fünfundzwanzigtausend Dollar gespart; die verwendete er als Anzahlung. Hundertfünfundzwanzigtausend Dollar blieben noch zu bezahlen, und dafür gewährte man ihm eine Frist von zehn Tagen. Der Vertrag sah vor, daß die Anzahlung – seine ganzen Ersparnisse – verfalle, wenn er die Restsumme nicht pünktlich bezahle.

Aber Fuller besaß Gottvertrauen, und das gab ihm Mut. Er hatte sich auch viele Freunde gemacht, und die suchte er nun auf. Am Abend vor Ablauf der Frist hatte er hundertfünfzehntausend Dollar zusammengebracht, aber alle seine Möglichkeiten waren erschöpft, und noch immer fehlten ihm zehntausend Dollar. Er kniete nieder und betete: »Herr, Du kamst zu mir, als ich noch ein kleiner Junge war, und ließest mir durch meine Mutter sagen, ich könne es zu etwas bringen. Nun, Herr, bin ich in Schwierigkeiten. Ich verliere alles, auch diese einmalige Gelegenheit, sofern Du mir nicht hilfst.«

Ich glaube an göttliche Führung, und ich bin überzeugt, daß wir ihrer um so mehr teilhaftig werden, je stärker wir daran glauben.

Auch S. B. Fuller glaubte daran. In seinem Innern vernahm er Worte der Führung, und er ist überzeugt, daß der Herr zu ihm sprach: »Fahre die 61. Straße entlang, bis du in einem Haus noch Licht siehst.« Es war ungefähr Mitternacht. »Dort gehe hinein und rede mit einem Mann.«

S. B. Fuller besaß einen unkomplizierten, kindlichen Glauben, und so setzte er sich in seinen Wagen und fuhr die 61. Straße hinunter. Als er einige Häuserblocks weit gefahren war, sah er in einem Haus Licht brennen. Er ging hinein und traf einen Bauunternehmer, den er flüchtig kannte. Er fragte ihn: »Möchten Sie tausend Dollar verdienen?« Der Unternehmer fragte überrascht zurück: »Natürlich – womit?«

S. B. Fuller erklärte ihm: »Wenn Sie mir zehntausend Dollar leihen, gebe ich Ihnen elftausend zurück.« Hierauf setzte er ihm gewissenhaft auseinander, worum es ging. Der Unternehmer schaute ihn eine Weile an, und er sah etwas in ihm, das ihm Vertrauen einflößte. Er lieh ihm die zehntausend Dollar, und am nächsten Tag kaufte S. B. Fuller die Gesellschaft. Heute ist er Eigentümer dieses und sechs weiterer Unternehmen. Und doch hätte er ebensogut sein ganzes Leben als Maultiertreiber zubringen können, wäre dieser Wunsch nach einem besseren Leben in ihm nicht gewesen, dieser Drang, den Gott ihm verliehen und den Gott verwirklicht hatte. So aber wurde er ein siegreiches Kind Gottes.

Worin unsere Not, unser Problem, unsere Schwäche, unsere Schwierigkeit auch immer bestehen mag – alle diese Hindernisse vermögen nichts gegen die herrliche Tatsache, daß das Königreich Gottes in uns ist. Wir müssen uns nur der höheren Kraft unterordnen, der Kraft Gottes. Gott kann uns freimachen, so daß wir zu allen Höhen des Lebens gelangen können. Wenn wir uns immer demütig Seiner Führung und Seinem Willen unterordnen, dann können wir die göttliche Kraft in uns entfalten. Das ist so. Und wenn wir uns von der Begeisterung anstecken lassen, dann können wir aus unserem Leben alles machen, was wir erhoffen, wovon wir träumen und woraufhin wir arbeiten.

11
Begeisterung beeinflußt das Kommende

Auch eine große Zahl junger Menschen scheint heute den Weg zu einem glücklichen Dasein nicht zu finden. Für sie ist Begeisterung ein lächerlicher oder überholter Begriff. Auf ihrer Suche nach neuen Werten experimentieren sie mit Drogen, Alkohol und Sex. Aber solche Exzesse schaffen ja keine wirklichen Werte; im Gegenteil, sie drücken die Suchenden nur noch tiefer in die Leere des Nichts. »Wir wollen das Leben genießen!« rufen sie mit lauter Stimme, doch ihr Ruf tönt wie ein Totenglöcklein – und es gibt nichts Tragischeres als das geistige Absterben junger Menschen.

Manche, die sich der Not der heutigen Jugend bewußt werden, sind erschüttert und besorgt. Andere verurteilen die jungen Leute. Aber fast niemand bemüht sich um eine sinnvolle Lösung. Dabei gibt es eine höchst wirkungsvolle Lösung, nämlich religiöse Begeisterung, die das Dasein mit echter, unverfälschter Hingabe erfüllt.

Ich halte es daher für wesentlich, über die Probleme der Jugendlichen zu sprechen, sowohl in bezug auf die ältere Generation als auch in bezug auf die neuartigen, verwirrenden Bedrohungen der Jungen.

Entspricht der Playboy nicht mehr der jugendlichen Idealvorstellung?

Berichte von Studentenunruhen, anstößiges und anmaßendes Benehmen rebellierender Jugendlicher und die zynische, nur auf Gewinn bedachte Auswertung des Sex in Büchern, Zeitschriften und Filmen erschüttern bei vielen Menschen den Glauben an die Zukunft.

Und doch scheint mir, als ob diese beschämende Welle bereits wieder im Abklingen sei. Offenbar sind der Jugend die Augen aufgegangen für die Fragwürdigkeit so mancher Ideen und Vorstellungen, denn in Scharen kehrt sie sich wieder wahrhaften Idealen und dem Höchsten zu.

Das zeitweilige Idealbild des Playboys sowie der anmaßende Zynismus sind im Schwinden begriffen. Denn die neue, wissensdurstige Generation hat kein Verständnis mehr für solch kindischen Unsinn; sie ist nicht so dumm, wie manche wahrhaben wollen. Natürlich liebäugeln sie mit diesen oder jenen Strömungen, und zum einen oder andern mögen sie sich auch für eine Weile hingezogen fühlen. Aber in der Regel werden sie bald einsichtig und hellhörig und wenden sich von Zweifelhaftem wieder ab. Und darum dürfen wir der jungen Generation unser Vertrauen zuversichtlich bewahren.

Die Welt ist reif für eine tiefgreifende Verjüngung. Ja, diese Verjüngung hat bereits begonnen. Jene, die sich lange Zeit vor den Zynikern fürchteten und duckten, die glaubten, sich ihrer eigenen positiven, begeisterten Lebenseinstellung schämen zu müssen, formieren sich zu einer Gegen-Rebellion. Diese gewinnt rasch an Boden, und es wird wohl nicht mehr lange dauern, bis die ewigen Nihilisten endgültig abgewirtschaftet haben. Ihre Einstellung entspricht nicht dem, was die Jugend wirklich will. Darum machen viele kehrt und entdecken nun die wahrhaft belebende Wirkung religiöser Begeisterung.

Wenn sie wüßten, was wahre Begeisterung ist

Tausende junger Menschen unserer Tage haben noch nie das Glück wahrer Begeisterung erfahren. Darum greifen sie zu Ersatzmitteln – Narkotika und Gewalttätigkeit.

Dabei haben sie doch dasselbe Recht, das zu erleben, was frühere Generationen erlebten, nämlich was es bedeutet, an etwas wahrhaft Großem teilzuhaben, das dem Leben Sinn und Wert verleiht. Sie wissen allerdings noch nicht, daß ihnen einzig eine religiöse Grundhaltung dazu verhelfen kann. Haben Sie es aber einmal erlebt, dann halten sie unverrückbar daran fest.

Damit kommen wir zu einem Phänomen unserer Tage, das uns für die Zukunft zu großen Hoffnungen berechtigt.

Die folgende Erzählung, die Van Varner für ›Guideposts‹ schrieb, zeigt eindrücklich, wie religiöse Begeisterung den Zynismus besiegen kann. Sie zeigt, daß eine neue Gesinnung Platz greifen kann, daß eine neue Art Begeisterung Großes zu vollbringen vermag.

»Jedes Jahr bei Beginn der Frühjahrsferien ereignet sich ein modernes Phänomen«, schreibt Van Varner. »Studenten strömen in hellen Scharen, im Flugzeug, mit der Bahn, dem Wagen oder als Autostopper, in Richtung der Badestrände Floridas und Kaliforniens.

Das sind die Orte, ›wo man dabei ist‹ und ›wo etwas los ist‹. Zehntausende von Studenten versammeln sich dort, um Tage rasender Turbulenz miteinander zu verbringen.

Sie lassen sich in der Sonne rösten, drängen sich schreiend durch den Straßenverkehr, tanzen nächtelang den neuesten Tanz. Schlafen ist Nebensache – wichtig ist allenfalls nur, gelegentlich überhaupt einen Schlafplatz zu finden. Aber alles ist ihnen unwichtig, solange sie eines haben: Spaß, Spaß und nochmals Spaß!

Doch ihre Suche nach Spaß endet nur allzuoft in Langeweile, Stumpfsinn oder Verdruß.

In den letzten Jahren hat sich eine neue Strömung bemerkbar gemacht. An denselben Orten finden sich Tausende junger Menschen mit einer völlig anderen Einstellung zusammen. Eine Unterhaltung wie die folgende ist bezeichnend dafür:

Ein flachshaariger Student aus dem Pomona College sitzt allein am Strand. Er langweilt sich zu Tode. Da setzt sich ein stämmiger Bursche von der Redlands University zu ihm und fragt: ›Amüsierst du dich gut?‹

›Nein, nicht besonders. Um die Wahrheit zu sagen: es hängt mir zum Hals heraus.‹

›Was suchst du eigentlich?‹

Der Junge von Pomona lacht: ›Was soll der Scherz? Was suchen wir denn alle?‹

›Bestimmt nicht dasselbe! Davon bin ich überzeugt.‹

›Was meinst du damit?‹

Der Junge von Redlands läßt den Sand durch die Zehen rieseln und sagt nachdenklich: ›Vor zwei Jahren kam ich hierher auf der Suche nach Spaß und Vergnügen, doch ich fand etwas ganz anderes, etwas Wundervolles.‹

›Zum Beispiel?‹

›Jesus Christus.‹

Das hätte den Jungen von Pomona eigentlich kopfscheu machen und aus der Fassung bringen müssen. Aber in der Art, wie dieser fremde Student spricht, ist etwas so Natürliches, daß er sich nicht abwendet. Ja, er möchte wissen, wie Christus und Strandvergnügen vereinbar sind. Der Bursche von Redlands erzählt, wie er vor zwei Jahren ein paar junge Leute kennenlernte, die einer Organisation angehörten, die sich ›Studenten-Kreuzzug für Christus‹ nennt. Sie waren voller natürlicher Fröhlichkeit und überschäumender Lebenslust, die ganz eindeutig nicht von der Flasche herrührte. Die Fragen, die sie ihm stellten, trafen ins Schwarze: ›Wo finden wir wahres Glück und wahre Erfüllung? Was ist das Wesentliche im Leben?‹ Bald hatte er begriffen, daß die Antwort Jesus Christus heißt.

Die beiden Studenten von Pomona und Redlands unterhalten sich lange, und ehe seine Ferien zu Ende sind, hat der junge Mann von Pomona seinem Leben eine neue Richtung gegeben.

Eine Ansammlung sich herumtreibender, auf Unfug bedachter Jugendlicher scheint kaum der Ort ernsthafter Annäherung an Gott zu sein. Und doch bekannten sich vor zwei Jahren am Strand von Balboa tausend Studenten öffentlich zu Christus; im vergangenen Jahr waren es bereits zweitausend.

Diese Bekehrungen am Strand kommen nicht aus heiterem Himmel. Sie sind das Resultat sorgfältig geplanter Feldzüge, an denen Hunderte gewissenhaft geschulter ›Studenten-Kreuzfahrer‹ beteiligt sind. Das Bemerkenswerte an diesen ›Kreuzfahrern‹ ist, daß sie alle gutaussehende, sonnengebräunte, kräftige und fröhliche junge Menschen sind, denen jedermann gerne zuhört. Es gibt unter ihnen nicht nur Studentinnen und Studenten, sondern auch Vorsitzende von Studentenvereinigungen und studentischen Sportvereinen.

Die Idee, an den Badestränden zu wirken, ging von Dick Day aus. Eines Tages im Jahre 1962 setzte er sich in seinen kleinen Wagen und fuhr nach Newport. Newport ist das Jachtzentrum der Westküste, zu dem auch Balboa-Island gehört. Normalerweise hat es 35 000 Einwohner, in der ›verrückten Zeit‹ aber fast 150 000. Dick hatte keinen besonderen Grund, an jenem Tag dorthin zu fahren, aber bald wurde ihm klar, was ihn hergeführt hatte. ›Wissen Sie, was ich feststellte?‹ sagte er kürzlich. ›Diese jungen Leute glaubten alle, sich zu amüsieren, dabei vergingen die meisten von ihnen vor Langeweile. Ich wußte gleich, daß sie geneigt sein würden, uns zuzuhören.‹

Vierzig ›Kreuzfahrer‹ versammelten sich im Gebet. Eines ihrer Gebete galt dem Banner, das sie vors Fenster gehängt hatten und worauf stand: ›Jesus ist die Antwort!‹ Kaum hatten sie es herausgehängt, als fünfzehn junge Burschen aus einer Wohnung auf der anderen Seite der Straße ebenfalls ein Banner hängten. Darauf hieß es: ›Saufen ist die Antwort!‹

Die ›Kreuzfahrer‹ nahmen den Spaß hin, aber sie waren auch entschlossen, um den Sieg zu kämpfen. Viele Tage beteten sie für die fünfzehn jungen Burschen. Dann wurde das Eis gebrochen. Einer der Burschen, Steve hieß er, kam zu ihnen herüber, klopfte an die Türe und fragte: ›Wie wär's, wenn ihr mir von euch erzähltet?‹

Von Begeisterung getragene religiöse Strategie

Steve wurde hereingebeten – und in der Folge wechselten sieben der fünfzehn jungen Trinker das Lager. Sie wollten mehr über Christus hören. Die Strand-Armee dieses ›Studenten-Kreuzzuges‹ wächst ständig. Im letzten Jahr schrieben sich über vierhundert Freiwillige für die ›Balboa-Woche‹ ein. Schon Wochen vorher wurden Einschreibestellen errichtet, ein Verbindungssystem organisiert und ein Netz von Treffpunkten ausgearbeitet. Die jungen Leute fanden dabei die tatkräftige Unterstützung der Ortsansässigen, die ihre Häuser zur Verfügung stellten, der Polizeiverwaltung und örtlicher Vereine wie Kiwanis und Rotary.

Während der ›Balboa-Woche‹ veranstalteten die ›Kreuzfahrer‹ am Strand Seminare mit dem Thema ›Gott und die Jugend‹; sie mieteten außerdem ein Nachtlokal, in dem sie eine großartige Abendunterhaltung boten, die sie durchwegs aus eigenen Kräften bestritten.

Die Tätigkeit an den Badestränden ist nur eine Seite des ›Studenten-Kreuzzuges‹. Die Bewegung erstreckt sich heute über die ganze Welt und greift mit Riesenschritten um sich. Die ›Kreuzfahrer‹ sind der Meinung, daß den Studenten nicht Freiheit von der Religion not tue, sondern Freiheit innerhalb der Religion. Immer mehr Studenten teilen diese Ansicht und treten begeistert und wirksam für sie ein.«

Jugend und religiöse Begeisterung

Daraus und aus anderen Anzeichen wird deutlich, daß die Flut religiöser Überzeugung im Ansteigen begriffen ist. Alles im Leben unterliegt einem steten Wandel. Kürzlich sagte ein Student in seiner Ansprache anläßlich der Diplomfeier: »Was soll dieser Zynismus unserer Generation? Auch ich war ihm verfallen, und es fehlte nicht viel, so hätte er mich niedergedrückt. Aber die Augen gingen mir zur rechten Zeit auf. Heute glaube ich an Gott, und ich bin auf dem Weg zu einer sinnvollen religiösen Lebensgestaltung.«

Das Ermutigende ist, daß viele Jugendliche so denken. Und darum ist es meiner Meinung nach auch an der Zeit, aufzuhören, das Verhalten gewisser rebellierender Jugendlicher unbesehen zu verwerfen. Statt dessen sollte man sich vielmehr fragen, ob es sich dabei nicht um die Auflehnung gegen eine Generation handelt, die ihren Weg selber nicht gefunden und in manchem versagt hat. Kann diese Auflehnung nicht ein Versuch sein, den Sinn des Lebens zu finden, den ihnen weder ihre Eltern noch ihre Lehrer noch die Kirche zu zeigen vermochten? Manche gehen mit auffallenden Kleidern und langen Haaren, die sie offenbar als ein Zeichen des Protestes betrachten, an die Lösung des Problems. Aber auch ihre Art zu protestieren wird schöpferischer werden durch den Kontakt mit denjenigen ihrer Altersgenossen, die den wahren Sinn des Lebens schon gefunden haben.

Die Zukunft gehört immer jenen Menschen, die für etwas sind – den begeisterten Menschen, die in ihrem Herzen jung geblieben sind.

Ich habe Menschen gekannt, die noch mit achtzig Jahren jung waren – unter ihnen meinen verstorbenen Freund Dr. Smiley Blanton, den Mitautor meines Buches ›Psychologie und religiöses Erlebnis‹* –, und ich habe Achtzehnjährige gekannt, die bereits Greise waren. Jugendlichkeit ist eine Frage der Geisteshaltung, und Begeisterung ist einer ihrer wichtigsten Bestandteile. Wer begeistert ist, braucht keine Hormonbehandlung, keine Schönheitsoperation oder irgendein anderes Verjüngungsmittel. Begeisterung bringt die Augen zum Leuchten, die Wangen zum Erglühen und schenkt dem Herzen natürlichen Frohsinn. Wenn es etwas gibt, das junge Menschen bereit sind, von älteren anzunehmen, dann ist es Begeisterung, denn sie kommt ihrem natürlichen Verlangen nach schwungvollem Handeln entgegen. Sie sehnen sich nach einer positiven Lebensgrundlage; und wir können ihnen mit reiferem Verstand und unserer Erfahrung dazu verhelfen. Wenn wir der jungen Generation Vertrauen entgegenbringen, dann werden wir einmal mehr erleben, was Begeisterung vermag.

---

* Oesch Verlag AG, Glattbrugg-Zürich

12
Begeisterung gibt den Ausschlag

S. S. Kresge, der Begründer des riesigen Imperiums von nahezu tausend Ladengeschäften, die seinen Namen tragen, besaß die besonnene Art von Begeisterung, die Schranken niederreißt und ungeahnte Erfolge erzielt. Dieser bemerkenswerte Mann wurde neunundneunzigeinhalb Jahre alt, und seine philanthropischen Vergabungen haben Tausende gefördert.

Kresges Lebensgeschichte liegt ganz in der Tradition des modernen amerikanischen Märchens: von der Armut zum Erfolg durch harte Arbeit, Sparsamkeit, absolute Ehrlichkeit, Gottvertrauen und Begeisterung. S. S. Kresge war ein gläubiger Christ, ein Mann, der mit beiden Füßen auf dem Boden stand, und ein außerordentlich kluger Kopf. Zudem besaß er einen weitherum bekannten trockenen Humor. Als die Harvard University ihm die Würde eines Ehrendoktors verlieh und er sich mit einer Ansprache hätte bedanken sollen, stand er auf und sagte: »Mit Reden habe ich noch nie einen Pfennig verdient.« Dann setzte er sich wieder. Dies war sehr wahrscheinlich die kürzeste Rede, die an der Universität je gehalten wurde. Kresge verdiente in seinem Leben etwa zweihundert Millionen Dollar, und den Großteil davon verschenkte er wieder. Nie verlor er Gott aus den Augen, und nie mißachtete er die Menschenwürde. Er sagte: »Ich möchte die Welt als eine bessere Stätte verlassen, als ich sie vorgefunden habe.«

Ich fragte ihn einmal nach dem Geheimnis seines erfüllten Lebens, und er gab mir zur Antwort: »Meine Lebensregel ist höchst einfach: gehe früh zu Bett; stehe früh auf, iß nicht zu viel; arbeite hart; hilf deinen Mitmenschen; kümmere dich nicht um Dinge, die dich nichts angehen; sei begeistert und denke immer an Gott!

Wenn man unten beginnt und sich mühsam hocharbeiten muß, fällt einem mit der Zeit alles leicht«, setzte er hinzu. Das ist bestimmt so, vorausgesetzt, man besitzt die nötige Dosis Charakterstärke, Mut, Zuversicht und echte Begeisterung, um durchzuhalten. Diese Gaben, die Gott uns schenkt und die wir ständig weiterentwickeln müssen, braucht es, um die Hindernisse zu überwinden, die sich jedem Menschen auf seinem Weg zu einem besseren Leben, zu wahrem Erfolg entgegenstellen.

Kürzlich kam nach einem meiner Vorträge eine Frau zu mir. Es stellte sich heraus, daß wir zusammen an derselben Universität studiert hatten; seit der Abschlußprüfung waren wir uns allerdings nie mehr begegnet. »Norman«, sagte diese Frau zu mir, »ich habe dir aufmerksam zugehört, und ich bin überrascht, was du aus dem Wenigen gemacht hast, das dir mitgegeben war.« Zuerst verstimmte mich diese Bemerkung etwas, doch dann wurde mir bewußt, daß sie im Grunde genommen ja ein großes Kompliment war. Wenn uns nur wenig mitgegeben ist, wir aber danach trachten, aus diesem Wenigen das Beste zu machen, dann stellen wir mit Erstaunen fest, wie viel daraus werden kann.

Der Entschlossene kommt im Leben voran!

Begeisterung weckt und fördert die Entschlußfähigkeit, die bei der Überwindung von Hindernissen auf dem Weg zu einem besseren Leben ausschlaggebend ist. Die Geschichte von Mahalia Jackson, einer der überragendsten Gospel-Sängerinnen, die es je gab, hat mich zutiefst bewegt. Hindernisse lagen mehr als genug auf ihrem Weg, aber sie besaß Entschlossenheit, Begeisterung und Gottvertrauen – das, was nötig war, um durchzuhalten.

Mahalia Jacksons Weg führte sie aus bitterster Armut in die größten Konzertsäle der Welt. Sie wuchs in New Orleans auf; dort arbeitete ihr Vater während der Woche in den Hafendocks, und am Sonntag amtierte er jeweils als Prediger. Da ihre Eltern sehr arm waren, genoß Mahalia keine rechte Schulbildung und natürlich auch keinerlei Musikunterricht. Aber sie hörte Musik auf den Vergnügungsbooten entlang dem Unterlauf des Mississippi, und begeistert lauschte sie den Rhythmen der berühmten Jazz-Orchester. Und sie spürte, daß sich in ihr etwas entwickelte, und wurde gewahr, daß sie über eine gute Stimme verfügte. Vom ersten begeisterten Mitsingen im Chor der kleinen Kirche ihres Vaters ging es Schritt für Schritt aufwärts bis zum weltweiten Erfolg. Von einer ihrer Schallplatten, ›Move On Up A Little Higher‹, wurden acht Millionen Exemplare verkauft.

»Was immer du werden willst; was immer du erreichen willst«, sagt sie, »Gott hilft dir dabei. Unter einer Bedingung: du mußt fest dazu entschlossen sein.«

Sie sagt, wenn Gott sie von den Waschzubern am Fluß in Louisiana wegbringen konnte, wenn Er ihre Knie von den Fußböden, die sie schrubbte, lösen konnte, wenn Er sie über das Leid, das ihre Rasse erdulden muß, erheben konnte, dann könne er jedem anderen Menschen genauso über jede Schwierigkeit hinweghelfen. Und damit hat sie recht. Keiner ist auf dieser Welt, den Gott nicht weit über jedes erhoffte oder erträumte Ziel hinauszutragen vermöchte. Aber das verlangt auf unserer Seite Entschlossenheit. Wir müssen unser Ziel unter allen Umständen erreichen wollen, und wir müssen uns Gott voll und ganz anvertrauen. Dann werden wir den Sieg davontragen über unsere Schwächen, über unsere Schwierigkeiten und über uns selbst. Mahalia Jacksons Geschichte beweist, daß wir im Leben alles erreichen können, wenn wir über die Begeisterung und das Gottvertrauen verfügen, die alle Hindernisse überwinden.

Wie man die Lebensfreude wieder findet

Ich habe miterlebt, wie zwei verzagte Menschen ihre Lebensfreude wieder zurückgewannen.

Es war an einem Maimorgen auf unserer Farm in Dutchess County. Auf einer Wiese unseres Grundstückes steht ein altes, verwittertes, unbewohntes kleines Haus, das wir als Lagerraum benützen. Dicht neben diesem Haus wachsen prächtige Fliederbüsche. Die Morgennebel hüllten das Ganze ein; es war ein Anblick von geheimnisvoller Schönheit. Schwer ruhten die Tautropfen auf den Blütendolden, und diese verströmten einen geheimnisvollen Duft. Zwei junge schwarze Ochsen kamen heran und musterten mich eingehend durch die Umzäunung. Es schien mir, als gehe von ihren gelassenen Gesichtern eine Art interessierte Freundlichkeit aus. Sie gefielen mir, und ich rief ihnen zu: »He, Jungens, wie geht's?« Aber ihre Antwort bestand lediglich in langen Dampffahnen, die sie durch ihre Nüstern bliesen.

Nun begannen sich die Morgennebel langsam zu lichten. Lange Sonnenstrahlen fielen auf die lilafarbenen Fliederbüsche. Da erinnerte ich mich eines Ausdrucks, den mein Vater oft gebrauchte, wenn er von einem glücklichen und begeisterten Menschen sprach: »Er strahlt wie ein Maimorgen.« Ich stand in dem tiefen Gras und dachte daran, wie viele Maimorgen ich schon hatte erleben dürfen, und ich war glücklich, daß mich ein schöner Maimorgen noch genauso begeistern konnte wie seinerzeit als Knabe. Und ich bat Gott, mir meinen wachen Geist zu bewahren, damit das Leben für mich immer so voller Wunder, Glanz und Herrlichkeit bleibe.

So viele Menschen werden matt, alt und müde, lange bevor sie alt sind. Sie werden zynisch und berufen sich dabei auf ihre Erfahrungen. Aber sollte uns Erfahrung denn nicht froher, klüger und weiser machen? Und ist es weise, trübsinnig zu werden und jede Lebensfreude zu verlieren, statt sich jeden Tag von neuem über die Fülle zu freuen, die uns das Leben schenkt?

Nun, an diesem bestimmten Maimorgen kam ein Ehepaar auf meine Farm. Ich kannte die beiden als in ihrer Art nette, aber außerordentlich gelangweilte und blasierte Großstadtmenschen. Der Mann, guter Komponist und bekannter Musikverleger, sagte zu mir: »Helen fühlt sich nicht recht wohl, und ich mache mir deswegen Sorgen. Aber auch mir geht es nicht besonders gut.«

»Nun, Sie sehen aber gar nicht schlecht aus.«

»Mag sein, aber ich fühle mich innerlich ausgebrannt und habe meine schöpferische Kraft verloren. Etwas ist mir abhanden gekommen. Meine Begeisterung und meine Lebensfreude sind weg. Ich möchte wissen, wie ich sie wieder finden kann. Denn so ist das Leben leer und sinnlos.«

»Hören Sie, Bill, da bin ich nicht der richtige Mann für Sie. Ich bin ein Diener des Herrn, und Sie sind einer dieser überkultivierten Intellektuellen. Wieso fragen Sie ausgerechnet mich, wie Sie Ihre Lebensfreude wieder zurückgewinnen können? Es war ein Fehler von Ihnen, mit dieser Frage zu mir zu kommen, denn ich kann Ihnen nur eine einfache, schlichte Antwort geben. Und Sie sind nicht einfach genug, um sich mit einer einfachen Antwort zu begnügen. Sie sind zu kompliziert, um nicht zu sagen zu blasiert für so etwas – wenigstens erwecken Sie diesen Eindruck. Wenn Sie allerdings bereit sind, von Ihrem Thron herabzusteigen, dann will ich Ihnen gerne die richtige Antwort geben.«

»Verfahren Sie nicht reichlich grob mit mir?«

»Nun, vielleicht haben Sie es nötig«, gab ich lächelnd zurück. Wir hatten uns verstanden.

Ich bat Bill und Helen ins Haus; dort beteten wir. Scheinbar hatte ich die beiden falsch eingeschätzt, denn hemmungslos und offen schütteten sie ihr Herz aus. Sie zierten sich nicht, sondern baten Gott aufrichtig um Hilfe und Beistand. Danach waren die beiden wie neugeboren, und bald darauf verließen sie mich leichten Schrittes und mit einem Leuchten in den Augen.

Ein Jahr später erhielt ich von Bill einen Brief, und offensichtlich waren seine Begeisterung und seine Lebensfreude nun von Dauer, denn er schrieb schwärmerisch: »Der Himmel war noch nie so blau, das Gras noch nie so grün, der Duft der Blumen noch nie so betörend und der Gesang der Vögel noch nie so hinreißend wie in diesem Jahr. Wir wußten ja gar nicht, wie herrlich das Leben sein kann!«

Begeisterung überwindet die Hindernisse auf dem Weg zu einem erfüllten Leben

Hindernisse auf dem Weg zu einem erfüllten Leben gibt es viele und mancherlei. Eines von ihnen – und nicht das kleinste –

ist die Furcht. Und Furcht geht Hand in Hand mit Vorsicht. Angemessene Vorsicht ist klug und vernünftig; wir sollten uns aber davor hüten, zu vorsichtig zu sein. Dem Furchtsamen, dem Ängstlichen, dem Übervorsichtigen gelingt es nie, die Hindernisse zu überwinden, hinter denen erst die wahren Werte eines erfüllten Lebens liegen. Und darum ist allzu große Vorsicht nicht zu empfehlen. Auf unserer Farm fuhr eines Tages ein Tankwagen vor, um Heizöl zu liefern. Der Fahrer stieg aber nicht aus, und so ging ich zu ihm hin und fragte ihn: »Was ist los; wo fehlt's?«

Nervös antwortete der Mann: »Hier, dieser Hund!« Nun, unser Hund ist recht groß, und er bellt auch dementsprechend; ein weiteres Merkmal seiner Rasse ist sein furchterregender Blick. Aber das ist alles nur Täuschung – böse blicken und bellen ist alles, was er kann. »Dieser Hund würde nicht einmal einer Fliege etwas zuleide tun«, gab ich daher zur Antwort.

»Was kümmern mich Fliegen, wenn er dafür mich beißt!« entgegnete mir der Fahrer.

»Steigen Sie ruhig aus, und gehen Sie auf den Hund zu; er wird sich davonmachen.«

Aber der Mann war nicht dazu zu bewegen. »Sehen Sie doch seine Augen, nein danke!« erwiderte er und blieb in seiner Kabine sitzen.

Ich wandte mich nun dem Hund zu und befahl ihm: »Marsch, Petey, geh weg!« Aber zu meiner Überraschung und zu meinem Erstaunen ging er bellend auf mich los. Fast wäre ich ebenfalls auf den Tankwagen gesprungen!

Petey spürte, daß er den Fahrer eingeschüchtert hatte, und nun wollte er sehen, ob ihm das bei mir ebenfalls gelänge. Ich sagte zu dem Mann: »Solange Sie vor dem Hund Angst haben, macht er sich einen Spaß daraus, Sie in Ihrem Wagen festzunageln.«

Endlich konnte ich ihn überzeugen. Er stieg aus, und wir gingen geradewegs auf den Hund zu. Als Petey sah, daß er niemandem mehr Angst einflößen konnte, zog er sich sofort zurück. Nachher strich er knurrend um das Haus, während der Mann seine Arbeit verrichtete.

Nun, es ist ja nichts Neues, daß ein Tier, wenn es unsere Angst spürt, alles tut, uns noch mehr einzuschüchtern. Je länger wir uns vor etwas bange machen lassen, um so größer wird unsere Furcht. Wer in einen Autounfall verwickelt war, wird in der Regel nur mit Unbehagen wieder in ein Auto steigen. Aber je früher er es tut, um so besser. Wenn er es hinausschiebt, kann sich seine Furcht vor dem Autofahren zu einem Angstzustand vor dem Reisen schlechthin entwickeln. Furcht kann mit Ablauf der Zeit wachsen und sich zudem auf andere Bereiche verlagern.

Dingen, vor denen wir uns fürchten, aus dem Weg zu gehen, kann unliebsame Folgen haben. Darum ist es richtiger, sie durchzustehen, ihnen erhobenen Hauptes entgegenzutreten – auch wenn wir dabei hin und wieder etwas in Kauf nehmen müssen. In der Mehrzahl der Fälle werden wir erleben, daß es lange nicht so schlimm ist, wie wir befürchtet haben. Und sollte es einmal wirklich schlimm sein, dann werden wir bestätigt finden, daß uns alles gegeben ist, um die Situation durchzustehen – und daß wir dabei innerlich wachsen und stärker werden.

John Ruskin wurde sich als Zwanzigjähriger schmerzlich bewußt, wie außerordentlich furchtsam er war. Während eines Aufenthaltes in Chamonix in den französischen Alpen litt er sehr darunter. Er hatte andere junge Leute beim Bergsteigen beobachtet und wollte selber auch einige der weniger hohen Gipfel besteigen. Doch seine Angst machte ihn regelrecht krank, und nicht viel hätte gefehlt, so hätte er von seinem Vorhaben abgelassen.

Da schrieb er die folgenden Gedanken nieder, die ihm halfen, seine Angst zu überwinden: »Wenn wir vor einer Gefahr zurückschrecken – und möchte dies im einen oder andern Fall auch einleuchtend und vernünftig scheinen –, erfährt unsere Persönlichkeit eine gewisse Wertminderung; wir werden um einen Grad kraftloser und schwächer. Bieten wir dagegen einer Gefahr die Stirn – und mag es auf den ersten Blick vielleicht auch unvernünftig scheinen –, dann gehen wir aus der Auseinandersetzung reifer und stärker hervor; sie macht uns widerstandsfähiger für kommende Prüfungen.«

Eine Ermahnung, die der bekannte Berichterstatter Henry J. Taylor einmal von seinem Vater erhielt, drückt es so aus: »Kümmere dich nicht zuviel um dich selbst, und fürchte dich vor nichts. Menschen, die zu vorsichtig durchs Leben gehen, verpassen viel. Riskiere etwas, wenn es die Lage erfordert! So wirst du glücklicher sein, mehr von der Welt sehen und aller Voraussicht nach genauso lange leben.«

Wir sollten uns ferner davor hüten, nachtragend zu sein. Wir versetzen ja nur uns selber in Ärger, wenn wir jemandem etwas nachtragen, wenn wir unseren Groll einem Mitmenschen gegenüber ständig wieder aufleben lassen. Wir verletzen uns selber immer wieder aufs neue, und daher können seelische Wunden nie heilen.

Ein anderes Hindernis, das es zu überwinden gilt, ist das Bestreben, sich abzusondern, allem aus dem Weg zu gehen, was andere betrifft. Manches Unglück könnte vermieden werden, wenn wir uns etwas weniger unbeteiligt verhielten. So sollen nachgewiesenermaßen mindestens neununddreißig Personen die Schreie einer Frau gehört haben, die, nach Zeitungsmeldungen, im Zentrum von New York erstochen wurde, und – es klingt geradezu unglaublich – keine dieser neununddreißig Personen fand es für nötig, den Hilfeschreien der Frau nachzugehen.

»Warum soll ich da in etwas verwickelt werden? Es geht mich ja nichts an«, argumentieren diese Leute. Doch, es wäre sie etwas angegangen! Denn so verlor die arme Frau ihr Leben, und sie verloren einen Teil ihrer Seelenruhe. Wie können sie diese Todesschreie je vergessen, die sie in ihrer egoistischen Unbekümmertheit nicht berührten? Der Gedanke daran wird sie ständig verfolgen.

Die Einstellung, sich nicht um die Sorgen, Nöte und Fährnisse der Mitmenschen zu kümmern, ist ein gewaltiges Hindernis auf dem Weg zu einem erfüllten Leben: ein Hindernis, das wir uns selber in den Weg legen. Wahre Begeisterung für unsere Mitmenschen besiegt diese Interessenlosigkeit und verhilft uns zu einem Glücksgefühl, dessen wir sonst nie teilhaftig werden würden.

Da ist zum Beispiel das Erlebnis, das Sal Lazzarotti, der künstlerische Gestalter von ›Guideposts‹, hatte. Es nahm seinen Anfang, als er eines Morgens auf dem Weg zur Arbeit in der Untergrundbahn saß. Einen Schritt von ihm entfernt stand im Mittelgang ein hübscher, gut aussehender achtzehnjähriger Jüngling. Sal gegenüber saß eine adrett gekleidete junge Dame von vielleicht fünfundzwanzig Jahren und las in einem Buch. Als der Zug an einer Station hielt, erhob sich das Mädchen und schritt an dem Burschen vorbei zur Türe. Plötzlich begann sie zu schreien: »Sie unverschämter Kerl! Tun Sie nicht so unschuldig! Sie haben mich angefaßt!« Und wie eine Tigerin stürzte sie sich auf ihn und wollte ihm das Gesicht zerkratzen. Der völlig perplexe Junge hob seine Hände zur Abwehr, und dabei muß er wohl unabsichtlich das Gesicht des Mädchens gestreift haben, denn auf ihren Lippen war plötzlich ein Blutfleck zu sehen. Nun riß er sich los, sprang aus dem Wagen und lief den Bahnsteig entlang – sie hinter ihm her, laut »Polizei! Polizei!« rufend. Die Türen der Untergrundbahn schlossen sich; die aufgeschreckten Reisenden zuckten die Schultern und wandten sich wieder ihren Zeitungen zu. Sal hatte genau gesehen, daß der Junge und das Mädchen sich nicht berührt hatten, ehe sie zu schreien begann. Der Junge war vollkommen unschuldig. Sal fragte sich, was wohl mit ihm geschehen werde und ob er sich nicht als Zeuge zur Verfügung stellen sollte. Doch dann versuchte er sich einzureden, daß ihn das Ganze ja nichts angehe, daß der Bursche sehr wahrscheinlich ohnehin entkommen sei und daß er sich besser nicht einmische. Überhaupt war er viel zu beschäftigt, um sich um anderer Leute Schwierigkeiten zu kümmern. Und doch mußte er ständig an den Jungen denken!

Die Sache ließ ihm keine Ruhe. Vier Telefonanrufe waren nötig, um den Polizeibezirk ausfindig zu machen, auf den man den Jungen gebracht haben würde, falls er gefaßt worden war. Dort sagte man ihm, ja, der Bursche sei eingeliefert worden und warte nun bereits beim Jugendgericht auf seine Aburteilung.

Sal rief das Jugendgericht an und brachte dort den Namen des Jungen – Steve Larsen – in Erfahrung sowie den Namen und die Adresse seiner Eltern. Nun rief er Steves Mutter an und erfuhr, daß die Eltern kein Geld für einen Anwalt hatten. Also mobilisierte er selber einen, und zusammen mit diesem und Steves Mutter ging er zum Gericht.

Als der Richter sie befragte, gab das Mädchen eine eindrucksvolle Beschreibung, wie sie angegriffen worden sei. Sal hörte ihr fassungslos zu, wußte er doch, daß ihre ganze Geschichte erfunden war. Einmal unterbrach der Richter das Mädchen und sagte zu ihm: »Überlegen Sie sich alles gut, denn es ist ein Zeuge anwesend.« Das Mädchen sah sich um und bemerkte Sal. Sie erkannte ihn wieder, starrte ihn ungläubig an und brach zusammen. Es stellte sich heraus, daß sie in die Behandlung eines Psychiaters gehörte.

Wäre Sal Lazzarotti dabei geblieben, daß ihn die Sache nichts angehe, dann wäre der Junge zweifellos verurteilt worden. Man hätte ihn möglicherweise in eine Erziehungsanstalt gesteckt; ein Makel wäre zeitlebens an ihm haften geblieben, wenn er nicht gar in der Folge zum Verbrecher geworden wäre. Durch das Eingreifen eines Mannes, der einem Menschen gegenüber, den er nicht einmal kannte, Verantwortung empfand, wurde er davor bewahrt.

Auch der dreiundzwanzigjährige Marinesoldat James R. George gehörte nicht zu jenen, die sich abseits halten, wenn Not am Manne ist. Er machte Urlaub in Philadelphia und wollte die Sehenswürdigkeiten der Stadt besichtigen. Doch auf einer Untergrundbahnstation bekam er etwas zu sehen, womit er in Philadelphia, der Wiege der amerikanischen Freiheit, nicht gerechnet hatte. Fünfzehn bis zwanzig jugendliche Strolche hatten ein Mädchen in die Enge getrieben und waren im Begriff, sich an ihr zu vergehen. Sechs Männer standen in der Nähe, schauten zu und machten keinerlei Anstalten einzugreifen. George rief ihnen zu: »Los, seht doch nicht untätig zu!«

Sie zuckten nur mit den Achseln, und das besagte etwa: »Das geht uns nichts an. Wir wollen nicht in etwas verwickelt werden. Das ist nicht unsere Sache.«

Aber der Marinesoldat James R. George war aus anderem Holz geschnitzt; er machte es zu seiner Sache. Er warf seine Jacke von sich und stürzte sich auf die brutalen Kerle. Mit beiden Fäusten hieb er auf sie ein. Es war ein harter Kampf, aber schließlich ergriff die Bande die Flucht, und das Mädchen war gerettet. Die sechs Männer waren die ganze Zeit vollkommen unbeteiligt daneben gestanden.

James R. George wurde zum Ehrenbürger von Philadelphia ernannt. In seiner Ansprache betonte der Bürgermeister Georges beispielhaften Mut und ausgeprägtes Verantwortungsbewußtsein. Als George für die ihm zuteil gewordene Ehrung dankte, begann er mit den Worten: »Ich habe meinen Aufenthalt in Philadelphia sehr genossen...« Natürlich hatte er das – trotz seinenes grün und blau geschlagenen Gesichts und anderen Zeichen des durchgestandenen Kampfes. Und warum? Weil er ein ruhiges Gewissen hatte. Weil er sich, als die Not es erforderte, für ein wehrloses Kind Gottes eingesetzt hatte. Weil er nicht abseits stehen blieb.

Wenn jemand uns verlassen sollte

Richtige religiöse Einstellung hilft uns, ein weiteres Hindernis zu besiegen, nämlich die Furcht, einen geliebten Menschen zu verlieren – etwas vom Qualvollsten, das uns widerfahren kann, eine der schwersten Prüfungen, die uns das Leben auferlegt.

Eines Nachmittags sprach ich auf einer Tagung in einem Hotel in Chicago. Im Hintergrund des Saales sah ich einige Serviererinnen stehen und zuhören. Als ich nach meinem Vortrag dem Ausgang zuschritt, wurde ich von einer von ihnen, sie mochte etwa dreißig Jahre alt sein, angerufen. Sie kam auf mich zugerannt, nahm meine beiden Hände in die ihren und überraschte mich mit den Worten: »Doktor Peale, ich liebe Sie!«

»Nun, verkünden Sie das nicht so laut«, entgegnete ich lachend.

»Ach«, wiederholte sie, »ich liebe Sie einfach.«

Ihre Offenheit und ihr Entzücken rührten mich, und ich sagte zu ihr: »Wissen Sie was? Ich liebe Sie auch. Aber sagen Sie mir doch bitte: warum lieben Sie mich?«

»Das will ich gerne tun«, fuhr sie fort. »Ich habe einen kleinen Jungen. Sein Vater verließ uns, aber um so mehr dankte ich Gott, daß er mir dieses Kind geschenkt hatte. Dann, als der Junge fünf Jahre alt war, wurde er krank. Der Arzt machte kein Geheimnis daraus, daß die Krankheit ernsthaft sei; und eines Tages sagte er zu mir: ›Sie müssen stark sein. Ich weiß nicht, ob wir Ihren Jungen noch retten können.‹ Er bereitete mich auf das Schlimmste vor. Ich war völlig durcheinander. Meine ganze Welt würde zusammenstürzen, wenn ich meinen Sohn verlieren sollte. Ich liebte ihn doch so sehr; er war der Inhalt meines Lebens.

Da gab mir eine Nachbarin Ihr Buch ›Darum seid getröstet‹*. Nie werde ich vergessen, was Sie in diesem Buch sagen: ›Ich erinnere mich an eine Geschichte über Cecil B. de Mille, den berühmten Filmproduzenten, die vor einigen Jahren im Magazin ›Guideposts‹ erschienen ist. De Mille liebte es, wenn er ein Problem zu überdenken hatte, sich in die Einsamkeit zurückzuziehen. Eines Tages fuhr er in einem Boot auf einen See im Staate Maine hinaus und ließ sich ziellos dahintreiben, während er sein Problem überdachte.

Das Boot trieb an Land und legte an einer Stelle an, wo das Wasser nur wenige Zentimeter tief war. De Mille schaute hinab und sah, daß der Grund mit Wasserkäfern übersät war. Einer von ihnen kam an die Oberfläche und kroch langsam an der Seitenwand des Bootes hoch. Als er den Bootsrand erreicht hatte, starb er.

De Milles Gedanken kehrten zu seinem Problem zurück. Nach einer Weile blickte er zufällig wieder auf den Käfer. In der heißen Sonne war sein Panzer trocken und brüchig geworden. Aber plötzlich sprang der Panzer auf, und langsam kam eine Libelle zum Vorschein. Sie erhob sich in die Luft, und ihre Farben funkelten im Sonnenlicht.

---

* Oesch Verlag AG, Glattbrugg-Zürich

Diese beflügelte Kreatur flog in einem Augenblick so weit, wie der Käfer in Tagen hätte kriechen können. Die Libelle wandte sich wieder der Wasseroberfläche zu; de Mille sah ihren Schatten auf dem Wasser. Sehr wahrscheinlich sahen die Wasserkäfer in der Tiefe die Libelle auch, aber jetzt lebte ihr einstiger Gefährte in einer Welt, die ihr Begriffsvermögen überstieg. Sie lebten immer noch ihre bescheidene Existenz, während ihre beflügelte Verwandte alle Freiheit zwischen Himmel und Erde genoß.

Später, als de Mille sein Erlebnis erzählte, schloß er mit der eindringlichen Frage: ›Wird der Schöpfer des Universums das, was er für einen Wasserkäfer tut, für einen Menschen nicht tun?‹

De Mille glaubte es nicht – und auch ich glaube es nicht.

Die Bibel verheißt uns doch durch Paulus: ›Kein Auge hat je gesehen und kein Ohr hat je gehört und keinem Menschen ist je ins Herz emporgestiegen, was alles Gott denen bereitet hat, die ihn lieben.‹ Und in den Offenbarungen steht: ›Sie werden nicht mehr hungern und werden nicht mehr dürsten... und Gott wird alle Tränen abwischen von ihren Augen.‹

Etwas in meinem Innern sagte mir«, fuhr die junge Frau fort, »daß es wahr sei. So betete ich denn und empfahl meinen Sohn Gott.«

»Und was geschah?«

Mit Tränen der Freude in den Augen sagte sie: »Ist Gott nicht wunderbar? Er ließ mich meinen Jungen behalten. Und nun erziehen Gott und ich ihn gemeinsam.«

Ich mußte mich zusammennehmen, damit mir nicht ebenfalls die Tränen kamen. »Sie sind eine großartige Mutter und einer der klügsten und standhaftesten Menschen, die ich je kennengelernt habe.«

»Das ist sie wirklich«, stimmten ihre Kolleginnen ein, die uns umringten. Wir sagten uns auf Wiedersehen, und glücklich über dieses Erlebnis machte ich mich auf meinen Weg. Diese junge Frau besaß die Kraft begeisterten Gottvertrauens, und diese hatte ihr geholfen, mit einem der schwersten menschlichen Probleme fertig zu werden.

Ich kann nicht – ich kann

Wir sollten uns auch davor hüten, Hindernisse aufzubauschen. Wie viele Menschen erklären mir doch immer wieder, warum sie etwas nicht können! Wenn sie doch nur die Hälfte der Zeit, die sie für ihre langschweifigen Erklärungen brauchen, darauf verwendeten, das zu tun, was sie können, dann würden sie bald einmal erleben, daß nichts unmöglich ist. Mein alter, verehrter Lehrer George Reeves, ein Mann voller Gottvertrauen und Zuversicht, hinterließ bei uns Schülern einen unvergeßlichen Eindruck. Er hatte die seltsame Gewohnheit, manchmal unvermittelt in großer Schrift auf die Wandtafel zu schreiben: »Ich kann nicht.« Dann griff er jeweils zum Schwamm und fragte: »Was machen wir?«, worauf die ganze Klasse im Chor rief: »Das Wort ›nicht‹ auslöschen!« – was er sogleich mit einer schwungvollen Handbewegung besorgte. Dann ermahnte er uns immer: »›Ich kann nicht‹ darf es in eurem Leben einfach nicht geben. Ihr könnt alles – ihr müßt nur wirklich wollen!«

Was positives Denken und Begeisterung vermögen

Zu jener Zeit, als ich meine erste Pfarrstelle hatte, es war in Berkeley, Rhode Island, wurde mir bewußt, daß mit meiner geistigen Einstellung etwas nicht in Ordnung war. Ich neigte dazu, alles und jedes unter einem negativen Gesichtspunkt zu betrachten. Ich entschloß mich daher zu einer geistigen Kehrtwendung und bat Gott um seinen Beistand.

Zu meinem Glück wurde mein inniges Gebet erhört, denn es gibt kaum etwas Elenderes, als mit einer negativen Geisteshaltung zu leben. Davon befreit zu werden war eine meiner wundervollsten Erfahrungen. Meine veränderte Einstellung machte mich mit zwei für mich neuen Begriffen bekannt, und diese sollten in der Folge mein Leben ganz gewaltig ändern: die Kraft positiven Denkens und die Kraft der Begeisterung. Doch diese beiden herrlichen Eigenschaften kommen nicht von ungefähr. Sie wollen erlernt und beherrscht werden. Hat man sie sich aber einmal zu eigen gemacht, dann überwindet man mit ihrer Hilfe die größten Hindernisse, die sich uns in den Weg stellen und möglicherweise unser Leben ruinieren könnten.

Nachdem ich erkannt hatte, was diese beiden Fähigkeiten vermögen, wurden sie mit Gottes Führung und Beistand zur Grundlage meines weiteren Lebens. Positives Denken beeinflußt unsere Verstandeswelt, Begeisterung unsere Gefühlswelt. Und beide zusammen lösen alle unsere Probleme.

Ein bedrohlicher Sturm kann zum hilfreichen Rückenwind werden

Während einer Flugreise im Fernen Osten unterhielt ich mich mit dem Flugkapitän. In jener Gegend sind Taifune, diese alles zerstörenden Winde mit dem unheilvollen Namen, sehr häufig. Ich fragte den Kapitän, welchen Einfluß Taifune auf die Flugsicherheit hätten. »Nun«, sagte er gedehnt, »damit ist nicht zu spaßen. Sie ziehen ein Gebiet von fünfhundert bis achthundert Kilometern in ihren Bann.«

»Und was machen Sie, wenn Sie in einen Taifun geraten?«

»Ganz bestimmt versuche ich nicht, dagegen anzufliegen. Ich fliege vielmehr in der Richtung, in welcher der Taifun bläst, und so wird er für mich zum willkommenen Rückenwind.«

Positives Denken und Begeisterung wirken genauso. Sie sind der Rückenwind, der uns unsere Probleme und Schwierigkeiten überwinden läßt und uns zu den gesteckten Zielen trägt.

Zugegeben, bei der Begeisterung besteht immer die Gefahr des Übertreibens. Auch Enthusiasten sollten daher Ruhe bewahren, sonst werden sie womöglich das Opfer ihrer eigenen Verzücktheit. Richtig verstandene Begeisterung ist nicht notwendigerweise Zügellosigkeit, sondern weit eher ein energisches, kontrolliertes Handeln, und vielleicht verfügt der bedächtige, zurückhaltende Mensch genauso darüber wie der lebhaft aus sich herausgehende. Die Welt gehört dem Begeisterten, der einen kühlen Kopf bewahrt.

Bei den Menschen, die ich kennenlernte und die in dieses Bild passen, muß ich an den ehemaligen Präsidenten Calvin Coolidge denken. Er war ein außerordentlich bedächtiger und schweigsamer Mensch, aber unter seiner kühlen Oberfläche loderte das kontrollierte Feuer der Begeisterung. Er war einer der seltenen Politiker, die sparsam mit ihren Worten umgehen. Er sagte, was unbedingt gesagt werden mußte, aber nicht mehr. Er gewann die Zuneigung vieler Menschen allein schon durch die Tatsache, daß er nicht zu viel redete.

Ehe seine Laufbahn als Politiker begann, war Coolidge Anwalt in Northampton. Sein Büro lag im Stadtzentrum, sein Haus hingegen am Stadtrand. Nie fuhr Coolidge in sein Büro, das wäre ihm zu teuer gewesen, denn er war sehr sparsam. Jeden Morgen um dieselbe Zeit spazierte er von seinem Haus zum Büro. Sein Weg führte ihn dabei am Haus eines Freundes Hiram vorbei, und jeden Morgen, wenn Coolidge vorbeiging, lehnte sich Hiram über den Gartenzaun. Ihre tägliche Unterhaltung war immer dieselbe.

»Guten Morgen, Calvin«, begann Hiram.

»Guten Morgen, Hiram«, entgegnete Coolidge.

»Ein schöner Tag heute«, fügte Hiram hinzu.

»Ein schöner Tag heute«, bestätigte Coolidge.

So ging das etwa zwanzig Jahre lang. Dann wurde Coolidge zum Gouverneur gewählt, später zum Vizepräsidenten und schließlich zum Präsidenten der Vereinigten Staaten. Er war lange Jahre von Northampton weg gewesen, aber nach Ablauf seiner Amtszeit kehrte er wieder dorthin und zu seiner Anwaltspraxis zurück. Bald spazierte er wieder von seinem Haus zu seinem Büro, und natürlich lehnte sich wieder wie einst sein alter Freund Hiram über den Gartenzaun.

»Guten Morgen, Calvin.«

»Guten Morgen, Hiram.«

»Ein schöner Tag heute.«

»Ein schöner Tag heute.«

Es war wie einst. Doch dann geschah etwas Unerwartetes. Hiram, dieser Schwätzer, fügte hinzu: »Ich habe dich lange nicht gesehen, Calvin.«

»Weiß schon, war ein Weilchen weg«, antwortete Coolidge. Die Zeit seiner Arbeit als Gouverneur und Präsident war vorbei; für ihn zählte nur, was jetzt war. Calvin Coolidge nahm alles, wie es kam. Er besaß jene tiefverwurzelte, gelassene Art von Begeisterung, die nicht an die Oberfläche drängt. Er war voller Begeisterung für die Vereinigten Staaten, und das wollte bei ihm etwas heißen. Aber sich selber nahm er nicht zu wichtig. Er war ein ruhiger, bedächtiger Enthusiast. Er besaß Begeisterung, aber er hielt sie unter Kontrolle.

Der Sinn dieses Buches soll sein, den unermeßlichen Wert der Begeisterung zu zeigen, den sie für jene Menschen besitzt, die danach streben, im Leben etwas zu leisten. Ich stimme mit dem Verleger B. C. Forbes überein, der sagte: »Begeisterung ist der lebenswichtige Motor für jeden Menschen. Sie ist die Kraft, die die Menschen Wunder vollbringen läßt. Sie bringt Mut hervor, erweckt Vertrauen und überwindet Zweifel. Sie erzeugt unaufhörlich Energie, den Ursprung allen Gelingens.«

Ich habe hier zu zeigen versucht, wie Begeisterung im Leben vieler Menschen den Ausschlag gegeben hat. Meiner Meinung nach ist die religiöse Begeisterung von überragender Bedeutung, denn sie vor allem vermag, aus uns einen neuen Menschen zu machen. Mit ihrer Unterstützung überwinden wir alle Schranken – äußere, die uns in den Weg gelegt werden, und innere, die wir uns selber errichten.

Begeisterung schenkt neue Tatkraft

Es war bei einer Tagung für Kaufleute im Außendienst. Vor meinem Vortrag kam ein Geschäftsmann auf mich zu und sagte: »Dr. Peale, ich habe in meinem Betrieb einen Mann, der nie aus eigenem Antrieb hierher zu dieser Tagung gekommen wäre; so habe ich ihn eben hergebracht. Ich habe Ihr Buch ›Die Kraft positiven Denkens‹ gelesen, und ich hoffe, daß Sie aus dem Mann etwas machen werden. Ich erinnere mich, in Ihrem Buch gelesen zu haben, daß Sie es in einem ähnlichen Fall fertig brachten, ein Feuer unter dem entsprechenden Versager zu entfachen.«

»Das Feuer wurde in ihm, nicht unter ihm entfacht«, antwortete ich. »Ich werde tun, was ich kann.«

Ich ließ mir den Mann zeigen. Er saß in der vordersten Reihe; und während ich sprach, sah ich ihn mir von Zeit zu Zeit genauer an. Sein Ausdruck war leer und nichtssagend, und er zeigte keinerlei Reaktion auf irgend etwas, das ich sagte.

Immerhin, nach meinem Vortrag kam er zu mir: »Ich heiße Carl. Ich bin dieser lahme Verkäufer, den sein Chef selber herbringen mußte und der hier etwas mehr Schwung erhalten sollte.«

»Ja, wissen Sie denn davon?«

»Natürlich. Wie könnte es anders sein? Er hat es doch überall herumerzählt.« Er sagte das ohne jeden bitteren Unterton; ja, es schien ihm völlig egal zu sein.

Ich bat ihn auf mein Zimmer, damit wir uns ungestört unterhalten konnten. »Was ist los mit Ihnen, Carl?«

»Ich weiß es nicht. Ich weiß es wirklich nicht.«

Ich stellte ihm einige belanglose Fragen, um mit ihm und seinen Problemen etwas vertrauter zu werden. Dann fragte ich ihn: »Und wie geht es im Beruf?«

»Ach, ich komme so durch.«

»Wenn Sie mich fragen, dann kommen Sie nicht mehr lange durch. Ihr Chef ist wirklich wütend auf Sie. Er sagte mir, Ihre Leistungen und Ihre Umsätze gingen immer mehr zurück. Und doch glaubt er, daß Sie ein guter Mitarbeiter wären, wenn Sie etwas mehr Schwung hätten.«

»Das ist recht und gut, aber ich habe keine Energie, und ich fühle keine Begeisterung. In einem Beruf mit solch starker Konkurrenz muß man rege sein, muß man auf Draht sein, muß man ständig hinter den Kunden her sein. Das braucht Durchschlagskraft, und zwar eine ganze Menge.«

»Wo haben Sie denn all dieses Zeug gehört?«

»Nun, in den Gesprächen mit meinen Kollegen. Und es hängt mir langsam zum Hals heraus, sie so reden zu hören. Ich finde es dumm und blöd, und es interessiert mich überhaupt nicht.«

»Gehen Sie zur Kirche?« fragte ich nun.

»Gelegentlich. Aber sie läßt mich kalt.«

»Sind Sie Mitglied eines Vereins?«

»Nein, zum Teufel! Ich interessiere mich für nichts.«

Er schien völlig interesselos, und er tat mir leid.

»Carl, glauben Sie an Gott?«

»Ja, gewiß.«

»Was lehrt uns Jesus?«

»Nun, daß wir gut sein sollen«, antwortete Carl unsicher.

»Das ist richtig. Aber haben Sie auch schon daran gedacht, daß Jesus auch Energie verkörpert, Tatkraft, Lebenskraft? Er ist das Leben, und durch Ihn finden auch Sie zum wahren Leben. Denken Sie stets an Gott und an Jesus Christus, und Sie werden Tatkraft und Begeisterung finden.«

Zum ersten Mal begann der Mann Interesse zu zeigen. »Sie glauben das doch wirklich, nicht wahr?« fragte er. »Nun, es klingt vernünftig. Ich will es versuchen, wenn Sie mir helfen.«

»Wir wollen beten«, schlug ich vor. »Was halten Sie davon?«

»Gerne. Vielleicht ist es das, was ich nötig habe.« Ich betete, dann fragte ich Carl: »Wollen Sie Gott nicht selber um Beistand bitten?«

Leider erinnere ich mich nicht mehr wörtlich an Carls kurzes Gebet. Es lautete ungefähr so: »Herr, ich bin ein lahmer, unfähiger Mensch. Aber ich will ja gar nicht so sein, ganz gewiß nicht. Es macht mich krank, so zu sein. Ich bitte Dich, Herr, schenke mir neue Lebenskraft.« Dann sah er mich an, und nach einer Weile sagte er: »Ich glaube, daß Gott mein Gebet erhören wird.«

»Das glaube ich auch«, stimmte ich bei, denn ich war überzeugt davon.

Bevor wir auseinandergingen, erzählte ich Carl noch etwas, das ich als junger Mann gehört und all die Jahre nicht vergessen hatte. Jemand hatte damals – es war von Charakterschwächen die Rede gewesen – gesagt: »An seiner schwächsten Stelle kann man am stärksten werden.« Ich erinnerte mich, wie jener Mann zur Veranschaulichung auf das Schweißen hingewiesen hatte, wo zwei Metallstücke unter intensiver Hitze miteinander verschmolzen werden. Er versicherte, daß diese zusammengeschweißten Metallstücke, wollte man sie später wieder entzweibrechen, wahrscheinlich neben der Schweißstelle brechen würden, da diese selbst nun zur stärksten Stelle geworden sei.

»Das will ich mir merken«, sagte Carl freudig, »denn Teilnahmslosigkeit ist bestimmt meine schwächste Stelle. Ich verspreche Ihnen, ich will Ihren Rat befolgen und versuchen, religiös geschweißt zu werden.« Aber ich wollte ihm diese Aufgabe nicht allein überlassen und setzte mich mit einem Pfarrer in Carls Heimatstadt in Verbindung, den ich als tatkräftigen und begeisterten Gottesmann kannte. Er machte Carl mit einem Kreis von Geschäftsleuten bekannt, die in ihrem Leben alle ebenfalls eine große Wandlung durchgemacht hatten. In der positiven Atmosphäre dieses Kreises begann Carls Apathie bald zu schwinden. Die intensive Glut wahren Glaubens, aufrichtigen Gebets und freudiger Gelöstheit schweißte seine unsichere Persönlichkeit zusammen, so daß er tatsächlich an seiner schwächsten Stelle am stärksten wurde. Er wurde ein im wahrsten Sinn des Wortes dynamischer Mensch, der von Leben sprühte.

Er wurde ein aktives Mitglied seiner Gemeinde und trat einem Verein bei, der sich den Dienst an den Mitmenschen zur Aufgabe macht. Innerhalb von drei Jahren war er Präsident der örtlichen Handelskammer. In zehn Jahren leistete er mehr für seine Stadt als irgendeiner.

Auf Carls Verlangen hielt ich in seiner Heimatstadt einen Vortrag. Er holte mich auf dem Flugplatz ab.

Ich begrüßte ihn und sagte dann: »Carl, ich war ständig in Trab. Ich möchte erst mal ins Hotel gehen und mich etwas ausruhen.«

»Ausruhen? Warum ausruhen? Wo bleiben Ihre Energie und Ihre Begeisterung, von denen Sie immer reden?«

»Na schön, vergessen wir das Hotel«, gab ich nach.

»Wohin gehen wir?« Er zeigte mir die ganze Stadt und machte mich mit vielen Leuten bekannt, und seine Begeisterung steckte mich so an, daß ich nicht mehr daran dachte, müde zu sein.

Carl ist nur einer der unzähligen Menschen, die ich im Laufe der Jahre sich so von Grund auf ändern sah. Und so wie er sind

Hunderte von lustlosen, apathischen, kraftlosen Menschen irgendwann mit dem in Berührung gekommen, der sagte: »Ich bin gekommen, damit sie Leben und reiche Fülle haben.«

Und diese Menschen wurden mit Tatkraft und Begeisterung erfüllt und waren nicht mehr die gleichen wie zuvor. Sie änderten sich durch und durch. Der neue Geist, von dem sie erfüllt waren, zeigte sich in ihrem Blick, ihrem Gang, ihrer ganzen Haltung. Und er zeigte sich auch in den erstaunlichen Erfolgen, die sie ihrer neugewonnenen Schaffenskraft verdankten. Das Neue Testament sagt, daß alle Dinge erneuert werden und daß alle Dinge dem möglich sind, der da glaubt.